中国学术论著精品丛刊

民族与古代中国史

(外一种)

傅斯年 著

图书在版编目（CIP）数据

民族与古代中国史：外一种/傅斯年著.--北京：中国书籍出版社，2022.1

ISBN 978-7-5068-8720-5

Ⅰ.①民… Ⅱ.①傅… Ⅲ.①中国历史—古代史—文集 Ⅳ.① K220.7-53

中国版本图书馆 CIP 数据核字 (2021) 第 200704 号

民族与古代中国史：外一种

傅斯年　著

责任编辑	邹　浩
责任印制	孙马飞　马　芝
出版发行	中国书籍出版社
地　　址	北京市丰台区三路居路 97 号（邮编：100073）
电　　话	（010）52257143（总编室）（010）52257140（发行部）
电子邮箱	eo@chinabp.com.cn
经　　销	全国新华书店
印　　刷	三河市顺兴印务有限公司
开　　本	710 毫米 ×1000 毫米　1/16
字　　数	260 千字
印　　张	21.5
版　　次	2022 年 1 月第 1 版
印　　次	2022 年 1 月第 1 次印刷
书　　号	ISBN 978-7-5068-8720-5
定　　价	68.00 元

版权所有　翻印必究

中国学术论著精品丛刊编委会

总 策 划： 史仲文　王　平
主　　编： 史仲文　张加才　郭扶庚
编　　委：（姓氏笔画为序）
　　　　　　马　勇　王文革　王向远　王清淮　王德岩　王鸿博
　　　　　　邓晓芒　何光沪　曲　辉　余三定　单　纯　邵　建
　　　　　　赵玉琦　赵建永　赵晓辉　夏可君　展　江　谢　泳
　　　　　　解玺璋　廖　奔　颜吾芟　檀作文　魏常海
常务编委： 王德岩　王鸿博　曲　辉　赵玉琦　赵晓辉
秘 书 长： 曲　辉　颜吾芟

引 言

1919年发生的"五四运动"在中国历史上留下了浓墨重彩的一笔，而亲身经历过该运动或受这一运动影响的人们，多自称或被称为"五四之子"。生于1919年12月、没有参加过"五四运动"的史学家殷海光自称为"五四之子"，顾颉刚等则被世人视为"五四之子"。而1919年5月4日当天学生游行总指挥傅斯年可以视为这些"五四之子"们的代表。

傅斯年（1896—1950）为大众所熟知，恐怕是因为他以国民参议员的身份先后将国民政府行政院长孔祥熙和宋子文赶下台，特别是去台湾后他是为数不多能在公开场合与蒋介石坐着说话的人。然而，对学术界而言，傅斯年的史学造诣更加值得敬仰。他支持顾颉刚的"古史辨"研究，他赞同胡适对中国哲学史的新观点，他提出"史学只是史料学"的观点，创立了"科学史学派"，他自身也进行史学特别是中国上古史研究，并取得了诸多成绩。他原本打算写一本《民族与古代中国史》的专著，虽然没有完成，但已经为中国古代史研究开辟了一个新的局面。

傅斯年出身于山东聊城一个举人之家，初字梦簪，字孟真。祖籍江西永丰，先祖傅以渐，是清代顺治年间的首个状元。在傅斯年

民族与古代中国史（外一种）

出生的清朝末年，傅氏家族在官场上早已没落，虽然依然有家学渊源，但是许多族人已经沦落成为贫困潦倒的穷书生了。傅斯年的父亲虽然是举人，但也是家无余财，因此傅斯年的童年过得颇为贫寒。名门望族的子弟，即使是家道中落了，在读书治学上依然有天然的优势。傅斯年遗传了先祖的聪颖勤奋，自幼熟读家中的藏书，在父亲的指导下打下了深厚的国学基础。

1913年夏，他考入北京大学预科，1916年升入国文门，1919年从北京大学毕业。在北京大学期间他系统学习了国学，又初步接触到西方自然科学知识，受到新文化的熏陶，参与五四新文化运动，创办《新潮》杂志。1919年冬他考取官费出国留学，先到英国伦敦大学研究院主修了实验心理学，选修了物理、化学和数学等自然科学课程。此外，他还广泛地涉猎英国的文学、史学、政治等学科。1923年9月傅斯年转入德国柏林大学，专心选学了"相对论""比较语言学"课程，又利用余暇研究马赫的《感觉的分析》和《力学》等现代物理学理论著作。同时也深入研读了兰克学派的历史语言考据学。1926年冬他回国，先后在英、德留学7年。这7年的留学生涯，使他具备了西方自然科学背景，饱尝了西方近代科学文化精蕴，再加上6年北京大学的国学熏陶，这使傅斯年在20世纪二三十年代成为中国学界为数不多的学贯中西的优秀学人。

傅斯年在史学上的贡献是多方面的，单就他个人学术成就而言，成就最大的是中国上古史，其次是中国古代思想史、边疆史、民族史和明清史。《民族与古代中国史》（在《周东封与殷遗民》的"前言"里，他又称为《古代中国与民族》）虽然是他生前没能完成的著作，但却是傅斯年的"史学代表作"。2002年8月，是书首次出版。书中收录傅斯年20世纪30年代陆续发表的《夷夏东西说》《姜原》《周

引　言

东封与殷遗民》《大东小东说——兼论鲁、燕、齐初封在成周东南后乃东迁》《论所谓五等爵》五篇有关上古民族与历史的学术大作。该书《附录》另收入《与顾颉刚论古史书》《〈新获卜辞写本后记〉跋》《战国子家叙论》《性命古训辨证》《史学方法导论》《历史语言研究所之旨趣》等不同时期的书信、书跋、专著、讲义等迄今仍具有重要学术价值的论著。何兹全先生认为，能作为傅斯年史学代表作的，就是这部未完成的《民族与古代中国史》，单就这五篇已发表的篇章来看，"篇篇都有新意，篇篇都是有突破性、创始性的第一流的好文章"。概括地讲，傅斯年在史学研究中取得了如下成就：第一，提出有关中国古代文化起源的三大假说，即"夷夏东西说""史前文明多元说""先商文明高级而又长久说"。

傅斯年在本书中对中国古代史提出了多种新观点，至今影响着中国古代史研究。他在《夷夏东西说》一文中认为，在夏、商、周三代及其前，中国上古历史的演进只有东西之分并无南北之限，夷与商属东系；夏与周属于西系。此即"夷夏东西说"。此文厘清了中国古代民族的分合、同化与异化的轮廓，论证了夏、商、周的起源与发展，对后来的古史研究产生了重大影响。

在《〈城子崖〉序》一文中，他指出："中国的史前文化原本不是一面的，而是多面互相混合反映以成立在这个文化的富土上。"此即"史前文明多元说"。在《周东封与殷遗民》一文中认为周室征服殷商后，对原来的殷商遗民并未采取斩尽杀绝的政策，而是实行怀柔，在他们原地封国建都。鲁、卫、齐都是殷遗民之国。在这些小国中，统治者是周族，用周礼，而百姓则是殷遗民，仍用殷礼。这就解决了对"夫三年之丧，天下之通丧也""先进于礼乐，野人也；后进于礼乐，君子也"的正确理解。胡适评价说："能够用这个观念来解决《论语·先进》篇第一章的，二千多年来孟真还是第一个人。"在《大东小东说》一文中，傅斯年不仅论证了大东、小东的地理位置，而且考证了鲁、燕、齐各国地理沿革发展，至今仍成一家之言。

《民族与古代中国史》是一部独具鲜明特色的学术著作。通读傅氏大作，不难发现，是书主要具有以下颇为鲜明的特色：

第一，重视史料发掘、鉴别与应用。曾提出"史学的工作是整理史料""史学便是史料学"的傅斯年历来高度重视史料的发掘、整理与应用。傅氏将史料分作"直接的史料"和"间接的史料"两类："凡是未经中间人手修改或省略或转写的，是直接的史料；凡是已经中间人手修改或省略或转写的，是间接的史料。" 在上古民族与历史研究中，傅氏对于间接材料也予以充分的关注和重视。《夷夏东西说》一文，傅氏为证明"商代发迹于东北渤海与古兖州是其建业之地"的"假定"，高度重视"直接史料与间接史料相互参会"。傅氏以《商颂》为论定以上"假定"之"最早最可信之史料"，持"后代神话与此说属于一源而分化者"，"以证商代来自东北，固为不足……以证商代之来源与东北有密切关系，至少亦是文化的深接触与混合，乃是颇充足，很显然的"。

第二，重视语言学的辅助作用及自然科学知识和方法理论的借鉴运用。语言学在古代又被称为小学，曾受到历代学者的重视。有的学者指出："清、近代在文字、音韵、训诂方面的研究不仅超过前人，而且已达到科学的高度。这是本时期古文献学达到空前水平的基本保证。""以声音文字为本"是清代学者治小学的最主要方法。傅氏在高度重视史料的收集、鉴别与应用的同时，亦高度重视语言学在古史研究过程中的辅助作用。诸如他考察殷之地望，在高诱《吕氏春秋·慎大》注的基础上进一步讲道："殷即郼，郼、韦、卫三字当一字之异体。今能寻卫、韦之所在，则殷土之原来地望可知。"又云："殷、兖（古作沇）二字，或者也不免是一词之变化，音韵上非不可能。此说如不错，则殷、衣、韦、郼、卫、沈、兖，尽由一源，只缘古今异时，成殊名耳。"在此基础上，傅氏推知"成汤以前先公发祥自北而南之迹"。随着田野考古工作的全面展开与商史研究的日趋深入，傅氏的以上推论由于逐渐得到考古学资料的印证而逐步为学术界所普遍认可。

第三，重视"直接研究材料"和问题之"新陈代谢"。傅氏指出："凡能直接研究材料，便进步。凡间接研究前人所研究或前人所创造之系统，而不繁丰细密的参照所包含的事实，便倒退。"傅氏将以上研究分别区分为"科学的研究"与"书院学究式的研究"。傅氏举例说明："以《说文》为本体，为究竟，去作研究的文字学，是书院学究的作为。仅以《说文》为材料之一种，能充量的辨别着去用一切材料，如金文、甲骨文等，因而成就的文字学，乃是科学的研究。"傅氏《民族与古代中国史》一书中，以上学术思想颇为明显。诸如《姜原》一文，傅氏结合《吕刑》及彝铭资料，以证"姜之原始不是诸夏"，进一步申论"姜本西戎，与周密迩，又为姻戚，惟并不是中国"之论点。又如，傅氏举证"鬼方之鬼，在殷墟文字中或从人，或从女。……殷墟文字中出现羌字之从人，与未出现从女之姜字，在当时或未必有很大的分别"，批驳以往的学者往往将周代女子称姓的习俗解释为"姓由母系的缘故"，"实在是拿着小篆解字源之错误"，并在此基础上进一步推论"女子称姓之习惯，在商代或者未必这样谨严"，以证"姜羌为一字"。

傅斯年时代对中国国故学的重新重视，一个重要原因是梁启超所说的："国故之学，曷为直至今日乃渐复活耶？盖由吾侪受外来

民族与古代中国史（外一种）

学术之影响，采彼都治学学术方法以理吾故物。"方法更新的同时，问题也在不断更新。傅斯年全书贯穿了这一思想，诸如其所论三代时期的民族构成关系，姜、羌关系及羌族流徙，周初封建及东方地区殷遗民的统治，大东、小东地望及周初鲁、齐、燕封地，文献中的所谓五等爵诸问题，皆为在新的学术背景下提出的崭新学术命题，并长期受到学术界的高度重视。如张光直先生评说："《夷夏东西说》不是很长的一篇文章，但是有了这篇文章以后，历史学家看中国历史便有了一个与前不同的角度。"

二十世纪二三十年代，科学知识和科学方法大规模由西方引入中国，"科学"一度与"民主"并列成为中国人特别是知识分子膜拜对象之一，这一观念如此深入人心，以至于历史学也由启蒙思想载体的进化论史学转向了作为特殊认识工具的科学史学。而《民族与古代中国史》则是这一转向中的代表作品。

颜吾芟

目录

民族与古代中国史

夷夏东西说 ………………………………………………… 3

一、亳—商—殷 …………………………………………… 4

二、夏迹 ………………………………………………… 23

三、夏夷交胜 …………………………………………… 31

四、诸夷姓 ……………………………………………… 39

五、总结上文 …………………………………………… 54

姜　原 …………………………………………………… 61

一、姜之世系 …………………………………………… 61

二、姜之地望 …………………………………………… 63

三、姜姓在西周的事迹 ………………………………… 67

四、姜羌为一字 ………………………………………… 68

周东封与殷遗民 ······ 70

大东小东说 ······ 79
    一、大东小东的地望和鲁、燕、齐的初封地 ······ 79
    二、周初东向发展之步骤 ······ 86
    三、周公之事功 ······ 87

论所谓五等爵 ······ 90
    一、五等称谓的淆乱 ······ 90
    二、公侯伯子男释字 ······ 107
    三、既非五等，更无五等爵制 ······ 115

性命古训辨证

序 ······ 121

引　语 ······ 124

上卷　释字 ······ 131
    第一章　提纲 ······ 132
    第二章　周代金文中"生""令""命"三字之统计及其字义 ······ 134

第三章 《周诰》中之"性""命"字 …………… 156

第四章 《诗经》中之"性""命"字 …………… 165

第五章 《左传》《国语》中之"性""命"字 ………… 174

第六章 《论语》中之"性""命"字 …………… 181

第七章 论《告子》言"性"实言"生"兼论《孟子》
一书之"性"字在原本当作"生"字 …………… 184

第八章 论《荀子·性恶》《正名》诸篇中之"性"字
在原本当作"生"字 …………………… 190

第九章 论《吕氏春秋》中"性"字
在原本当作"生"字 …………………… 194

第十章 "生"与"性""令"
与"命"之语言学的关系 …………… 197

中卷 释义 …………………………… 207

第一章 周初人之"帝""天" …………………… 208

第二章 周初之"天命无常"论 …………………… 219

第三章 诸子天人论导源 ……………………… 238

第四章 自类别的人性观至普遍的人性观 …………… 245

第五章 总叙以下数章 ………………………… 251

第六章 春秋时代之矛盾性与孔子 …………………… 259

第七章 墨子之非命论 ………………………… 268

第八章 孟子之性善论及其性命一贯之见解 …………… 277

第九章 荀子之性恶论及其天道观 …………………… 288

第十章 本卷结语 ……………………………… 298

下卷　释绪 ·· 301

　第一章　汉代性之二元说 ····························· 302

　第二章　理学之地位 ···································· 314

民族与古代中国史

夷夏东西说

　　这一篇文是我在"九一八"以前所作《民族与古代中国史》一书中的三章。这一书已成之稿,大致写在"九一八"前两年至半年间。这三章是二十年春天写的,因时局的影响,研究所迁徙两次,我的工作全不能照预定呈规,所以这一书始终不曾整理完。现在把其中的三章,即本文的三章,编成一文,敬为蔡孑民师寿。因为本是一部书,所以中间常提到他章,现在改作"别见某文,未刊"。这一篇中的中心思想,是我十余年前的见解,此数章写成亦在数年前。这几年中我没有在这一线上用工夫,所以除字句略加修正及末一节以外,几全是当年的原文。此文本应附图,现在亦来不及作了。

二十三年十月

　　自东汉末以来的中国史,常常分南北,或者是政治的分裂,或者由于北方为外族所统制。但这个现象不能倒安在古代史上。到东汉,长江流域才大发达。到孙吴时,长江流域才有独立的大政治组织。在三代时及三代以前,政治的演进,由部落到帝国,是以河、济、淮流域为地盘的。在这片大地中，地理的形势只有东西之分，并无南北之限。历史凭借地理而生，这两千年的对峙，是东西而不是南北。现在以考察古地理为研究古史的一个道路，似足以证明三代及近于三代之前期，大体上有东西不同的两个系统。这两个系统，因对峙而生争斗，因争斗而起混合，因混合而文化进展。夷与商属于东系，夏与周属于西系。以下四章是为求能证明这个设定而写的。先从商代说起，上溯夏后世者，因为后王事迹多，容易看清楚，先讨论他，于了解此文之命意上似乎便当些。

一、亳—商—殷

（一）商代发迹于东北渤海与古兖州是其建业之地

下列数事，合起来可证成本节标题所假定。

甲　《诗·商颂》："天命玄鸟，降而生商。"又，"有娀方将，帝立子生商。"这个故事的意义，可以《吕氏春秋·音初篇》所记说明之。

> 有娀氏有二佚女，为之九成之台，饮食必以鼓。帝令燕往视之，鸣若谥隘。二女爱而争搏之，覆以玉筐。少选，发而视之，燕遗二卵北飞，遂不反。二女作歌，一终曰："燕燕往飞。"实始作为北音。

《商颂》中所谓"玄鸟"及"有娀"之本事，当即此说之内容。此一神话之核心，在于宗祖以卵生而创业。后代神话与此说属于一源而分化者，全在东北民族及淮夷。现在将此神话之重要材料录于下方。

《论衡·吉验篇》北夷橐离国王侍婢有娠，王欲杀之。婢对曰："有气大如鸡子，从天而下，我故有娠。"后产子，捐于猪溷中，猪以口气嘘之，不死。复徙置马栏中，欲使马藉杀之，马复以口气嘘之，不死。王疑以为天子，令其母收取，奴畜之，名东明，令牧牛马。东明善射，王恐夺其国也，欲杀之。东明走，南至掩淲水，以弓击水，鱼鳖浮为桥，东明得渡。鱼鳖解散，追兵不得渡，因都王夫余，故北夷有夫余国焉。（《魏志》三十《夫余传》注引《魏略》同。）

《魏书·高句丽传》高句丽者，出于夫余。自言先祖朱蒙。朱蒙母河伯女，为夫余王闭于室中，为日所照，引身避之，日影又逐。既而有孕，生一卵，大如五升。夫余王弃之与犬，犬不食。弃之与豕，豕又不食。弃之于路，牛马避之。后弃之野，众鸟以毛茹之。夫余王割剖之，不能破，遂还其母。其母以物裹之，置于暖处，有一男破壳而出。及其长也，字之曰朱蒙。其俗言朱蒙者，善射也。夫余人以朱蒙非人所生，将有异志，请除之。王不听，命之养马。朱蒙每私试，知有善恶，骏者减食令瘦，驽者善养令肥。夫余王以肥者自乘，以瘦者给朱蒙。后狩于田，以朱蒙善射，限之一矢。朱蒙虽矢少，殪兽甚多。夫余之臣又谋杀之，朱蒙母阴知，告朱蒙曰："国将害汝，以汝才略，宜远适四方。"朱蒙乃与乌引、乌违等二人弃夫余东南走。中道遇一大水,欲济无梁,夫余人追之甚急。朱蒙告水曰:"我是日子,河伯外孙,今日逃走,追兵垂及,如何得济?"于是鱼鳖并浮,为之成桥。朱蒙得渡,鱼鳖乃解,追骑不得渡。朱蒙遂至普述水,遇见三人,其一人著麻衣,一人著衲衣,一人著水藻衣,与朱蒙至纥升骨城,遂居焉。号曰高句丽,因以为氏焉。

《高丽好太王碑》惟昔始祖邹牟王之创基也,出自北夫余,天帝之子,母河伯女郎,剖卵降出。生子有圣□□□□□命驾巡东南下,路由夫余奄利大水。王临津言曰:"我是皇天之子,母河伯女郎,邹牟王,为我连葭浮龟。"应声即为连葭浮龟,然后造渡于沸流谷忽本西城山上而建都焉。永乐□位,因遣黄龙来下迎王,王于忽本东冈黄龙负升天。

高丽王氏朝金富轼撰《三国史记·高句骊纪》始祖东明圣王姓高氏,讳朱蒙(一云邹牟,一云象解)。先是扶余王解夫娄老,无子,祭山川求嗣。其所御马至鲲渊,见大石,相对流泪。王怪之,使人转其石,有小儿,金色,蛙形(蛙一作蜗)。王喜曰:"此乃天赉我令胤乎?"乃收而养之,名曰金蛙。及其长,立为太子。后其相阿兰弗曰:"日者天降我曰:'将使吾子孙立国于此,汝其避之东海之滨,有地号曰迦叶原,土壤膏腴,宜五谷,可都也。'"阿兰弗遂劝王移都于彼国,号东扶余。其旧都有人,不知所从来,自称天帝子解慕漱来都焉。及解夫娄薨,金蛙嗣位。于是时得女子于太白山南优渤水,问之,曰:"我是河伯之女，名柳花，与诸弟出游，时有一男子自言天帝子解慕漱，诱我于熊心山下鸭绿边室中私之，即往不返，父母责我无媒而从人，遂谪居优渤水。"金蛙异之，幽闭于室中。为日所照，引身避之，日影又逐而照之，因而有孕。生一卵，大如五升许，王弃之与犬豕，皆不食。又弃之路中，牛马避之。后弃之野，鸟覆翼之。王欲剖之，不能破，遂还其母。其母以物裹之，置于暖处，有一男儿破壳而出，骨表英奇。年甫七岁，嶷然异常，自作弓矢射之，百发百中。扶余俗语善射为朱蒙，故以名云。金蛙有七子，常与朱蒙游戏，其伎能皆不及朱蒙。其长子带素言于王曰："朱蒙非人所生，其为人也勇，若不早图，恐有后患，请除之。"王不听，使之养马。朱蒙知其骏者而减食令瘦，驽者善养令肥。王以肥者自乘，瘦者给朱蒙。后猎于野，以朱蒙善射，与其矢小，而朱蒙殪兽甚多。王子及诸臣又谋杀之，朱蒙母阴知之，告曰："国人将害汝，以汝才略，何往而不可？与其迟留而受辱，不若远适以有为。"朱蒙乃与乌伊摩离陕父等三人为友，行至淹淲水（一名盖斯水，在今鸭绿东北），欲渡无梁，恐为追兵所迫，告水曰："我是天帝子，河伯外孙，今日逃走，追者垂及，如何？"于是鱼鳖浮出成桥，朱蒙得渡，鱼鳖乃解，追骑不得渡。朱蒙行至毛屯谷（《魏书》云，至普述水），遇三人，其一人着麻衣，一人着衲衣，一人着水藻衣。朱蒙问曰："子等何许人也？何姓何名乎？"麻衣者曰："名再思。"衲衣者曰："名武骨。"水藻衣者曰："名默居。"而不言姓。朱蒙赐再思姓克氏，武骨仲室氏，默居少室氏。乃告于众曰："我方承景命，欲启元基，而适遇此三贤，岂非天赐乎？"遂揆其能，各任以事，与之俱至卒本川（《魏书》云，至纥升骨城）。观其土壤肥美，山河险固，遂欲都焉，而未遑作宫室，但结庐于沸流水上居之。国号高句丽，因以高为氏（一云，朱蒙至卒本，扶余王无子，见朱蒙，知非常人，以其女妻之。王薨，朱蒙嗣位）。时朱蒙年二十二岁，是汉孝元帝建昭二年。

朝鲜《旧三国史·东明王本纪》（案，原书已佚，日人今西龙在《内藤虎次郎颂寿纪念史学论丛》中所作《朱蒙传说》据高丽王氏朝李奎报《李相国文集》中之《东明王篇注释》辑录成篇，并以朝鲜《世宗实录》《地理志·平安道》平壤条所载者补订之。此处所引，即据今西龙氏辑文）夫余王解夫娄老无子，祭山川求嗣。所御马至鲲渊，见大石流泪。王怪之，使人转其石，有小儿金色蛙形。王曰："此天赐我令胤乎？"乃收养之，名曰金蛙，立为太子。其相阿兰弗曰："日者天降我曰，将使吾子孙立国于此，汝其避之东海之滨，有地号迦叶原，土宜五谷，可都也。"阿兰弗劝王移都，号东夫余。于旧都解慕漱，为天帝子来都。汉神雀三年壬戌岁（四月甲寅），天帝遣太子降游扶余王古都，号解慕漱。从天而下，乘五龙车，从者百余人，皆骑白鹄，彩云浮于上，音乐动云中，止熊心山，经十余日始下。首戴乌羽之冠，腰带剑光之剑，朝则听事，暮即升天，世谓之天王郎。城北青河河伯（青河今鸭绿江也）有三女，长曰柳花，次曰萱花，季曰苇花，三女自青河出游熊心渊上，神姿艳丽，杂佩锵洋，与汉皋无异。王谓左右曰："得而为妃可有后胤。"其女见王，即入水。左右曰："大王何不作宫殿,俟女入室,当户遮之?"王以为然。以马鞭画地,铜室俄成,壮丽于空中。王三席置樽酒,其女各座其席,相欢,饮酒大醉,云云。王俟三女大醉,急出遮。女等惊走,长女柳花为王所止。河伯又怒,遣使告曰:"汝是何人,留我女乎?"王报云:"我是天帝之子,今欲与河伯结婚。"河伯又使告曰:"汝若天帝之子,于我有求婚者,当使媒,云云,今辄留我女,何其失礼?"王惭之。将往见河伯,不能入室。欲放其女,女既与王定情,不肯离去,乃劝王曰:"如有龙车,可到河伯之国。"王指天而告,俄而五龙车从空而下。王与女乘车,风云忽起,至其宫。河伯备礼迎之,坐定,谓曰:"婚姻之道,天下之通规,为何失礼辱我门宗?"河伯曰:"王是天帝之子,有何神异?"王曰:"惟在所试。"于是河伯于庭前水化为鲤,随浪而游,王化为獭而捕之。河伯又化为鹿而走,王化为豺逐之。河伯化为雉,王化为鹰击之。河伯以为诚是天帝之子,以礼成婚。恐王无将女之心,张乐置酒,劝王大醉(河伯之酒七日乃醒),与女入于小革舆中,载以龙车,欲令升天。其车未出水,王即酒醒。取女黄金钗,刺革舆,从孔独出升天。河伯大怒其女,曰:"汝不从我训,终辱我门。"令右左绞挽女口,其唇吻长三尺,惟与奴婢二人贬于优渤水中。优渤,泽名,今在太伯山南。渔师强力扶邹告金蛙曰:"近有盗梁中鱼而将去者,未知何兽也?"王乃使渔师以网引之,其网破裂。更造铁网引之,始得一女,坐石而出。其女唇长,不能言,令三截其唇,乃言。王知天帝子妃,以别宫置之。其女怀牖中日曜,因以有娠。神雀四年癸亥岁夏四月,生朱蒙。

啼声甚伟,骨表英奇。初生,左腋生一卵,大如五升许。王怪之,曰:"人生鸟卵,可为不祥。"使人置之马牧。群马不践。弃于深山,百兽皆护,云阴之日,卵上恒有日光。王取卵送母养之,卵终乃开,得一男。生未经月,言语并实。谓母曰:"群蝇嗜目,不能睡,母为我作弓矢。"其母以荜作弓矢与之,自射纺车上蝇,发矢即中。扶余谓善射曰朱蒙。年至长大,才能兼备。金蛙有子七人,常共朱蒙游猎。王子及从者四十余人,惟获一鹿,朱蒙射鹿至多。王子妒之,乃执朱蒙缚树,夺鹿而去,朱蒙树拔而去。太子带素言于王曰:"朱蒙神勇之士,瞻视非常,若不早图,必有后患。"王使朱蒙牧马,欲试其意。朱蒙内怀恨,谓母曰:"我是天帝之孙,为人牧马,生不如死,欲往南土造国家,母在,不敢自专,云云。"其母曰:"此吾之所以日夜腐心也。""吾闻士之涉长途者,顺凭骏足,吾能择马矣。"遂往牧马,即以长鞭乱捶,群马皆惊走,一骍马跳过二丈之栏。朱蒙知马骏逸,潜以针捶马舌,痛不食水草,其马瘦悴。王巡行马牧,见群马悉肥,大喜,仍以瘦锡朱蒙。朱蒙得之,拔其针加倭云。暗结乌伊摩离陕父等三人,南行至淹淲,一名盖斯水,在今鸭绿东北,欲渡无舟。恐追兵奄及,乃以策指天,慨然叹曰:"我天帝之孙,河伯之甥,今避难至此,皇天后土怜我孤子,速致舟桥。"言讫,以弓打水,龟鳖浮出成桥,朱蒙乃得渡。良久,追兵至。追兵至河,鱼鳖桥即灭,已上桥者皆没死。朱蒙临别,不忍睽违。其母曰:"汝勿以一母为念。"乃裹五谷种以送之。朱蒙自切生别之心,忘其麦子。朱蒙息大树之下,有双鸠来集。

朱蒙曰："应是神母使送麦子。"乃引弓射之,一矢俱举,开喉得麦子。以水喷鸠,更苏而飞去,云云。王行至卒本川,庐于沸流水上,国号为高句丽。王自坐茀绝之上,略定君臣神。(中略)在位十九年,秋九月,王升天不下,时年四十。太子以所遗玉鞭葬于龙山,云云。(下略)

《清太祖武皇帝实录》(故宫博物院藏本。按《清太祖实录》今已发见者有三本,一名《太祖武皇帝实录》,藏北平故宫博物院,是最初本。一名《太祖高皇帝实录》,是一稿本,涂改数遍,藏中央研究院历史语言研究所。一亦名《太祖高皇帝实录》,藏北平故宫博物院,已由该院印出,此为最后之本。又有《满洲实录》,藏沈阳故宫博物院,已由该院影印,文饰较少,当在故宫第一本及中央研究院稿本之间。(今录故宫第一本,而注明沈阳本之异文。)长白山高约二百里,周围约千里。此山之上有一潭名他门(沈阳本作闼门),周约八十里。鸭绿、混同、爱滹三江,俱从此山流出。鸭绿江自山南泻出向西流,直入辽东之南海。混同江自山北泻出向北流,直入北海。爱滹江向东流,直入东海。此三江中每出珠宝。长白山山高地寒,风劲不休,夏日,环山之兽俱投憩此山中。(沈阳本此下有云,此山尽是浮石,乃东北一名山也。)

满洲源流。

满洲原起于长白山之东北布库里山下一泊,名布尔(沈阳本作勒)湖里。初,天降三仙女浴于泊,长名恩古伦,次名正古伦,三名佛库伦,浴毕上岸,有神鹊衔一朱果置佛库伦衣上,色甚鲜妍。佛古(沈阳本作库)伦爱之不忍释手,遂衔口中。甫著衣,其果入腹中,即感而成孕。告二姊曰:"吾觉腹重不能同升,奈何?"二姊曰:"吾等曾服丹药,谅无死理,此乃天意俟尔身轻上升未晚。"遂别去。佛库伦后生一男,生而能言,倏尔长成。母告子曰:"天生汝,实令汝为夷国主(沈阳本作以定乱国),可往彼处将所生缘由一一详说。"乃与一舟,"顺水去,即其地也。"言讫,忽不见。其子乘舟顺流而下,至于人居之处,登岸,折柳条为坐具,似椅形,独踞其上。彼时长白山东南鳌莫惠(地名)鳌多理(城名。此两名沈阳本作鄂谟辉、鄂多理),内有三姓夷酋争长(沈阳本作争为雄长),终日互相杀伤。适一人来取水,见其子举止奇异,相貌非常,回至争斗之处,告众曰:"汝等无争,我于取水处遇一奇男子,非凡人也。想天不虚生此人,盍往观之?"三酋长(沈阳本作三姓人)闻言罢战,同众往观。及见,果非常人,异而诘之。答曰:"我乃天女佛库伦所生,姓爱新[华语(沈阳本作汉言),金也]觉罗(姓也),名布库理雍顺,天降我定汝等之乱。"因将母所嘱之言详告之。众皆惊异曰:"此人不可使之徒行。"遂相插手为舆,拥捧(沈阳本作护)而回。三姓人息争,共奉布库里英雄(沈阳本作哩雍顺)为主,以百里女妻之。其国定号满洲,乃其始祖也(南朝误名建州)。

如上所引,可知此一传说在东北各部族中之普遍与绵长。此即东北人之"人降"神话,在东北人以外,古淮夷亦有此神话:

《史记·秦本纪》秦之先帝,颛顼之苗裔,孙曰女修。

女修织，玄鸟陨卵，女修吞之，生子大业。大业取少典之子，曰女华，女华生大费，与禹平水土。

按，此虽记秦之祖，然实叙夷淮之祖，因秦本嬴姓，嬴姓在商代，凭殷人西向之势，自岱南出建部落于西北，事见《秦本纪》。淮夷本是东海上部类，《诗·鲁颂》"至于海邦，淮夷来同"，是其证。然则淮夷与东北沿海诸族同其人降之神话，本不足怪。且此处之神话，明明归本于颛顼氏，颛顼正是东北方部落之宗神。《晋书》卷一百八（慕容）"廆以大棘城即帝颛顼之墟也"可以为证。据此考量，淮夷有此神话，正自东北来，即当入之东北一类中也。

然而此一神话殊不以东北为限，殷商亦然。《诗》所谓"天命玄鸟，降而生商"，所谓"有娀方将，帝立子生商"者，据郑笺云："天使鳦下而生商者，谓鳦遗卵，有娀氏之女简狄吞之而生契。"是谓玄鸟之卵，入有娀氏女之腹，遂生商祖。然则《商颂》中此一神话，与上文所举后来东北各部族中之神话，明明白白是一件事，至少是一个来源。持此以证商代来自东北，固为不足，持此以证商代之来源与东北有密切关系，至少亦是文化的深切接触与混合，乃是颇充足，很显然的。①

乙　《诗·商颂》："宅殷土芒芒。"我们要看商所宅之殷土在何处。自武乙以来所都之处，《史记》称之曰殷墟，殷墟正在洹水南岸，今河南安阳境。不过这是后来的话，不足证殷商之本在河北。当更由他法寻求称殷商部族之本土。《吕氏春秋·慎大览》："亲

---

① 此节含义已见拙著《东北史纲》初稿第一卷14至24页。彼处于本文所引资料外，更及"妣乙"一辞。今承董作宾先生告我："王国维所释'妣乙'二文实是'河'字，其'𠂇'一字，则为'岳'字。"按董说甚确，故删是段。

郼如夏。"高诱曰："郼读如衣，今兖州人谓殷氏皆曰衣。"毕沅证之曰："《书·武成》，殪戎殷，《中庸》作壹戎衣，二字声本相近。"然则殷即郼，郼、韦、卫三字当为一字之异体。今能寻卫、韦之所在，则殷土之原来地望可知。卫者，康侯封所受之旧名，康侯之国名卫，并非康侯自他处带去（若燕之本不在蓟，鲁之本不在曲阜）。而为其地之旧名者，可以下列考量证之。康叔本封于康，故建侯于卫时犹曰康叔，其子犹曰康伯，从此可知卫为眛邦（即《诗》之"沬乡牧野"）之本名，当今彰德、卫辉、大名一带之地。韦者，一曰豕韦，《左传》哀二十四杜注曰："东郡白马县东南有韦城。"晋白马县，当今滑县东境一带，其四围正在古所谓河济之间。《吕氏春秋·有始览》又云："河济之间为兖州，卫也。"此尤明示卫之地望，更由此可知称殷之原来所在。其实殷、兖（古作"沇"）二字，或者也不免是一词之变化，音韵上非不可能。此说如不错，则殷、衣、韦、郼、卫、沇、兖，尽由一源，只缘古今异时，成殊名耳。商之先世，于建业蒙亳之先（说详下）宅此殷土，则成汤以前先公发祥自北而南之踪迹，可以推知矣。

丙　《诗·商颂》："相土烈烈，海外有截。"试为"景员维河"之国家设想，最近之海为渤海，最近可能之海外为辽东半岛或朝鲜西北境。相土为商代甚早之先王，在契之后、汤之前，并在王恒、王亥之前。以如此早之一代，竟能截定海外，则其根据地必去渤海不远。纣殁后，殷人以亡国之余，犹得凭箕子以保朝鲜，朝鲜如不早在其统治之内，甚难以亡国余烬，远建海邦。然则箕子之东，只是退保辽水之外，"从先王居"而已，犹之金亡后犹在混同江边保其女真族，元亡后犹在漠南北保其蒙古族。①

据以上三事，则最早最可信之史料——《商颂》——已明明告我们，殷代之祖先起自东北方矣！然证据尚不只此。

丁　王恒亦是殷先王世系中甚早者，他与有易有一段相杀的故事（王国维考之甚确）。按，都邑之名每以迁徙而移，水名则不移。有易之地望可以易水所在推知其概。王恒、王亥、上甲微三世既皆与有易发生关系，而王恒且为有易虏去作牧夫，则此时殷先公之国境，必与有易毗连可知，即必在今河北省境北部或中部可知。查王国维所证与此事有涉之《天问》十二韵云：

> 该（亥）秉季德，厥父是臧，胡终弊于有扈（易之误，据王考），牧夫牛羊？干协时舞，何以怀之？平胁曼肤，何以肥之？有扈（易）牧竖，云何而逢？击床先出，其命何从？恒秉季德，焉得夫朴牛？何往营班禄，不但（疑旦之误）还来？昏微循迹，有狄（易之借字，据王考）不宁，何繁鸟萃棘（疑林之误），负子肆情？眩（亥）②弟并淫，危害厥兄，何变化以作诈，而后嗣逢长？

今更据文义推测此一故事之大略面目。一个故事，每因同源异流之

---

① 《左传》昭九，"肃慎燕亳，吾北土也"。此当为亳之本土，说详下。又，朝鲜一辞不见六经，按司马相如《上林赋》，"齐……斜与肃慎为界"，西汉齐国之斜界正为朝鲜，或者战国以来所谓朝鲜，即古之肃慎耶？说别详。

② 此处眩字疑亦亥之误字。盖上文正说王亥、王恒、上甲微，下文又说汤之创业，不应中间忽插入舜象故事，如王逸所解者。即使信《国语》"商人禘舜"之舜字不误，亦应列于"简狄在台誉何喜"之前。《天问》骤看似语无伦次者，然若以"故事系统"论其次序，以韵读定其错间或不错，当知实非漫无连贯者。故舜事无论如何解，不当入之此处也。又眩、胲二字在篆文虽不可乱，在隶书则甚易讹也。

故，化为几个不同的面目。现在看看《天问》中这个故事的面目，果与其他记同一故事者合否。照这十几韵中的含义，大约殷王季是这个故事中一个重要的人物，大约服牛之功是当归之于季的。所以谈到他的儿子们，一则曰，"该秉季德"，再则曰，"恒秉季德"。此点正与《国语》祭统合，二者皆以为冥（据王考，即季）有大功。然则王氏以为"《山海经》《天问》《吕览》《世本》皆以王亥为始作服牛之人"，在《天问》或不如此。《天问》既曰该恒秉季德，是此一重要制作，在王亥不过承袭父业，或者《天问》作者心中是以王季担此制作之任者。王季有几个儿子，其中亥、恒皆能秉父德，不幸亥之诸弟（恒当除外）实行"共妻主义"，偏这群人自己没遭祸事，祸事到老兄头上，所谓"危害厥兄"也。此与郭璞《大荒东经注》引《竹书》所云："殷王子亥，宾于有易而淫焉，有易之君绵臣杀而放之"，当系一件故事之不同说法，《竹书》归罪于王亥，《天问》归罪于其弟耳。所谓"昏微循迹，有狄不宁"者，盖上甲微在国败君亡之后，能振作旧业，压迫有狄，有狄为之不宁，此与《鲁语》祭统所谓"上甲微能帅契"者相合。不过，据《天问》之发问者，微不是王亥之子，而是亥之弟之子，故有天道难知之感，以并淫作诈害及子兄之人，其后嗣乃能长盛，为不平也。如上所析解此一故事，诸书用之者大同小异，盖此故事至晚周已有不同之面目。然其中有一点绝无异者，即汤之先世在此期中历与有易斗争，卒能胜有易，故后世乃大。夫易水所在，古今未改，有易所在，即可推知。以数世与有易斗争之国，必为有易之邻国可知，必在今河北省中部或南部亦可知矣。

  戊　《山海经》中所说之地望，初看似错乱，如匈奴见于南方，流沙见于东方之类。但全部排比一下，颇有一个线索可寻，而《大荒经》中之东西南北，尤不紊乱。今将《大荒东经》中所载一切帝王之迹抄之如下。

> 东海之外，大壑，少昊之国，少昊孺帝颛顼于此。
>
> 大荒之中，有山名曰合虚，日月所出。有中容之国：帝俊生中容。
>
> 有司幽之国：帝俊生晏龙，晏龙生司幽。
>
> 有白民之国：帝俊生帝鸿，帝鸿生白民。
>
> 有黑齿之国：帝俊生黑齿，姜姓。
>
> 东海之渚中有神，人面鸟身，珥两黄蛇，践两黄蛇，名曰禺䝞（《北经》作禺号）。黄帝生禺䝞，禺䝞生禺京。禺京处北海，禺䝞处东海，是惟海神。
>
> 有困民国，勾姓，而食（郝懿行云，勾姓下而食上当有阙脱），有人曰王亥。两手操鸟，方食其头。王亥托于有易，河伯仆牛。有易杀王亥，取仆牛。河念有易，有易潜出为国于兽方食之，名曰摇民。帝舜生戏，戏生摇民。
>
> 有五采之鸟相乡弃沙，惟帝俊下友。
>
> 东荒之中有山，名曰壑明俊疾，日月所出，有中容之国。
>
> 东海中有流波山……其上有兽。……其名曰夔，黄帝得之，以其皮为鼓。

据此我们可说帝俊竟是《大荒东经》中惟一之帝。此外少昊一见，谓其孺颛顼于此；黄帝二见，一谓其为处于东海之禺䝞之祖，一谓其得夔；舜一见，谓其为摇民之祖；皆不多见。至于中容王亥，一为俊之子，一则殷先王，正在一系中。又帝俊之见于他卷者，仅《大荒南经》，"帝俊妻娥皇，生此三身之国""帝俊生季厘""羲和者，帝俊之妻"；《大荒西经》，"帝俊妻常义"；《大荒北经》，"东北海之外，大荒之中，河水之间，附禺之山……帝颛顼有九嫔葬焉……丘方员三百里，丘南帝俊竹林在焉，大可为舟……丘西有沉渊，颛顼所浴"，及《海内经》末段之综记帝族统系。除《海内经》末段另文详论外，所有《大荒经》南西北三方中之帝俊，多是娥皇一故事之分化。至《大荒北经》所记帝俊竹林，虽列入《北经》，按其所述之地望，实在东北。由此统计以看帝俊之迹及其宗族，独占东北方最重要之位置。帝俊既见于殷墟文字，称曰高祖，而帝俊之地望如此，则殷代龙兴之所在可知。

综上列五事以看，直接史料与间接史料相互参会，均指示我们商起于东北，此一说谓之为已经证成可也。

（二）亳

然而竟有人把商代也算到西方去，其故大概由于亳之地望未看清楚，太史公又曾胡里胡涂说了一句。他说："或曰，'东方物所始生，西方物之成熟'，夫作事者必于东南，收功实者常于西北。故禹兴于西羌；汤起于亳；周之王也，以丰镐伐殷；秦之帝用雍州兴；汉之兴自蜀汉。"这话里边，只汤起于亳一说为无着落，而徐广偏"希意承旨"，以说"京兆杜县有亳亭"，于是三亳、阪尹之外，复有此西亳，而商起东北之事实，竟有太史公之权威作他的反证！①

---

① 按，京兆有亳亭一说，《史记》曾言及。《封禅书》记秦地诸祠祀有云："于社亳有三社主之祠。"《秦本纪》云："宁公二年，遣兵伐荡社。三年，与亳战，亳王奔戎，遂灭荡社。"《索隐》曰："西戎之君，号曰亳王。盖成汤之胤。"《集解》引皇甫谧曰："亳王号汤，西夷之国……非殷也。"据此，知周桓王时之亳王，乃西戎君长，不关殷商。其居京兆杜县，当由犬戎之乱，入据畿甸。西周盛时，断不容卧榻之旁，由人酣睡。意者殷克鬼方后，子姓有统率戎人部落者，逮殷之灭，遂袭亳王之号，及周之乱，遂据杜县。无论此说当否。此乃后代事，不能据之以证商代之渊源。商人何来，固当以早年地理证之，亳人发迹之所在求之，若求之于八九百年后之地名，恐无当矣。

查亳之所在，皇甫谧已辨之，宋人亦有论及。在近代，有孙星衍（见外集《汤都考》）、胡天游（见《石笥山房集》）、郝懿行（见《山海经笺疏》）、金鹗（见《求古录礼说》）、毕亨（见《九水山房文存》）、王国维（见《观堂集林》）皆主偃师之西亳为后起之亳，汤之始都应在东方。汤自东徂西之事，在今日已可为定论。诸家所说，今不具引，仅于所论之外，补申两事：

甲　亳实一迁徙之名。地名之以居者而迁徙，周代犹然。宗周成周虽于周上冠字，其号周则一。鲁本不在今山东南境，燕本不在今河北北境，皆因徙封而迁（说见拙著《大东小东说》）。韩本在渭水流域，而《诗·韩奕》，"燕师所完""以为北伯"之韩，必在今河北省境。魏本在河东，而迁大梁后犹号魏。汉虽仍封梁王于此，而曹魏初建国，仍在此地。后世尚如此，早年"无定居"时迁徙较易，则洛邑号周，韦墟号商，亦甚自然。鲁有亳社之遗，可知亳者乃商人最初之国号，国王易其居，而亳易其地，原来不是亳有好些个，乃是亳王好搬动。或者有亳社之地皆可称亳。王国维君证汤之亳为汉之山阳郡薄县（今山东曹县境），以《左传》哀十四年，"宋景公曰，薄宗邑也"为证，其说至确，然不可谓汤之所居但以此为限。偃师之亳虽无确证，然汤实灭夏，夏之区宇布于今山西、河南省中，兼及陕西，而其本土在河东（详下章）。《史记》，"汤遂率兵以伐夏桀，桀走鸣条"。《集解》引孔安国曰，"地在安邑之西"。按之《吕览》等书记吴起对魏武侯云："夏桀之国左河济，右大行，伊阙在其南，羊肠在其北。"则鸣条在河东或不误。然则汤对夏用兵以偃师一带地为根据，亦非不可能者。且齐侯镈钟云："虩虩成唐（阳），又敃（严）十（在）帝所。尃受天命，剭伐夏司，敗（败）厥灵师。伊少（小）臣佳栯（辅）。咸有九州，处禹之堵（都）。"

（从孙仲容释）则成汤实灭夏桀而居其土。此器虽是春秋中世之器，然此传说必古而有据。又南亳虽若偏于南隅，然相传成汤放桀于南巢，南巢竟远在庐州境，则南亳未必非汤所曾至。大凡此等传说，无以证明其然，亦无以证明其不然。如以亳为城郭宫室俱备之都邑，则汤之亳自当只有一个。如以其为兵站而有社以祷之所，则正应不只一地。且汤时兵力已甚盛，千里之间，南征北战，当是史实。不过汤之中央都邑，固当以近于商宋者为差是耳。

此外济河流域中以薄或博名者，尚有数处，其来源虽有不可知者，然以声类考之，皆可为亳之音转。

蒲姑。《左传》昭九年，"及武王克商……蒲姑商奄，吾东土也……肃慎燕亳，吾北土也"。《齐世家》作薄姑。《诗·毛传》同。杜云，"乐安博晶昌北有薄姑城"。按，《汉志》千乘郡已有博昌县，当今山东博兴县。

肃慎、燕、亳之亳。此亳所在杜无说，孔谓小国不知所在。然既与肃慎、燕并举，当邻于肃慎及燕。

据司马相如《子虚赋》，齐"斜与肃慎为界"，是古肃慎当即汉之朝鲜，与后世之挹娄无涉。或者此一在东北之亳即亳之初地，亦未可知。

齐博邑。在泰山下，见《齐策》。

汉东郡博平县。在济水之北，今山东博平县境。《田齐世家》之博陵，《苏秦张仪传》之博关，当即此博。

杨守敬曰："余以为秦县之名率本于前，其有地见春秋战国而汉又有其县者，诸家虽不言秦县，安知其非秦置？……使读者知秦之立县皆有所因，而《汉志》之不详说者，可消息得之矣。"（见《嬴秦郡县图序》）此说甚通。博、博平二名虽见于后，渊源当有自耳。

又按，"亳""薄"二字，同在唐韵入声十九铎，傍各切。"博"亦在十九铎，补各切。补为帮母之切字，傍为并母之切字，是"亳""薄"二字对"博"之异仅在清浊。蒲姑之"蒲"在平声，然其声类与"亳""薄"同，而蒲姑又在《诗·毛传》《左·杜注》中作薄姑，则"蒲"当与"薄"通。又十八铎之字在古有收喉之入声（–k）其韵质当为 ak，而唇声字又皆有变成合口呼之可能，是则"蒲姑"两字正当"亳"之一音。亳字见于殷墟文字，当是本字（《殷墟文字类编》五卷十五叶），博、薄、薄姑等，为其音转，以声类韵部求之，乃极接近。此虽未能证明之假设，却颇值得留意。

乙　蒲姑，博、薄、亳等地之分配，实沿济水两岸而逆流上行。试将此数地求之于地图上，则见其皆在济水故道之两岸，薄姑至于蒙亳皆如此。到西亳南亳方离开济水之两岸，但去济水流域仍不远。大凡一切荒古时代的都邑，不论在那一州，多是在河岸上的。一因取水的供给，二因交通的便利。济水必是商代一个最重要的交通河流。殷墟发现的品物中，海产品甚多，贝类不待说，竟有不少的鲸骨。而《卜辞》所记，王常自渔，《左传》所谓渔"非君所及"者，乃全不适用于商王，使人发生其同于辽代君主在混同江上钓鱼之感。又"济""齐"本是一字，如用以标水名，不着水旁亦可。洹水之"洹"有时作"亘"，可以为证。《卜辞》中有"齐䇂"，而"齐䇂"又近于夷方，此必指济水上地名而言[《殷墟书契前编》卷二第十五叶，"癸巳，卜贞王旬亾畎，在二月，在齐䇂，隹王来正（征）𠂤（夷）方。"董彦堂先生示我此条]。商之先世或者竟逆济水而向上拓地，至于孟诸，遂有商丘，亦未可定。薄姑旧址去海滨不远。此一带海滨，近年因黄河之排沙，增加土地甚速。古时济漯诸水虽不能如黄河，亦当有同样而较弱之作用。然则薄姑地望正合于当年济水之入海口，是当时之河海大港无疑。至于"肃慎燕亳"之亳，既与肃慎、燕并举，或即为其比邻。若然，则此之一亳正当今河北省之渤海岸，去薄姑亦在数百里以至千里之内。今假定商之先世起源于此之一亳，然后入济水流域，逆济水西上，沿途所迁，凡建社之处皆以旧名名之，直到陕西省境，于是有如许多之亳。此设想虽不能直接证明，然如上文所排列之事实，惟似惟有此解能适合之。

（三）商代拓土之三期

商代享国六百年之说，今无从确证。《史记》所载之世系，按之《卜辞》，大体不差。虽帝王之历世甚多，然其间不少兄弟，或者《史记集解》引《汲冢纪年》"汤灭夏，以至于受，二十九王，用岁四百九十六年"之一说，较为可信。在此五百年中，大约有两个时期拓土最力，一是成汤时，一是武丁时，合之汤前之相土，共三个时期。此情形《商颂》中说得很明白。于相土曰："相土烈烈，海外有截。"于汤曰武王载旆……九有有截。韦顾既伐，昆吾夏桀。"于武丁曰："在武丁孙子。武丁孙子，武王靡不胜。龙旂十乘，大糦是承。邦畿千里，维民所止。肇域彼四海，四海来假。"照这样看，并参以他书所记载，这三个时期拓土的范围，当如下文所列。

一、相土的东都，既在太山下，则其西部或及于济水之西岸。又曾戡定海外，当是以渤海为宇的。

二、汤时建国在蒙亳，其广野即是所谓空桑，其大渚即是孟诸（即孟渚），盖已取东夷之国，少昊之故域，而为邦畿，而且北向对韦，西向对夏，南向对淮水流域，均拓土不少。

三、盘庚，涉河迁殷后，其西北向之势力更发达。重以"中宗祖乙"（参看初版《观堂集林》九卷二十叶）"治民祗惧，不敢荒宁……享国七十有五年"。"高宗（武丁）时旧劳于外，爰暨小人。……不敢荒宁，嘉靖殷邦……享国五十有九年。""祖甲……旧为小人，作其即位，爰知小人之依，能保惠于庶民……享国三十有三年。"（均见《书·无逸》）故其势力能越太行，过伊洛，而至渭水。彼时南方之疆域今虽不可考，然既至南巢，已越淮水矣。又周称周侯，崇侯之国在丰，此虽藩国不同邦畿，然亦可见其声威所至。且"高宗伐鬼方，三年克之"一传说（见《易·下经》），证以《诗经》，尤可信。《大雅·荡》云，"文王曰咨，咨女殷商。如蜩如螗，如沸如羹。小大近丧，人尚由乎行。内奰于中国，覃及鬼方。"此虽记殷之衰乱，然衰乱时尚能波及于鬼方，强武时鬼方必为其臣属可知。关于鬼方之记载，初不见于发现之卜辞，今春中央研究院始发现一骨，其辞曰，"己酉，卜贞鬼方，"。这样记载的希少，似是鬼方既为殷人平定或威服之证。及纣之将亡，周人尚称之曰，"殷商之旅，其会如林"，而周人之剪服东方，历文武周公成王三世而"康克安之"。然则商人所建之帝国，盛时武力甚大，败后死而难僵。此一东起海东，西至岐阳之大帝国，在当时的文化程度中能建设起来，不能不算是一件绝伟大的事。想必凭特殊的武器及坚固的社会组织，方能做到。

二、夏迹

　　商代发迹自东徂西的踪迹已在上一章大致条别清楚，向上推一步便是夏代，我们且看夏代的踪迹分布在何一方。

　　禹的踪迹的传说是无所不在的，北匈奴南百越都说是禹后，而龙门会稽禹之迹尤著名，即在古代僻居汶山（岷山）一带不通中国的蜀人，也一般的有治水传说（见扬雄《蜀王本纪》，臧氏辑本）。虽东方系之商人，也说"浚哲维商，长发其祥。洪水芒芒，禹敷下土方"，明明以禹为古之明神。不过春秋以前书中，禹但称禹，不称夏禹，犹之稷但称稷，不称夏稷或周稷，自启以后方称夏后。启之一字盖有始祖之意，汉避景帝讳改为开，足征启字之诂。其母系出于涂山氏，显见其以上所蒙之禹若虚悬者。盖禹是一神道，即中国之 Osiris。禹鲧之说，本中国之创世传说（Genesis）。虽夏后氏祀之为宗神，然其与夏后有如何之血统关系，颇不易断。若匈奴号为夏后之裔，于越号称少康之后，当皆是奉禹为神，于是演以为祖者。如耶稣教之耶和华上帝，本是犹太一族之宗神，故《创世纪》言其世系，而耶稣教推广到他民族时，奉其教之民族，亦群认耶和华为人祖，亚当为始宗矣。然则我们现在排比夏迹，对于关涉禹者应律除去，以启以下为限，以免误以宗教之范围，作为国族之分布。

所谓夏后氏者，其名称甚怪，氏是族类，后为王号，何以于殷曰殷人，于周曰周人，独于夏曰夏后？意者诸夏之部落本甚多，而有一族为诸夏之盟长，此族遂号夏后氏。今将历代夏后之踪迹辑次如下。

（1）见于《左传》者

帝丘　僖三十一，"卫迁于帝丘……卫成公梦康叔曰：'相夺予享。'公命祀相。宁武子不可，曰：'鬼神非其族类，不歆其祀。杞鄫何事！相之不享，于此久矣，非卫之罪也！'"杜云："帝丘，今东郡濮阳县。"

殽　僖三十二，"殽有二陵焉：其南陵，夏后皋之墓也，其北陵，文王之所避风雨也。"杜云："殽在弘农渑池县西。"

穷石　此为夏之故国，事见襄四年，本文及讨论均见下章。空桑又曰穷桑，见昭二十九年。穷石当即空桑之音转。至斟灌过戈鬲诸地所在，则杜云，"有鬲国名，今平原鬲县"；"乐安寿光县东南有灌亭，北海平寿县东南有斟亭"；"东莱掖县北有过乡，戈在宋郑之间"。

有莘　僖二十八，记晋文城濮之战，有云，"晋侯登有莘之虚，以观师，曰，'少长有礼，其可用也。'遂伐其木，以益其兵。己巳，晋师陈于莘北"。据此，有莘必去城濮甚近。有莘相传为夏诸侯，伊尹其一代之小臣也。

斟灌　斟寻　襄四，杜云："乐安寿光县东南有灌亭，北海平寿县东南有斟亭。"按，《水经注·巨洋水篇》引薛瓒《汉书集注》云："汲郡古文，相居斟灌，东郡灌是也"。（段玉裁云，《经韵楼集》五今本《水经注》观讹为灌，而戴校未正）据此，斟灌仍在东郡，去帝丘不远。杜释此之误显然。此地既误释，其释斟寻之误亦可推知矣。

东夏　襄二十二，"晋人征朝于郑，郑人使少正公孙侨对曰……间二年，闻君将靖东夏。四月，又朝以听事期"。杜云："谓二十年澶渊盟，先澶渊二月往朝，以听事期"。按以二十年经传所载事，杜说不误。至澶渊所在，杜云，"在顿丘县南，今名繁污，此卫地，又近戚田"。按，卫为东夏，则夏之本土当在东夏卫地之西，但持此一条以证夏境不在东土，已充足矣。

又昭元年，"子相晋国，以为盟主，于今七年矣。再合诸侯，三合大夫，服齐狄，宁东夏，平秦乱，城淳于"。杜于"宁东夏"下注云，"襄二十八年，齐侯白狄朝晋"。

又昭十五，"文公受之，以有南阳之田，抚征东夏"。按，晋文东征者为曹卫，此又以曹、卫为东夏。

华夏　襄二十六，"子仪之乱，析公奔晋。晋人置诸戎车之殿，以为谋主……晋人从之，楚师宵溃，晋遂侵蔡，袭沈，获其君，败申息之师于桑隧，获申丽而还。郑于是不敢南面。楚失华夏，则析公之为也"。此指蔡沈及邻于楚北境诸国为华夏。

观扈　昭元，"夏有观扈"。杜云，"观国在今顿丘县，扈在始平鄠县"。此皆夏之敌国，当即夏之边境。

大夏　昭元，"子产曰，'昔高辛氏有二子，伯曰阏伯，季曰实沈，居于旷林，不相能也。日寻干戈，以相征讨。后帝不臧，迁阏伯于商丘，主辰。商人是因，故辰为商星。迁实沈于大夏，主参，唐人是因，以服事夏商……及成王灭唐，而封太叔焉，故参为晋星。'"杜曰，"大夏，晋阳也。"按，大夏与夏墟究竟在晋阳抑在翼，在地理书有异说（如《括地志》），近代学人有异论（如顾亭林、全谢山），二地相去亦数百里。然皆在汾水之旁，不关山东也。

钧台　昭四，"夏启有钧台之享"。杜云，"河南阳翟县南有钧台陂。"

仍鄩　昭四，"夏桀为仍之会，有缗叛之。"杜于此不能指其所在，但云，"仍缗皆国名"，哀元年注亦然。《史记正义》引《帝王世纪》云："羿之杀帝相也，妃仍氏女曰后缗，归有仍，生少康。"（此本哀元年传）《正义》于他地名几皆有说，于此亦无说。

夏墟　定四，"分唐叔以大路、密须之鼓，阙巩、沽洗，怀姓九宗，职官五品，命以《唐诰》，而封于夏墟。启以夏政，疆以戎索。"此更直示吾人，晋为夏之本土。

涂山　哀七，"禹合诸侯于涂山，执玉帛者万国"。杜云，"涂山在寿春东北。"按昭四有"三涂"之名，杜云，"在河南陆浑县南"。涂山或即三涂之一。

（2）见于《国语》者

伊洛　《周语》上，"幽王二年，西周三川皆震。伯阳父曰，'……昔伊洛竭而夏亡，河竭而商亡，今周德若二代之季矣。'"按伊洛于夏，犹西周三川之于周，河之于殷，据此可知夏之地望以伊洛为本土矣。

崇山　聆隧《周语》上，"昔夏之兴也，融降于崇山。其亡也，回禄信于聆隧"。韦云，"崇，崇高山也。夏居阳城，崇高所近"。又云，"聆隧，地名也"。按，韦以崇为嵩高。

有崇　《周语》下，"其在有虞，有崇伯鲧，播其淫心，称遂共工之过，尧用殛之于羽山。其后伯禹念前之非……"据上节所引韦解，崇即嵩高。然《诗·文王篇》云，"既伐于崇，作邑于丰"，是崇国境当殷末在渭南。渭南之山境亦东与崇高接。又《左传》宣元，"晋欲求成于秦，赵穿曰，'我侵崇，秦急崇，必救之（杜云，崇，秦之与国），吾以求成焉。'冬赵穿侵崇，秦弗与成"。然则春秋时晋秦界上犹有以崇为号之国，此亦可知崇在西土。

杞鄫　同节，"有夏虽衰，杞鄫犹在"。按，杞在春秋时由今杞县境东迁，鄫则杜云，"在琅琊鄫县"（僖十四）。然《国语》记西周亡时事云："申缯西戎方强，王室方骚……王欲杀太子以成伯服，必求之申。申人弗畀，必伐之。若伐申而缯与西戎会以伐周，周不守矣。"果鄫本在琅琊，势难与申西戎会伐周。然则鄫在琅琊，亦是后来东迁所至。

戎夏　《晋语》一，"献公卜伐骊戎，史苏占之……对曰：'……戎夏交捽……若晋以男戎胜戎，而戎亦必以女戎胜晋……诸夏从戎，非败而何？'"此以晋为夏，与《左传》定四封唐叔于夏墟事合。

昆吾　《郑语》，"昆吾为夏伯矣。"准以《诗·商颂》"韦顾既伐，昆吾夏桀"之说，昆吾当非诸夏之一，而别为一族，然与夏族当有若何关系。至昆吾所在，则《左传》昭十二楚子云，"昔我皇祖伯父昆吾旧许是宅，今郑人贪赖其田而不我与"，可知昆吾在许，即今许昌一带。

东夏　《楚语上》,"析公奔晋,晋人用之,实谗败楚,使不规东夏。"韦云,"东夏,沈蔡也。"按此即《左》襄二十六事,彼处称华夏,此处称东夏。

诸夏　《吴语》,"昔楚灵王不君……不修方城之内,逾诸夏而图东国。"韦云,"诸夏,陈蔡。东国,徐夷吴越。"此更明明证夏之不在东土。

（3）见于《诗》者

雅　雅之解说不一,《诗序》云,"雅者正也,言王政之所由废兴也。"此真敷衍语。《小雅·鼓钟篇》云,"以雅以南",南是地域名(详见《〈诗经〉讲义》),则雅之一辞当亦有地名性。《读书杂志》:《荀子·荣辱篇》"君子安雅"条云,"雅读为夏,夏谓中国也,故与楚越对文。《儒效篇》:居楚而楚,居越而越,居夏而夏,是其证。古者夏、雅二字互通,故《左传》齐大夫子雅,《韩子·外储说右篇》作子夏,杨注云,正而有美德谓之雅,则与上下二句不对矣。"（阮元亦以雅言之雅为夏。）此真确解,可破历来一切传说者之无知妄解。由此看来,《诗经》中一切部类皆是地名,诸国风不待说,雅为夏,颂分周、鲁、商。然则国风之名,四始之论,皆后起之说耳。雅既为夏,而夏辞之大小雅所载,若一一统计其地望,则可见宗周成周文辞较多,而东土之文辞较少。周自以为承夏绪,而夏朝之地望如此,恰与《左传》《国语》所记之夏地相合(此说详见我所作《〈诗经〉

讲义》，未刊，其略见《新获卜辞写本后记跋》，《安阳发掘报告》第三八五叶）。

（4）见于《周诰》者

区夏　《康诰》，"惟乃丕显考文王，克明德慎罚，不敢侮鳏寡，庸庸，祗祗，威威，显民，用肇造我区夏，越我一二邦，以修我西土。"按，区字不见《说文》，薛综注《东京赋》云，"区，区域也"，然则区夏犹曰有（域）夏，犹曰夏域，即夏国也。文王造邦于西土，而云始造我夏国，则夏之在西土可知。

（5）此外见于《史记》《战国策》者一段（按《史记》所引杂乱，故不遍举，此节甚关重要，不可遗之）。

河洛　太华　伊阙　羊肠《吴起列传》："起对曰……夏桀之居，左河济，右泰华，伊阙在其南，羊肠在其北。"按此语见今本《战国策》二十二。然彼处作"左天门之阴，而右天谿之阳"，虽亦谓左带水而右倚山，未如《史记》言之质实，故录《史记》。金鹗（求《古录礼说》八）据此以证夏桀之都在雒阳。今按，桀都正当雒阳否，另是一问题，然桀之国环洛阳，则依此语当无可疑。

据以上各书所记夏地，可知夏之区域，包括今山西省南半，即汾水流域，今河南省之西部中部，即伊洛嵩高一带，东不过平汉线，西有陕西一部分，即渭水下流。东方界线，则其盛时曾有济水上流，至于商邱，此便是与夷人相争之线，说详下章。最西所至，我们现在不知究到何处，汉陇西郡有大夏县，命名不知何本，更不知与夏后之夏有否关系。最南所至，我们也不知，《汉·地理志》谓汉水将入江时名夏水，今尚保存江夏诸名，或者诸夏不能如此南被。且《荀子·儒效篇》云，"君子居楚而楚，居夏而夏"，楚夏对称，自不能以楚为夏。楚国之最大版图中，尽可包含一部分诸夏，而诸夏未必能过荆襄而括江汉，或者此之名夏竟是同音异辞。陈、范记关羽据荆州北伐曹操事云，"威震华夏"，是汉末犹以华夏为三辅三河汝颍等地之专名，未尝括九州而言。我们现在知诸夏西南北三方所至之大齐，而以东夏之称，夷夏之战（此事详上章），确知夏之东界，则以古代河、济、淮、泗的中国全部论，夏实西方之帝国或联盟，曾一度或数度压迫东方而已。与商殷之为东方帝国，曾两度西向拓土，灭夏克鬼方者，正是恰恰相反，遥遥相对。知此形势，于中国古代史之了解，不无小补也。

三、夏夷交胜

　　严格意义的诸夏所据之地域已如上章所述，至于夏后一代的大事现在可得而考见的，是些什么呢？答曰，统是和所谓夷人的斗争。夷一个名词应如何解，留在下一章中说明。其字在殷周文书每与人字一样，音亦与人相近，这是很可注意的。现在假定，凡在殷商西周以前，或与殷商西周同时所有今山东全省境中，及河南省之东部、江苏之北部、安徽之东北角，或兼及河北省之渤海岸，并跨海而括辽东朝鲜的两岸，一切地方，其中不是一个民族，见于经典者，有太皥、少皥、有济、徐方诸部，风、盈、偃诸姓，全叫作夷。《论语》有九夷之称，明其非一类。夏后一代的大事正是和这些夷人斗争。此事现在若失传，然一把经典的材料摆布起来，这事件十分明显。可惜太史公当真不是一位古史家，虽羿浞少康的故事，竟一字不提，为其作正义者所讥。求雅驯的结果，弄到消灭传说中的史迹，保留了哲学家的虚妄。

现在说羿浞与夏后少康的故事，先将材料排列出来。

（1）见于《左传》者

魏绛曰……"《夏训》有之，曰有穷后羿。"公曰："后羿何如？"对曰："昔有夏之方衰也，后羿自迁于穷石，因夏民以代夏政。恃其射也，不修民事，而淫于原兽。弃武罗、伯因、熊髡、尨圉，而用寒浞。寒浞，伯明氏之谗子弟也，伯明后寒弃之。夷羿收之，信而使之，以为己相。浞行媚于内，而施赂于外，愚弄其民，而虞羿于田。树之诈慝，以取其国家，外内咸服。羿犹不悛，将归自田，家众杀而亨之，以食其子。其子不忍食诸，死于穷门。靡奔有鬲氏（杜曰，靡，夏遗臣事羿者。有鬲，国名，今平原鬲县）。浞因羿室生浇及豷。恃其谗慝诈伪，而不德于民。使浇用师灭斟灌及斟寻氏，处浇于过，处豷于戈。靡自有鬲氏收二国之烬以灭浞，而立少康。少康灭浇于过，后杼灭豷于戈。有穷由是遂亡，失人故也。昔周辛甲之为太史也，命百官，官箴王阙。于《虞人之箴》曰：'芒芒禹迹，画为九州。经启九道，民有寝庙，兽有茂草，各有攸处，德用不扰。在帝夷羿，冒于原兽，忘其国恤，而思其麀牡。武不可重，用不恢于夏家。兽臣

司原,敢告仆夫。'"(襄四年)

昔有仍氏生女,黰黑而甚美,光可以鉴,名曰玄妻。乐正后夔取之,生伯封,实有豕心,贪惏无餍,忿纇无期,谓之封豕。有穷后羿灭之,夔是以不祀。(昭二十八年)

伍员曰:"不可,臣闻之,树德莫如滋,去疾莫如尽。昔有过浇,杀斟灌,以伐斟鄩,灭夏后相。后缗方娠,逃出自窦,归于有仍。生少康焉,为仍牧正。惎浇,能戒之。浇使椒求之,逃奔有虞,为之庖正,以除其害。虞思于是妻之以二姚,而邑诸纶,有田一成,有众一旅。能布其德,而兆其谋,以收夏众,抚其官职。使女艾谍浇,使季杼诱豷,遂灭过戈,复禹之绩。祀夏配天,不失旧物……"(哀元年)

(2)见于《论语》者

南宫适问于孔子曰:"羿善射,奡荡舟,俱不得其死然。禹稷躬稼而有天下。"夫子不答。南宫适出,子曰:"君子哉若人,尚德哉若人!"(《宪问》篇)

(3)见于《楚辞》者

羿淫游以佚畋兮,又好射夫封狐。固乱流其鲜终兮,浞又贪夫厥家。浇身被强圉兮,纵欲而不忍。日康娱而自忘兮,厥首用夫颠陨。(《离骚》)

羿焉弹日?乌焉解羽?……帝降夷羿,革孽夏民。胡羿射夫河伯,而妻彼雒嫔?冯珧利决,封豨是射。何献蒸肉之膏,而后帝不若?浞娶纯狐,眩妻爰谋。何羿之射革而交吞揆之?阻穷西征,岩何越焉?化为黄熊,巫何活焉?

咸播秬黍，莆藋是营。何由并投，而鲧疾修盈？白蜺婴茀，胡为此堂？安得夫良药不能固臧？天式从横，阳离爰死。大鸟何鸣，夫焉丧厥体？蓱号起雨，何以兴之？撰体协胁，何以膺之？鳌戴山抃，何以安之？释舟陵行，何以迁之？惟浇在户，何求于嫂？何少康逐犬，而颠陨厥首？女歧缝裳，而馆同爰止，何颠易厥首，而亲以逢殆？（《天问》）

（4）见于《山海经》者

羿与凿齿战于寿华之野，羿射杀之，在昆仑虚东。羿持弓矢，凿齿持盾。一曰戈。（《海外南经》。按一曰戈三字，或是注文羼入者。）

有人曰凿齿，羿杀之。（《大荒东经》）

帝俊赐羿彤弓素矰以扶下国，羿是始去恤下地之百艰。（《海内经》）

非仁羿莫能上。（按仁字当为夷字之误，两字皆从人，形近故致误。）

（5）见于《吕氏春秋》者

夷羿作弓。（《勿躬》）

（6）见于《说文》者

羿，羽之羿风，亦古诸侯也，一曰射师。（四，羽部）

彃，帝喾躲官，夏少康灭之。从弓开声。《论语》曰："善射。"（十二，弓部。又同部下引《楚辞》"羿焉彃日"，羿亦作彃。）

又,《史记》于羿事不载,《正义》讥之。《世本》(见各辑本)谓夷羿作弓。《帝王世纪》所记羿事特详(见宋翔凤辑本)。然数书皆不出上文所举,故不录。

据以上材料,有数点须分解。

一、羿的地位。如罗泌所作传,及其比之于安史,则羿浞只是夏之叛臣。然此说完全无据,以上一切材料全不曾说羿是夏之属臣。然则夷羿必是夏之敌国之君,且此敌国之君并不等闲,以《天问》《山海经》所说,居然是天神,而奉天帝命降于下土者,为夷之君,自迁穷桑,而为后人号为帝羿或曰羿帝。(《御览》八十二引《帝王世纪》)

二、夷为东方主。此说可由其称夷羿及《说文》称羿为帝喾(据王国维考,即帝俊)射官,及其地望等事证之。

三、夷夏之争数十年,在夷一面经羿、浞二宗,在夏一面经相、少康二世,战斗得必然很厉害。《天问》所谓"阻穷西征"者,王逸解之曰:"言尧放鲧羽山,西行度越岑岩之地,因堕死也。"洪兴祖补曰:"羽山东裔,此云西征者,自西徂东也。上文言永遏在西山,夫何三年不施,则鲧非死于道路,此但言何以越岩险而至羽山耳。"按王说无稽,洪已辩之,然洪强释西征曰自西徂东,古书中全无此文法。此处明明谓阻(即岨)穷(石)之后帝羿西征,而越山岩,不然,西征一词全不可解,正不得以同韵之下句中说鲧化为黄熊事而谓此句亦是鲧事。

四、《左传》之神话故事已很伦理化,且《左传》之成分大体为晋、楚、鲁三国之语,而其立点是偏于西国夏、周之正统传说,所以说羿、浞甚不好。但《山海经》之为书,虽已系统化,尚未伦理化,且记东方的帝系较多。这部书中所举夷羿事,很足以表显战国时羿、浞的传说尚甚盛。《山海经》与《天问》互相发明处甚多,

《天问》称羿之重要全与《山海经》合。所谓"羿焉毙日",正在《天问》中论创世纪一节中,则羿本是天神。所谓"帝降夷羿"者,正《山海经》所谓"帝俊赐羿彤弓素矰,以扶下国,羿是始去恤下地之百艰"。《天问》一篇,本颇有次序,王逸以为不次序者,乃由于不知《天问》所陈是流行神话故事之次序,不与汉代人之古史传说同,故不能解(余另有说见他处),其羿浞之间插入鲧之一段若甚错乱者,当由于《天问》之次序乃神话之次序;一神话中有数人关涉者,则一次说出,不嫌前后错综。"阻穷西征,岩何越焉"一句,至下文"释舟陵行,何以迁之",凡十二句中,有涉及鲧处,并有若干因失其神话而不可解之故事,皆可据上下文细绎之,以知其正是说夷夏交战事。此节盖谓羿、奡相继西征,曾越山地,自鲧永遏于羽山后,禹平水土,秬、黍、萑皆茂长,巫乃将鲧化为黄熊。(《天问》所记鲧事,与《左传》《尚书》等皆不同。《尚书》《左传》皆谓舜殛鲧于羽山,然《天问》云:"永遏在羽山,夫何三年不施。")当夏代危急,遂与能荡舟之奡战,适其时羿妻窃药而行(本文,"安得夫良药不能固藏")并有其他怪异("白蜺婴茀""天式从横"等语),于是大战得雨起山拌,荡舟者不得不释舟陵行,逃归其嫂,而卒为太康并得之。如此解来,则《论语》南宫括之问正甚明白。南宫括这话并不是泛举古帝王羿、奡、禹、稷而强比之,乃是论一段故事,东土强有力者失其国,西土务耕稼者有天下。《鲁语》上:"昔烈山氏之有天下也,其子曰柱,能殖百谷百蔬。夏之兴也,周弃继之。"明禹、稷可作一事论。孔子对神话也如对鬼神一样敬而远之,且以其"君子相"之故,不愿于此等圣帝明王有所议论,故当面不答,而背后称赞南宫适对此神话之题旨西洋故事中所谓 Moral 者,甚能了解。若不如此,而是泛做一篇秦皇、汉武与汉文、宋仁之优劣论,殊不免于糊里糊涂。《论语》中论一事皆以一事为论，尚无策论八股气。南宫适这一段话，正可证明夷羿在当时的传说中并不大坏。若羿、奡不是当时神话中的大人物，何至与传说中功在生民之禹、稷相提并论，岂不不伦得很，不需要得很？

然则夷羿之故事，我们在现在尚可见到三种传说。一、以夷羿为自天而降甚高明者，《山海经》《天问》属之。二、以夷羿与夏后为对，而以为一崇力一崇德，故一兴一替者，此等之成败论人，《论语》记南宫适所问之背景如此。三、以夷羿为不合道理者，《左传》如此，然尚称之曰"后"，记其曾"因夏民而代夏政"（夏民者，夏所服属之民，不必改作夏族）。凡读一切神话故事，都须注意及同一题目常因流传之不同而其中是非倒置。此是一例，鲧亦是一例。同在《国语》中，《周语下》谓"崇伯鲧播其淫心，称遂共工之过"，《鲁语上》谓"鲧鄣洪水"，故夏后"郊鲧"，《吴语》亦谓"鲧禹之功"，我们不可不注意传说之演变及其道德批评之改易。

夏后一代中夷夏之争，不仅见于有穷后羿一段故事，夏代开国亡国时皆有同样的争斗。现在分别说。

（一）夏后启与伯益之争统。关于这件事，战国的传说有两种，一谓启益相让，二谓启益相争。

　　《孟子》：禹荐益于天。七年，禹崩。三年之丧毕，益避禹之子于箕山之阴。朝觐讼狱者，不之益而之启，曰："吾君之子也！"讴歌者不讴歌益，而讴歌启，曰："吾君之子也。"

　　《天问》：启代益作后，卒然离蠥。何启惟忧，而能拘是达？皆归射鞠，而无害厥躬？何后益作革，而禹播降？

　　古本《竹书》：益干启位，启杀之。（引见《晋书·束晳传》。《史通·疑古篇》《杂说篇》两引之。）

《孟子》的古史都是些伦理化的话，然这一段中还看出这个故事本来面目的背景，此背景即是说，代禹者几乎是益，而启卒得之。这话里虽不直说有何争执，但还可隐约看出对峙的形势来。至于《竹书》的话，虽不能即信，但益启之有争执，虽《孟子》的话中也表示个破绽。因为让争本是一事的两面，不是相争的形势，不需相让的态度。《天问》的话，因故事遗失不大好讲，然益称后，又曾一度革夏命，则甚明白。

我们再看伯益是如何人。经籍中有伯益、伯翳二人，太史公在《陈杞世家》中分为二人，然在他处则不分。《索隐》议之曰："秦祖伯翳，解者以翳、益别为一人。今言十一人，叙伯翳，而又别言垂益，则是二人也。且按《舜本纪》叙十人，无翳，而有彭祖。彭祖亦坟典不载，未知太史公意如何，恐多是误。然据《秦本纪》叙翳之功云，佐舜驯调鸟兽，与《尧典》'命益作虞，若予上下草木鸟兽'文同，则为一人必矣，今未详其所以。"按，此议甚是。太史公在此处诚糊涂。罗泌重申二人不同之说，然全无证，金仁山辩之曰：

《尚书》之伯益，即《秦纪》之柏翳也。秦声以入为去，故谓益为翳也。《秦纪》谓柏翳佐禹治水，驯服鸟兽，岂非《书》所谓随山刊本，暨益奉庶鲜食，益作朕虞，若予上下鸟兽者乎？其事同，其声同，而太史公独以书纪字异，乃析一人而二之，可谓误矣。唐虞功臣，独四岳不名，其余未有无名者。夫岂别有伯翳，其功如此，而《书》反不及乎？太史公于二帝本纪言益，见《秦本纪》为翳，则又从翳,岂疑而未决,故于《陈杞世家》叙伯益与伯翳为二手?抑出于谈迁二手,故其前后谬误也。[梁玉绳说同,(见《史记志疑·人表考》)不具引。]

金氏此说甚明白,此疑可以更无问题。益翳既是一人,翳又为秦赵公认之祖,然则即是嬴姓之祖,亦即是徐方之祖,亦即是《逸周书·作雒解》所谓"周公立,相天子,三叔及殷东(东亦地域名,说别见。)徐奄及熊盈以略"之盈族之祖,然则伯益正是源源本本的东夷之祖,更无疑义,益启之争,不即是夷夏之争吗?

(二)汤放桀,等于夷灭夏。商人虽非夷,然曾抚有夷方之人,并用其文化,凭此人民以伐夏而灭之,实际上亦可说夷人胜夏。商人被周人呼为夷,有经典可证,说另详。

然则夏后一代的三段大事,开头的益启之争便是夏夷争,中间的羿少康之争又是夷夏之争,末后的汤桀之争还是夷夏之争。夏代东西的斗争如此厉害,而春秋战国的大一统主义哲学家都把这些显然的史迹抹杀了,或曲解了!

四、诸夷姓

诸夏所在既如上章所述,与之对峙之诸夷,乃并不如诸夏之简单,所谓"夷"之一号,实包括若干族类,其中是否为一族之各宗,或是不同之族,今已不可详考,然各夷姓有一相同之处,即皆在东方,淮济下流一带。现将古来为人称为夷者各族,或其子孙列为东夷者,或其地望正所谓夷地者,分别疏解如下。

（一）太皞之族

太皞与太昊为一辞，古经籍多谓即是伏羲氏，或作包牺氏。关于太皞之记载见于早年经籍者如下：

《左传》僖二十一："任、宿、须句、颛臾，风姓也，实司大皞与有济之祀，以服事诸夏。邾人灭须句，须句子来奔，因成风也。成风为之言于公曰：'崇明祀，保小寡，周礼也；蛮夷猾夏，周祸也。若封须句，是崇皞、济而修祀，纾祸也。'"杜云："四国，伏羲之后。任，今任城县，颛臾在泰山南武阳县东北，须句在东平须昌县西北。四国封近于济，故世祀之。"按，杜释有济误。有济正如有夏有殷，乃是古国名，四国其后，或其同姓耳。又昭十七："太皞氏以龙纪官，故为龙师而龙名。"

又同年："陈，太皞之虚也。"

《论语》："季氏将有事于颛臾……孔子曰：'……昔者先王以为东蒙主，且在邦域之中矣，是社稷之臣也。何以伐为？'"按，此足证颛臾本为鲁之附国。

《易·系辞》下："古者包牺氏之王天下也，仰则观象于天，俯则观法于地，观鸟兽之文，与地之宜，近取诸身，远取诸物，于是始作八卦，以通神明之德，以类万物之情。作结绳而为罔罟，以佃以渔，盖取诸离。"按，《御览》七百二十引《帝王世纪》与此大同，惟"作结绳"作"造书契以代结绳之政"，与此异。

《帝王世纪》："太昊帝庖牺氏，风姓也。蛇身人首。有圣德，都陈。作瑟三十六弦。燧人氏没，庖牺氏代之。继天而生，首德于木，为百王先。帝出于震，未有所因，故位在东方，主春，象日之明，是称太昊。制嫁娶之礼，取牺牲以充庖厨，故号曰庖牺氏。后世音谬，故或谓之宓牺。"（《御览》七十八引作《皇王世纪》。自此以下皆据宋翔凤辑本。）

又："太皞帝庖牺氏，风姓也。母曰华胥。遂人之世，有大人之迹，出于雷泽之中，华胥履之，生庖牺于成纪，蛇身人首。有圣德，为百王先。帝出于震，未有所因，故位在东，主春，象日之明，是以称太皞。"（《礼记·月令正义》引）

又："女娲氏亦风姓也，承庖牺制度，亦蛇身人首。一号女希，是为女皇。其末，有诸侯共工氏，任知刑，以强伯，而不王。以水承木，非行次，故易不载。及女娲氏没，次有大庭氏、柏皇氏、中央氏、栗陆氏、骊连氏、赫胥氏、尊卢氏、混沌氏、昊英氏、有巢氏、朱襄氏、葛天氏、阴康氏、无怀氏，凡十五世，皆袭庖牺之号。"（《御览》七十八）

又："庖牺氏作八卦。神农重之为六十四卦。黄帝尧舜引而伸之，分为二易。至夏人因炎帝曰连山。殷人因黄帝曰归藏。文王广六十四卦，著九六之爻，谓之周易。"

《古史考》："伏牺作瑟。"（《毛诗谱序正义》引）

又："庖牺作易，弘开大道。"（《书钞·帝王部》引）

综合上列诸说，归纳之可得下之二事。

一、太皞族姓之国部之分配，西至陈，东括鲁，北临济水，大致当今河南东隅，山东西南部之平原，兼包蒙峄山境，空桑在其中，雷泽在其域。古代共认太皞为东方之部族，乃分配于淮济间之族姓。

二、太皞继燧人而有此土，在古代之礼乐系统上，颇有相当之供献，在生活状态上，颇能作一大进步。当是已进于较高文化之民族，其后世并不为人所贱：在周代虽居采卫，而为"小寡"，世人犹以为"明祀"也。

（二）少皞之族

关于少昊之记载，见于早年经籍者如下：

《左》昭十七："郯子来朝，公与之宴，昭子问焉，曰：'少皞氏鸟名官，何故也？'郯子曰：'吾祖也，我知之。昔者黄帝氏以云纪，故为云师而云名。炎帝氏以火纪，故为火师而火名。共工氏以水纪，故为水师而水名。大皞氏以龙纪，故为龙师而龙名。我高祖少皞挚之立也，凤鸟适至，故纪于鸟，为鸟师而鸟名。凤鸟氏，历正也；玄鸟氏，司分者也；伯赵氏，司至者也；青鸟氏，司启者也；丹鸟氏，司闭者也；祝鸠氏，司徒也；雎鸠氏，司马也；鸤鸠氏，司空也；爽鸠氏，司寇也；鹘鸠氏，司事也。五鸠，鸠民者也。五雉，为五工正，利器用，正度量，夷民者也。九扈，为九农正。扈民无淫者也。自颛顼以来，不能纪远，乃纪于近，为民师而命以民事，则不能故也。'仲尼闻之见于郯子而学之，既而告人曰：'吾闻之，天子失官，学在四夷，犹信。'"

（按此乃古代之图腾制。古代称图腾曰"物"，说别详。）

昭二十九："少皞氏有四叔，曰重，曰该，曰修，曰熙，实能金木及水。使重为句芒，该为蓐收，修及熙为玄冥。世不失职，遂济穷桑。此其三祀也。"（杜云，穷桑地在鲁北。按，即空桑。）

定四："因商奄之民，命以伯禽，而封于少皞之虚。"（据此，知曲阜为少皞氏之本邑。）

《楚语》："及少皞之衰也，九黎乱德。民神杂糅。不可方物。"

《帝王世纪》："少昊帝，名挚，字青阳，姬姓也。母曰女节。黄帝时，有大星如虹，下流华渚。女节梦接，意感生少昊。是为玄嚣，降居江水。有圣德，邑于穷桑，以登帝位，都曲阜，故或谓之穷桑。帝以金承土……故称少昊，号金天氏。"（引见《御览》七十九）

《古史考》："穷桑氏，嬴姓也。以金德王，故号金天氏。或曰，宗师太皞之道，故曰少皞。"（《太平御览·帝王部》引）

《海内经》："少皞生般，般是始为弓矢，帝俊赐羿彤弓素矰，以扶下国。"

综合以上所记，除其矛盾处以外，其地望大致与太皞同，而位于空桑之野之曲阜，尤为少皞之本邑。太皞少皞皆是部族名号，不是个人私名，在古代记载上本甚明白。所谓伏牺氏、金天氏者，亦非能名之于一人者。至战国末汉初年之易系，始有"尧舜氏"一类的名词。然"尧舜氏"亦是统指一派，而非单指一人。氏本为部类家族之义，《左传》及其他古籍皆如此用。至于太少二字，金文中本即大小，大小可以地域大小及人数众寡论，如大月氏、小月氏。然亦可以先后论，如大康、少康。今观太皞、少皞，既同处一地，当是先后有别。且太皞之后今可得而考见者，只风姓三四小国，而少皞之后今可考见者，竟有嬴、己、偃、允四著姓，当是少皞之族代太皞之族而居陈鲁一带。太皞族之孑遗，仅存太山之南，为零数小部落，而少皞一族，种姓蕃衍。春秋所谓淮夷，每从其姓，商末所谓奄人，亦是嬴姓。且秦赵之祖，皆称嬴姓，比起太皞来，真是有后福的了。今分述少皞四姓于下。

嬴。嬴姓国今可考者有商末之奄，淮夷之徐，西方之秦、赵、梁。（《左传》僖十七年，"梁嬴孕过期"）中原之葛，（僖十七，"葛嬴"）东南之江、黄。（《史记索隐》引《世本》）据《史记》，伯翳（按即伯益，详下）为秦赵之祖，嬴姓之所宗。（《世本》同）秦赵以西方之国，而用东方之姓者，盖商代西向拓土，嬴姓东夷在商人旗帜下入于西戎。《秦本纪》说此事本甚明白。少皞在月令系统中为西方之帝者，当由于秦赵先祖移其传说于西土，久而成土著，后世作系统论者，遂忘其非本土所生。《史记》载嬴氏之西封如下：

《秦本纪》："秦之先，帝颛顼之苗裔。（按颛顼在古帝系统中应属东系，说别详。）孙曰女修。女修织，玄鸟陨卵。女修吞之，生子大业（此东夷之传说，辨详上文）。大业取少典之子，曰女华。女华生大费，与禹平水土。已成，帝锡玄圭。禹受曰：'非予能成，亦大费为辅。'帝舜曰：'咨尔费，赞禹工，其赐尔皂游，尔后嗣将大出。'乃妻之姚姓之玉女，大费拜受。佐舜调驯鸟兽，鸟兽多驯服（按，此即皋陶谟之伯益故事）。是为柏翳，舜赐姓嬴氏。大费生子二人，一曰大廉，实鸟俗氏（按，此即所谓少皞以鸟纪官）。二曰若木，实费氏（按，鲁有费邑，见《左传》《论语》，当即费氏之故居。曲阜为少皞之墟，费氏之居去之不远也）。其玄孙曰费昌，子孙或在中国，或在夷狄。费昌当夏桀之时，去夏归商，为汤御，以败桀于鸣条（此盖汤创业时，先服东夷，后克夏后，故费昌在汤部队中）。大廉玄孙曰孟戏，中衍，鸟身人言。帝大戊闻而卜之使御，吉，遂致使御而妻之。自大戊以下，中衍之后，遂世有功，以佐殷国，故嬴姓多显，遂为诸侯。其玄孙中潏，在西戎，保西垂（此盖殷人拓土西陲，东夷之费氏为之守戍，遂建部队于西陲）。生蜚廉，蜚廉生恶来，恶来有力，蜚廉善走，父子俱以材力事殷纣。周武王之伐纣，并杀恶来。是时蜚廉为纣石北方，还无所报，为坛霍太山而报。得石棺，铭曰：'帝令处父不与殷乱，赐尔石棺。'以华氏死，遂葬于霍太山。蜚廉复有子曰季胜。季胜生孟增，孟增幸于周成王，是为宅皋狼（《赵策》，"智伯之赵，请皋狼之地。"盖智伯自大，故请人之皋狼。在汉为县。曰"宅皋狼"者，谓居于皋狼也）。皋狼生衡父，衡父生造父。造父以善御幸于周缪王，得骥温骊骅骝骡耳之驷。西巡狩，乐而忘归。徐偃王作乱，造父为缪王御，长驱归周以救乱。缪王以赵城封造父，造父族由此为赵氏。自蜚廉生季胜已下五世至造父。别居赵，赵衰其后也。恶来革者，蜚廉子也，早死，有子曰女防。女防生旁皋，旁皋生太几，太几生大骆，大骆生非子。以造父之宠,皆蒙赵城,姓赵氏。非子居犬丘,好马及畜,善养息之。犬丘人言之周孝王,孝王召使主马于渭之间,马大蕃息。孝王欲以为大骆适嗣。申侯之女,为大骆妻,生子成,为适。申侯乃言孝王曰:'昔我先郦山之女,为戎胥轩妻,生中潏。以亲故,归周,保西垂。西垂以其故和睦。今我复与大骆妻,生适子成。申骆重婚,西戎皆服,所以为王。王其图之。'(按,周人惯呼殷人曰戎,"戎商必克""殪戎殷",皆其证。则称胥轩为戎者,当亦因其为东方族类也。嬴姓[费氏]为商人置之西垂后,婚于西戎之姜姓,[申为姜姓,则郦山氏亦当为姜姓。]所生之子,在殷周之末,以母系故,归顺周人。所谓"西垂和睦"者,此其义也。)于是孝王曰:'昔柏翳为舜主畜,畜多息,故有土,赐姓嬴。今其后世亦为朕息马,朕其分土为附庸,邑之秦,使复续嬴氏祀。'号曰秦嬴,亦不废申侯之女子为骆适者,以和西戎。秦嬴生秦侯。"(按秦史记未与六国同亡,太史公书所记秦之先世必有所本,且此说正与少皞之其他传说相合。纵使秦有冒充之嫌,其由来已旧矣。)

《赵世家》:"赵氏之先,与秦共祖。至中衍,为帝大戊御。其后世蜚廉,有子二人,而命其一子曰恶来。事纣,为周所杀,其后为秦。恶来弟曰季胜,其后为赵。季胜生孟增,孟增幸于周成王,是为宅皋狼。皋狼生衡父,衡父生造父,造父幸于周缪王。造父取骥之乘匹与桃林盗骊骅骝䌽耳献之缪王。缪王使造父御,西巡狩,见西王母,乐之忘归。而徐偃王反,缪王日驰千里马,攻徐偃王,大破之。乃赐造父以赵城,由此为赵氏。"

按，伯翳即伯益（说前详）。伯益与夏有争统之事，其人亦号有平水土之功，已见上文论夷夏交胜一章中，此亦嬴为东夷姓之一证。又《逸周书·作雒解》："周公立，相天子，三叔及殷东徐奄及熊盈以略……凡所征熊盈族十有七。"所谓熊者，或是楚之同族（按楚芈姓，而其王名皆曰熊某。金文中熊作酓），所谓盈者，当即嬴之借字。又，宣八年《左传》经文，"夫人嬴氏薨""葬我小君敬嬴"。《公》《穀》经文皆作"熊氏""顷熊"，因此近人有疑熊嬴为一名者。然楚王号之熊字本借字，其本字在金文为酓，不可强比。《作雒解》熊嬴并举，不可以为一。且果熊嬴是一姓者，《郑语》详述祝融八姓，不应略此重事，反曰"姜、嬴、荆、芈，实与诸姬代相干"。从此可知嬴熊二词同源之说之无根。果此说不误，则《书》所谓践奄，即《逸周书》所谓略盈族也。此固未可谓为确证，然求之地望，按之传说，差为近是矣。

又《秦本纪·赞》记嬴姓诸氏云："秦之先为嬴姓，其后分封以国为姓。有徐氏、郯氏、莒氏、终黎氏、运奄氏、菟裘氏、将梁氏、黄氏、江氏、修鱼氏、白冥氏、蜚廉氏、秦氏。然秦以其先造父，封赵城，为赵氏。"此亦东方之徐郯、西方之秦赵，同出一祖之证。

己。按，己本祝融八姓之一。然《世本》云："莒己姓。"（隐二正义引。）杜预云："少暭金天氏，己姓之祖也。"（昭十七注。）又云："莒嬴姓，少昊之后。周武王封兹舆于莒，初都计，后徙莒，今城阳莒县是也。《世本》自纪公以下为己姓，不知谁赐之姓者。"（隐二正义引杜预《世族谱》）据此，祝融八姓之己与莒国之己本非一源，不可混为一事。莒之中道改姓，殊费解。按之文七年《左传》"穆伯娶于莒，曰戴己"。是莒己姓有明征，改姓之说，虽或由于"易物"，究不能证明或反证之。今应知者，所谓己姓，不出同一之祖，或祖祝融，或祖少皞，或祖黄帝。下文之表，但以祖少皞者为限。

偃。皋陶之后为偃姓，偃姓与嬴姓之关系，可以皋陶与少皞之关系推求之。自《列女传》曹大家注，以为"皋陶之子伯益"（《诗·秦风》疏引），郑玄以为"伯翳实皋陶之子"（《诗谱·秦风》），王符以为"皋陶……其子伯翳"（《潜夫论·氏姓》），此说在后世著书者遂多所尊信。梁玉绳详辨此说之非（《史记志疑》十九，《人表考二·许繇下》），其所举证多近理，至其举《左传》臧文仲皋陶庭坚不祀之叹，以证徐秦之不祖皋陶，即皋陶非伯益之父，尤为确不可易。然古代传说中既有此盛行之一说，自当有所本，盖"皋益同族而异支"（梁玉绳语），以族姓论，二者差近。以时代论，皋陶氏略先于伯益。后世之追造《世本》者（周末此风甚炽，帝系即如此出来者），遂以为伯益父皋陶矣。今固不当泥于皋陶为伯益父之说，同时亦当凭此传说承认偃嬴二宗，种姓上有亲属关系。

然则皋陶之皞，当即大皞、少皞之皞，曰皋陶者，皋为氏，陶为名，犹丹朱商均，上字是邑号，下字是人名。《易林》需之大畜称之曰陶叔，足征陶为私名。《路史·后纪七》云："封之于皋，是曰皋陶。"（按《路史》卖弄文词而不知别择，好以己意补苴旧文，诚不可据。然宋时所见古书尚多，《世本》等尚未佚，《路史》亦是一部辑佚书，只是书辑得不合法度而已，终不当尽屏而不取。）此说或有所本，亦可为此说之一旁证。皋陶之裔分配在英六群舒之地，似去徐州嬴姓较远，然若信皋陶之陶，即少皞之皞，又知周初曾压迫熊盈（即嬴）之族，所谓平淮夷，惩舒人，皆对此部类用兵者，则当知此部类古先所居，当较其后世所居偏北，少皞之虚，未尝不可为皋陶之邑。

所有少皞诸姓国之地望，今列表如下：

国	姓	时 代	地 望	附 记
郯	嬴（见《史记》《汉志》《潜夫论》。）己（杜说。）	始建国不知在何时，当为古代部落，春秋后始亡。	今山东有郯城县。	《汉·地理志》，"郯嬴姓国"；《春秋》文四年见。杜于郯姓未明说，然昭十七传云："郯氏来朝，……昭子问焉，曰：'少皞氏鸟名官，何故也？'郯子曰：'吾祖也。'"杜云："少皞金天氏，己姓之祖也。"是杜意以郯为己姓。
莒	嬴、己（二姓或同出一源，说见前。）	始建国不知在何时，当为古代部落，春秋后灭于楚。	杜云："今城阳莒县。"	
奄	嬴（《左传》昭二疏，襄二十疏引《世本》。）	商代东方大国，灭于周初。	奄在鲁境。	定四："因商奄之民，命以伯禽，而封于少皞之虚。"按，克商为武王事，践奄为周公事，是奄亡于周公成王时。
徐	嬴（见《左传》《史记》等。）	殷时旧国，西周中曾一度强大称王。西伐济河，见《檀弓》。齐桓时服事诸夏，后灭于楚。	其本土应在鲁，后为周公、鲁公逐之。保淮水。《左传》僖三年，杜注："徐国在下邳僮县东南。"	《书·费誓》《诗·大雅》《小雅》《鲁颂》《逸周书·作雒解》等，多记徐事，金文中自称郐王。
江	嬴（《陈杞世家·索隐》引《世本》。）	不知建国于何时，文四年，灭于楚。	杜云："江国在汝南安阳县。"	《索隐》引《世本》，江黄并嬴姓。
黄	嬴（同上。）	不知建国于何时，僖十二年灭于楚。	杜云："黄国，今弋阳县。"	

续表

国	姓	时代	地望	附记
赵	嬴（见《左传》《史记》等。）	《秦本纪》，缪王以赵城封造父。自晋献公时赵氏世为晋大夫始大。	《集解》引徐广云："赵城在河东永安县。"《正义》引《括地志》云："今晋州赵城县本彘县地，后改永安即造父之邑。"	
秦	嬴（同上。）	《秦本纪》，周孝王封非子，邑之秦。	《集解》引徐广曰："今天水陇西县秦亭。"	
梁	嬴（见《左传》《潜夫论》。）	不知何时建国，僖十九，灭于秦。	杜云："梁国在冯翊夏阳县。"	
葛	嬴（见《左传》《潜夫论》。）	《春秋》桓十五，葛人来朝。	杜云：'梁国宁陵县东北。"	《左传》僖十七，有葛嬴为齐桓众夫人之一。据《孟子》，葛与汤为邻。春秋嬴姓之葛与古葛有若何关系，今不可考。
菟裘	嬴（《史记》《潜夫论》。）	隐十一："公曰……使营菟裘。"盖春秋前已亡，为鲁邑。	《寰宇记》："菟裘故城在泗水县北五十里。"	
费	嬴（《史记·秦本纪》。）	《书》有《费誓》，盖灭于周初。	春秋鲁邑，后为季氏私邑，今犹名费县。	《书·费誓》，盖即对徐方嬴姓族用兵之誓。

· 50 ·

续表

国	姓	时 代	地 望	附 记
群舒	偃（文十二疏引《世本》。杜注。）	群舒部落，位于淮南。春秋时初灭于徐，卒灭于楚。	僖五，杜曰："舒国今庐江舒县。"	《左传》文十二："群舒叛楚。"杜曰："群舒偃姓，舒庸舒鸠之属。今庐江有舒城，舒城西南有龙舒。"《正义》曰："《世本》，偃姓，舒庸，舒蓼，舒鸠，舒龙，舒鲍，舒龚。以其非一，故言属以包之。"
六	偃（《陈杞世家索隐》引《世本》。）	《春秋》文五，"楚人灭六。"	杜云："今庐江六县。"	
蓼	偃（同上。）	《左》文五，"楚子灭蓼。"	杜云："今安丰蓼县。"	《左传》文五："楚子燮灭蓼。臧文仲闻六与蓼灭，曰：'皋陶庭坚，不祀忽诸！德之不建，民之无援，哀哉。'"
英氏	偃（同上。）	《春秋》僖十七年："齐人徐人伐英氏"。杜云："英氏，楚与国。"又《陈杞世家》："皋陶之后，或封英六，楚穆王灭之。"		

以上所列，但以见于《左传》《史记》《世本》佚文、左氏杜注者为限，《潜夫论》所举亦略采及，至于《姓纂》《唐宰相世系表略》等书所列，材料既太后又少有头绪，均不列入。

据上表，足知少皞后世之嬴姓一支（宗少皞之己姓国在内）分配在今山东南境、河南东端，南及徐州一带。殷代有奄，为大国。有费，鲁公灭之。盖鲁地本嬴姓本土，所谓"奄有龟蒙，遂荒徐宅，至于海邦，淮夷蛮貊"，是指周人略嬴族之故事。因周人建国于奄土，嬴姓乃南退保淮水，今徐州一带。及周人势力稍衰，又起反抗，西伐济河。周人只能压迫之，却不能灭之，故曰"徐方不回，王曰旋归"，可见是灭不了的。入春秋，徐始式微，而殷人所置嬴姓在西土者，转而强大，其一卒并天下。其别系偃姓在今安徽北部、河南东南隅以及湖北东境者，当亦西周时淮夷部队中人，入春秋，为楚所并。夏商虽有天下，其子孙犹不若此之延绵。若东方人作三代系统，必以之为正统无疑。

此外，"夷"名号下之部落，有有穷后羿，即所谓夷羿，说已见前。又有所谓伯夷者，为姜姓所宗，当与叔齐同为部族之号，别见姜姓篇。又祝融八姓之分配在东海者，亦号曰夷，别见祝融八姓篇，今俱不入此文。

又殷有所谓人方者，似不如释作夷方，其地不知在何处。董彦堂先生示我甲骨文一片，其词云"……在二月，在齐㫒，佳王来正人方"，是夷方当在济水流域中矣。

上列各部族国邑皆曾为人呼之曰夷，或其后世为人列于夷之一格中。综合其区域所包括，西至今河南之中心，东尽东海，北达济水，南则所谓淮夷徐舒者皆是。这个分布在东南的一大片部族，和分布在偏于西方的一大片部族名诸夏者，恰恰成对峙的形势。这里边的部族，如太皞，则有制八卦之传说，有制嫁娶用火食之传说。如少皞，则伯益一支以牧畜著名，皋陶一支以制刑著名。而一切所谓夷，又皆以弓矢著名。可见夷之贡献于文化者不少。殷人本非夷族，而抚有夷之人民土地，故《吕览》曰："商人服象，为虐于东夷。"虽到宋襄公，还是忘不了东夷，活活地牺牲了夏代的后人以取悦于东夷。殷曾部分地同化于夷，逸书曰"纣越厥夷居而不事上帝"，似乎殷末已忽略其原有之五方帝的宗教，改从夷俗，在亡国时飞廉恶来诸夷人犹为之死。周武王灭商之后，周公之践奄憝熊盈国，鲁公成王之应付"淮夷徐戎并兴"，仍全是夷夏交争之局面，与启益间，少康羿浞间之斗争，同为东西之斗争。西周盛时，徐能西伐济于河，俨然夷羿陵夏之风势。然经籍中所谓虞夏商周之四代，并无夷之任何一宗，这当是由于虞夏商周四代之说，乃周朝之正统史观，不免偏重西方，忽略东方。若是殷人造的，或者以夷代夏。所谓"裔[疑即衣（殷）字]不谋夏，夷不乱华"者，当是西方人的话。夏朝在文化上的供献何若，今尚未有踪迹可寻，然诸夷姓之供献却实在不少。春秋战国的思想家，在组织一种大一统观念时，虽不把东夷放在三代之系统内，然已把伯夷、皋陶、伯益放在舜禹庭中，赓歌揖让，明其有分庭抗礼的资格（四岳为姜姓之祖，亦是另一部落。非一庭之君臣，乃异族之酋长。说详姜姓篇）。《左传》中所谓才子不才子，与《书·尧典》《皋陶谟》所举之君臣，本来是些互相斗争的部族和不同时的酋长或宗神，而哲学家造一个全神堂，使之同列在一个朝庭中。"元首股肱"，不限于千里之内，千年之间。这真像希腊的全神堂，本是多元，而希腊人之综合的信仰，把他们硬造成一个大系。只是夷夏列国列族的地望世系尚不尽失，所以我们在今日尚可从哲学家的综合系统中，分析出族部的多元状态来。

五、总结上文

说到这里，我们可以综合前几章中所论的结果，去讨论古代中国由部落进为王国（后来又进为帝国）的过程中，东西对峙的总局面。

随便看一个有等高线的中国地图，例如最近《申报》出版的丁文江、翁文灏、曾世英合著《中国分省图》，不免觉得黄河下流及淮济流域一带，和太行山及豫西群山以西的地域，有个根本的地形差别。这样东边的一大片，是个水道冲积的大平原，除山东半岛上有些山地以外，都是些一二百公尺以下的平地，水道改变是极平常的事；若非用人工筑堤防，黄河直无水道可言。西边的一大片是些夹在山中的高地，城市惯分配在河流的两岸。平汉铁路似乎是这个东西地形差别的好界线，不过在河南省境内郑州以下东平原超过平汉线西面几百里，在湖北情形更不整齐了。

我们简称东边一片平地曰东平原区，简称西边一片夹在大山中的高地曰西高地系。

东平原区是世界上极平的大块土地之一，平到河流无定的状态中，有人工河流始有定路，有堤防黄河始有水道，东边是大海，还有两个大半岛在望，可惜海港好的太少，海中岛屿又太少，是不能同希腊比的。北边有热、察两省境的大山作屏障，只是这些山脉颇有缺口，山外便是直把辽洮平原（外国书中所谓满洲平原）经天山北路直到南俄罗斯平原连作一气的无障大区域，专便于游牧人生活的。东平原本有她的姊妹行，就是辽洮平原，不过两者中间以热河山地之限制，只有沿海一线可通，所以本来是一个的，分而为不断的两个了。辽洮平原与东平原的气候颇有差别，这个差别在初期农业中很有意义的，但此外相同处远在东平原与任何平原之上。东平原如以地平论，南端可以一直算到浙西，不过南渡淮水不远，雨量也多了，溪沼也多了，地形与地利全不是一回事了。所以我们的东平原中可有淮南，却不能有江北。东平原中，在古代有更多的泽渚为泄水之用，因垦地及人口之增加，这些泽渚一代比一代少了。这是绝好的大农场而缺少险要形胜，便于扩大的政治，而不便于防守。

西高地系是几条大山夹着几条河流造成的一套高地系。在这些高地里头关中高原最大，兼括渭泾洛三水下流冲积地，在经济及政治的意义上也最重要。其次是汾水区，汾水与黄河夹着成一个"河东"，其重要仅次于渭水区。又其次是伊雒区，这片高地方本不大，不过是关中河东的东面大口，自西而东的势力，总要以雒阳为控制东平原区的第一步重镇。在这三片高地之西，还有陇西区，是泾渭的上游。有洮湟区，是昆仑山脚下的高地。在关中之北，过了洛水的上游，又是大块平的高原了。这大高原在地形上颇接近蒙古高原，甚便于游牧人，如无政治力量，阴山是限不住胡马的。在这三片之南，过了秦岭山脉，便是汉水流域。汉水流域在古代史上大致可分汉中、江汉、汉东三区。就古代史的意义说，汉水是长江的正原，不过这一带地方，因秦岭山脉之隔绝，与我们所谓西高地系者不能混为一谈。西高地系在经济的意义上，当然不如东平原区，然而也还不太坏，地形尤其好，攻人易而受攻难。山中虽不便农业，但天然的林木是在早年社会发展上很有帮助的，陵谷的水草是便于畜牧的。这样的地理形势，容易养成强悍部落。西高地系还有一个便利处，也可以说是一种危险处，就是接近西方，若有文化自中央亚细亚或西方亚细亚带来，他是近水楼台。

人类的住家不能不依自然形势，所以在东平原区中好择高出平地的地方住，因而古代东方地名多叫作丘。在西高地系中好择近水流的平坦地住，因而古代西方地名多叫作原。

在前四章中，我们把夷夏殷的地望条理出来，周代之创业岐阳又是不用证的。现在若把他们分配在本章的东西区域，我们可说夷与殷显然属于东系，夏与周显然属于西系。

同在东区之中，殷与夷又不同。诸夷似乎以淮济间为本土，殷人却是自北而南的。殷人是不是东方土著，或是从东北来的，自是可以辨论的问题，却断乎不能是从西北来的，如太史公所说。他们南向一过陇海线，便向西发展，一直伸张到陕甘边界或更西。夷人中，虽少皞一族，也不曾在军事上、政治上有殷人的成功。但似乎人口非常众多，文化也有可观。殷人所以能建那样一个东起辽海西至氐羌的大帝国，也许是先凭着蓟辽的武力，再占有淮济间的经济与人力，所以西向无敌。

同在西系之中，诸夏与周又不尽在一处。夏以河东为土，周以岐渭为本。周在初步发展时，所居比夏更西，但他们在东向制东平原区时，都以雒邑为出口，用同样的形势临制东方（夏都洛阳说，考见《求古录·礼说》）。

因地形的差别，形成不同的经济生活，不同的政治组织，古代中国之有东西二元，是很自然的现象。不过，黄河淮水上下流域到底是接近难分的地形。在由部落进为帝国的过程达到相当高阶段时，这样的东西二元局势，自非混合不可，于是起于东者，逆流压迫西方。起于西者，顺流压迫东方。东西对峙，而相争相灭，便是中国的三代史。在夏之夷夏之争，夷东而夏西。在商之夏商之争，商东而夏西。在周之建业，商奄东而周人西。在东方盛时，"自彼氐羌，莫敢不来享，莫敢不来王，曰商是常"。在西方盛时，"东人之子，职劳不来。西人之子,粲粲衣服"。秦并六国,虽说是个新局面,却也有夏周为他们开路。关东亡秦,虽说是个新局面,却也有夷人"释舟陵行",殷人"覃及鬼方",为他们作前驱。且东西二元之局,何止三代,战国以后数百年中,又何尝不然?秦并六国是西胜东,楚汉亡秦是东胜西,平林赤眉对新室是东胜西,曹操对袁绍是西胜东。不过,到两汉时,东西的混合已很深了,对峙的形势自然远不如三代时之明了。到了东汉,长江流域才普遍的发达。到孙氏,江南才成一个政治组织。从此少见东西的对峙了,所见多是南北对峙的局面。然而这是汉魏间的新局面,凭长江发展而生之局面,不能以之追论三代事。

现在将自夏初以来"东西对峙"的局面列为一表,以醒眉目。

正线的东西相争		结局	斜线的东西相争	结局
东	西		东西	
夷——夏		东西互相,夷曾一度灭夏后氏,夏亦数度克夷,但夏终未尽定夷地。	殷——鬼方 淮夷——周	东胜西 虽淮夷曾再度危及成周,终归失败。
商——夏 殷——周 六周——秦 陈项等——秦 楚——汉		东胜西 西胜东 西胜东 东胜西 西胜东		

据此表,三代中东胜西之事较少,西胜东之事甚多。胜负所系,不在一端,或由文化力,或由战斗力,或由组织力。大体说来,东方经济好,所以文化优。西方地利好,所以武力优。在西方一大区兼有巴蜀与陇西之时,经济上有了天府,武力上有了天骄,是不易

当的。然而东方的经济人文,虽武力上失败,政治上一时不能抬头,一经多年安定之后,却是会再起来的。自春秋至王莽时,最上层的文化只有一个重心,这一个重心便是齐鲁。这些话虽在大体上是秦汉的局面,然也颇可以反映三代的事。

谈到这里,读者或不免要问,所谓东平原区,与所谓西高地系,究竟每个有不有他自己的地理重心,如后世之有关洛、邺都、建业、汴京、燕山等。答曰:在古代,社会组织不若战国以来之发达时,想有一个历代承继的都邑,是不可能的。然有一个地理的重心,其政治的、经济的、因而文化的区域,不随统治民族之改变而改变,却是可以找到的。这样的地理重心,属于东平原区者,是空桑,别以韦为辅。属于西高地系者,是雒邑,别以安邑为次。请举其说如下:

在东平原区中,其北端的一段,当今河北省中部偏东者,本所谓九河故道,即是黄河近海处的无定冲积地。这样地势,在早期社会中是很难发达的,所以不特这一段(故天津府、河间府、深冀两直隶州一带)在夏殷无闻,就是春秋时也还听不到有何大事在此地发生。齐燕之交,仿佛想像有一片瓯脱样的。到了春秋下半,凭借治水法子之进步(即是堤防的法子进步,所谓以邻国为壑),这一带"河济间之沃土",始关重要。这样的一块地方,当然不能成为早期历史中心的。至于山东半岛,是些山地,便于小部落据地固守,在初时的社会阶段之下,亦难成为历史的重心。只有这个大平原区的南部,即是西起陈、东至鲁一带,是理想的好地方,自荥泽而东,接连不断的有好些蓄水湖泽,如荷泽、孟诸等,又去黄河下游稍远,所以天然的水患不大,地是最肥的,交通是最便当的。果然,历史的重心便在此地排演。太昊都陈,炎帝自陈徙曲阜(《周本纪·正义》引《帝王世纪》)。曲阜一带,即空桑之地。穷桑有穷,皆空桑一名之异称。

所谓空桑者，在远古是一个极重要的地方。少昊氏的大本营在这里，后羿立国在这里，周公东征时的对象奄国在这里，这些事都明白指示空桑是个政治中心。五祀之三，勾芒、蓐收、玄冥，起于此地（《左传》昭二十九及他书），后羿立国在此地。此地土著之伊尹，用其文化所赋之智谋，以事汤，遂灭夏。此地土著之孔子凭借时势，遂成儒宗。这些事都明白指示空桑是个文化中心。古代东方宗教中心之太山、有虞氏及商人所居之商丘、商人之宗邑蒙亳，皆在空桑外环。这样看，空桑显然是东平原区之第一重心，政治的及文化的。

在东平原区中，地位稍次于空桑之重心的，是邺。邺读如衣，衣即是殷（见《吕氏·慎大览》高诱注）。殷地者，其都邑在今河南省北端安阳县境，汤灭韦而未都，其后世自河南迁居于此。在商人统治此地以前，此地之有韦，大约是一个极重要的部落，所以《诗·商颂》中拿他和夏桀并提。商人迁居此地之目的，大约是求便于对付西方，自太行山外而来的戎祸，即所谓鬼方者，恰如明成祖营北平而使子孙定居，是为对付北鞑者一般。商人居此地数百年，为人称曰殷商，即等于称在殷之商。末世虽号称都朝歌，朝歌实尚在地范围，所以成王封唐叔于卫，曰"封于殷墟"（定四）。此地入周朝，犹为兵政之重镇（看白懋父敦等）。又八百年后入于秦，为东郡，又成控制东方之重镇。到了汉末，邺为盛都，五胡时，割据中原者多都之，俨然为长安雒阳的敌手。

在西高地系内，正中有低地一条，即汾洛泾渭伊雒入河之规形长条，此长条在地形上之优点，地图已明白宣示，不待历史为他说明。他是一群高地所环绕的交通总汇，东端有一个控制东平原的大出口。利用这个形势成为都邑，便是雒阳。如嫌雒阳过分出于形胜的高地之外，则雒阳以西经过觳函之固，又过了河，便是安邑。雒阳为夏周两代所都,其政治的重要不待说(夏亦曾都雒阳,见《求古录·礼说》)。安邑一带,是夏代之最重要区域。在后世,唐叔受封,而卒成霸业。魏氏受邑,而卒成大名。直到战国初,安邑仍为三晋领袖之魏国所都,用以东临中原,西伺秦胡者。河东之重要,自古已然,不待刘渊作乱、李氏禅隋,方才表显他的地理优越性。

以上所举,东方与西土之地理重心,在东平原区中以南之空桑为主,以北之有郼为次;在西高地系中,以外之雒阳为主,内之安邑为次,似皆是凭藉地形,自然长成,所以其地之重要,大半不因朝代改变而改变。此四地之在中国三代及三代以前史中,恰如长安、雒邑、建康、汴梁、燕山之在秦汉以来史。秦汉以来,因政治中心之迁移,有此各大都邑之时隆时降。秦汉以前,因部落及王国之势力消长,有本文所说。四个地理重心虽时隆时降,其为重心却是超于朝代的。认识此四地在中国古代史上的意义,或者是一件可以帮助了解中国古代史"全形"的事。

姜　原

一、姜之世系

《左传》一部书是如何成就的，我们现在还不能确切地断定；但，一、必不是《春秋》的传；二、必与《国语》有一亲密的关系；则除去守古文家法者外，总不该再怀疑了。《国语》《左传》虽是混淆了的书，但确也是保存很多古代史料的书。例如古代世系，这书中的记载很给我们些可供寻思的材料。世系的观念他们有，他们又有神话，结果世系和神话混为一谈。民族的观念，他们没有，但我们颇可因他们神话世系的记载寻出些古代的民族同异的事实来。

譬如姜之一姓，《国语》中有下列的记载：

　　昔少典取于有蟜氏，生黄帝、炎帝。黄帝以姬水成，炎帝以姜水成；成而异德，故黄帝为姬，炎帝为姜。二帝用师以相济也，异德之故也。异姓则异德，异德则异类。异类虽近，男女相及，以生民也。同姓则同德，同德则同

心,同心则同志。同志虽远,男女不相及,畏黩敬也。(《晋语》四)

姜嬴荆芈,实与诸姬代相干也。姜,伯夷之后也;嬴,伯翳之后也。伯夷能礼于神以佐尧者也;伯翳能议百物以佐舜者也。其后皆不失祀,而未有兴者。周衰,其将至矣!(《郑语》)

昔共工弃此道也,虞于湛乐,淫失其身;欲壅防百川,堕高堙庳,以害天下。皇天弗福,庶民弗助;祸乱并兴,共工用灭。其在有虞,有崇伯鲧播其淫心,称遂共工之过。尧用殛之于羽山。其后伯禹念前之非度,厘改制量,象物天地,比类百则,仪之于民,而度之于群生。共之从孙四岳佐之;高高下下,疏川导滞,钟水丰物。封崇九山,决汩九川,陂鄣九泽,丰殖九薮,汩越九原,宅居九隩,合通四海。故天无伏阴,地无散阳,水无沈气,火无灾燀,神无间行,民无淫心,时无逆数,物无害生。帅象禹之功,度之于轨仪;莫非嘉绩,克厌帝心。皇天嘉之,祚以天下,赐姓曰姒,氏曰有夏;谓其能以嘉祉殷富生物也。祚四岳国,命以侯伯,赐姓曰姜,氏曰有吕;谓其能为禹股肱心膂,以养物丰民人也。此一王四伯,岂繄多宠?皆亡王之后也!唯能厘举嘉义,以有胤在下,守祀不替其典。有夏虽衰,杞鄫犹在。申吕虽衰,齐许犹在。唯有嘉功,以命姓受祀,迄于天下。及其失之也,必有慆淫之心闲之,故亡其氏姓,踣毙不振,绝后无主,湮替隶圉。夫亡者岂繄无宠?皆黄炎之后也!(《周语》下)

昔烈山氏之有天下也,其子曰柱,能殖百谷百蔬。夏

之兴也,周弃继之,故祀以为稷。共工氏之伯九有也,其子曰后土,能平九土,故祀以为社。(《鲁语》上)

齐许申吕由太姜。(《周语》中)

又《诗·大雅·生民》,"厥初生民,实为姜嫄。"《诗·鲁颂·宫》,"赫赫姜嫄,其德不回。"周以姬姓而用姜之神话,则姬周当是姜姓的一个支族,或者是一更大之族之两支。根据上列记载,可得下列之表。

少典 { 姜(炎帝)—共工
　　　　　　　　　　└伯夷—四岳国—齐许申吕诸国
　　　 姬(黄帝)

二、姜之地望

在西周封建的事迹中,有一件很当注意者,就是诸侯的民族不必和他所治的民族是一件事。譬如勾吴,那地方的人民是断发文身的,而公室是姬姓;晋,那地方的人民是唐国之遗,而公室是姬姓;虞,那地方是有虞,而公室又是姬姓。齐之民族必是一个特异的民族,可以《史记·封禅书》《汉书·郊祀志》及传记所载齐人宗教之迹为证。但公室乃是四岳之后,后来又是有虞之后了。认清这件事实,然后可以不根据齐民族之特异,论到姜姓之公室。

姜姓国见于载记者,有下列数国。

许

申

吕　或作甫

以上所谓四岳国，在今河南中部向西南境山中。

姜戎（《左传》襄十四年）：将执戎子驹支。范宣子亲数诸朝，曰："来！姜戎氏！昔秦人迫逐乃祖吾离于瓜州。乃祖吾离被苫盖，蒙荆棘，以来归我先君。我先君惠公有不腆之田，与女剖分而食之。今诸侯之事我寡君不如昔者，盖言语漏泄，则职女之由。诘朝之事，尔无与焉！与将执女！"对曰："昔秦人负恃其众，贪于土地，逐我诸戎。惠公蠲其大德，谓我诸戎是四岳之裔胄也，毋是翦弃。赐我南鄙之田，狐狸所居，豺狼所嗥。我诸戎除翦其荆棘，驱其狐狸豺狼，以为先君不侵不叛之臣，至于今不贰。昔文公与秦伐郑，秦人窃与郑盟，而舍戍焉。于是乎有殽之师。晋御其上，戎亢其下。秦师不复，我诸戎实然。譬犹捕鹿，晋人角之，诸戎掎之，与晋踣之。戎何以不免？自是以来，晋之百役，与我诸戎相继于时，以从执政，犹殽志也。岂敢离逷？今官之师旅无乃实有所阙，以携诸侯，而罪我诸戎？我诸戎饮食衣服不与华同，贽币不通，言语不达，何恶之能为？不与于会，亦无瞢焉！"赋《青蝇》而退。宣子辞焉，使即事于会。

齐　《国语》，齐许申吕由大姜

纪

向

州

莱　莱在顾栋高《春秋大事年表》中列为姜姓，然此说实可疑。其言曰："《襄二年》传：'齐侯使诸姜宗妇来送葬，召莱子，莱子不会。'是莱亦齐同姓国也。"案：莱子非宗妇，何以召及莱子，而莱子必会？或因莱子夫人是姜姓，故莱子必会乎？（惟"宗妇"寻常之解并不如是耳）此说若确，则莱非姜姓。又，《史记》："莱人,夷也,与齐争国。"然则果是姜姓,亦当是后来齐国所分植。以上五国皆在山东境,纪州莱皆环齐,为之邻者。

姜　据古本《竹书纪年》,宣王时戎人灭姜侯之邑,引见《后汉书·西羌传》。准以芈曹等皆为先代国名后代姓号之例,姜之为姓必原是国名。惟此姜侯是否姜姓,或是他族封建于其地者,则不可考。

综合上举《国语》《左传》之记载,知姜之所在有两个区域。一在今河南西境,所谓四岳之后者,一在今山东东境。然河南西境必是四岳之本土,此可以"齐许申吕由大姜",及"太公封于营邱,比及五世,皆返葬于周",诸说证之。齐本是由四岳国里出来的,望伋两代仍用吕称(《书·顾命》齐侯吕伋)。若齐旁诸姜,当是齐之宗姓分封者,姜之先世为四岳,四岳之地望如可确定,则姜为何处的民族,可以无疑问了。

有把四岳当做人的,例如战国秦汉间之《尧典》;又有把四岳当做岱宗等四山的,例如杜预注《左传》。但四岳实是岳山脉中的四座大山,四岳之国便是这些山里的部落。《诗·大雅》,"崧高维岳,骏极于天。维岳降神,生甫及申。维申及甫,维周之翰。"毛云,"崧,高貌,山大而高曰崧。岳,四岳也。"那么,申甫一带的山,即是四岳了。同篇下文说:"亹亹申伯,王缵之事。于邑于谢,南国是式。王命召伯,定申伯之宅。登是南邦,世执其功。王命申伯,式是南邦。因是谢人,以作尔庸。"这是说申境向南移。其向南移的地方在谢,其差在北的地方可以推想。又《诗·王风·扬之水》说:

扬之水,不流束薪。彼其之子,不与我戍申。怀哉怀哉!曷月予还归哉!

扬之水，不流束楚。彼其之子，不与我戍甫。怀哉怀哉！
曷月予还归哉！

扬之水，不流束蒲。彼其之子，不与我戍许。怀哉怀哉！
曷月予还归哉！

如此看来，申、甫、许在一块儿。许之称至今未改，申又可知其后来在谢，则申许吕之地望大致可知了。《郑语》，史伯曰："当成周者，南有申吕。"可知《汉书·地理志》，"南阳郡宛县故申伯国"，《水经注》，"宛西吕城，四岳受封于吕"，诸说，当不误。

然姜之大原实在许谢迤西大山所谓"九州"者之中。《郑语》，"谢西之九州何如？"可知谢西之域名九州。《左传》昭四年："四岳、三涂、阳城、大室、荆山、中南，九州之险也。"杜注，三涂在陆浑县南（今嵩县）；阳城在阳城县（今登封县）东北；大室在河南阳城县西北；荆山在新城沶乡县（今湖北郧阳一带与河南之界）南；中南在始平武功县（今武功县）西。然则九州之区域正是现在豫西渭南群山中，四岳亦在此九州内，并非岱宗等四山。

又据上文所引，《左传》襄十四年姜戎一段，知九州之一名瓜州，其地邻秦，其人为姜姓，其类则戎。虽则为戎，不失其为四岳之后。四岳之后，有文物之大国齐，又有戎者，可以女真为例。建州女真征服中夏之后，所谓满洲八旗者尽染华风，而在混同江上之女真部落，至今日仍保其渔猎生活，不与文化之数。但藉此可知姜本西戎，与周密迩，又为姻戚，惟并不是中国。

姜之原不在诸夏，又可以《吕刑》为证。《吕刑》虽列《周书》，但在先秦文籍今存者中，仅有《墨子》引他。若儒家书中引《吕刑》者，只有汉博士所作之《孝经》与记而已。《吕刑》全篇祖述南方神话,全无一字及宗周之典。其篇首曰:"惟吕命,王享国百年,耄,荒度作刑,以诘四方。"《史记》云:"甫侯言于王。"郑云:"吕侯受王命,入为三公。"这都是讲不通的话。"吕命王"到底不能解作"王命吕"。如以命为吕王之号,如周昭王之类,便"文从字顺"了,篇中王曰便是吕王曰了。吕称王并见于彝器,吕王🈳作大姬壶,其辞云,"吕王🈳作大姬尊壶,其永宝用享"(见《窓斋集古录》第十四)。可知吕称王本有实物为证。吕在周代竟称王,所谈又是些外国话,则姜之原始不是诸夏,可谓信而有征。

三、姜姓在西周的事迹

姜与姬是姻戚,关系极复杂,上文已经说了。若姜姓者在西周的事迹,则公望申伯为大,与西周兴亡颇有关系。公望佐周,《诗经》有证。《大明》:"牧野洋洋,檀车煌煌,驷彭彭。维师尚父,时维鹰扬。"又,齐侯吕伋在成昭间犹为大臣。《书·顾命》:"俾爰齐侯吕伋以二干戈,虎贲百人,逆子钊于南门之外。"申伯在西周末极有势力,《崧高》一篇可以为证。《郑语》史伯曰:"申、缯、西戎方强,王室方骚。将以纵欲,不亦难乎?王欲杀太子,以成伯服,必求之申。申人弗畀,必伐之。若伐申,而缯与西戎会以伐周,周不守矣。缯与西戎方将德申,申、吕方强,其媵爱太子亦必可知也。王师若在,其救之亦必然矣。王心怒矣,虢公从矣。凡周存亡,不三稔矣。"这虽是作为预言写的,其实还是后人追记宗周亡的事实。周兴有公望为佐,周亡由于申祸:姜之与姬,终始有关系也。

四、姜羌为一字

周代的习俗,"男子称氏,女子称姓"。姓非男子所称,乃是女子所专称,所以姓之字多从女。金文中姬姜异文甚多,然无一不从女。《说文》标姓皆从女。后人有以为这是姓由母系的缘故,这实在是拿着小篆解字源之错误。假令中国古代有母统制度,必去殷周之际已极远,文字必不起于母统时代之茫昧。知女子称姓,则姓从女之义并不足发奇想的。女子称姓之习惯,在商代或者未必这样谨严。鬼方之鬼,在殷墟文字中或从人,或从女。照这个例,则殷墟文字中出现羌字之从人,与未出现从女之姜字,在当时或未必有很大的分别。到后来男女的称谓不同,于是地望从人为羌字,女子从女为姜字,沿而为二了。不过汉晋儒者还是知道羌即是姜的。

但,姜羌之同,是仅仅文字上一名之异流呢,或者种族上周姜汉羌是一事?照《后汉书·西羌传》:"西羌之本出自三苗,姜姓之别也。"则范晔认姜羌为一事。范晔虽是刘宋人。但范氏《后汉书》仅是文字上修正华氏、司马氏的,这话未必无所本。且《西羌传》中所记事,羌的好些部落本是自东向西移的,而秦之强盛尤与羌之西去有关。这话正和《左传》襄十四年姜戎子的一段话是一类的事。那么,汉代羌部落中有些是姜氏,看来像是如此。不过羌决不是一个单纯的名词,必含若干不同的民族,只以地望衔接的关系,被汉人一齐呼做羌罢了。

姜之一部分在殷周之际为中国侯伯,而其又一部分到后汉一直是戎狄，这情形并不奇怪。南匈奴在魏晋时已大致如汉人，北匈奴却跑得不知去向。契丹窃据燕云，同于汉化，至今俄夷以契丹为华夏之名，其本土部落至元犹繁。女真灭辽毒宋，后来渡河南而自称中州，其东海的部落却一直保持到现在；虽后来建州又来荼毒中夏，也还没有全带进来。蒙古在伊兰汗者同化于波斯，在钦察汗者同化于俄罗斯，在忽必烈汗国者同化于中国，在漠南北者依旧保持他的游牧生活。一个民族分得很远之后，文野有大差别，在东方的成例已多，在欧洲西亚尤其不可胜数了。

中华民国十九年二月，北平

周东封与殷遗民

　　此我所著《古代中国与民族》一书中之一章也。是书经始于五年以前,至民国二十年夏,写成者将三分之二矣。日本寇辽东,心乱如焚,中辍者数月。以后公私事纷至,继以大病,至今三年,未能杀青,惭何如之!此章大约写于十九年冬,或二十年春,与其他数章于二十年十二月持以求正于胡适之先生。适之先生谬为称许,嘱以送刊于北大《国学季刊》。余以此文所论多待充实,逡巡未果。今春适之先生已于同一道路上作成丰伟之论文,此文更若爝火之宜息矣。而适之先生勉以同时刊行,俾读者有所参考。今从其命,并志同声之欣悦焉。

二十三年六月

　　商朝以一个六百年的朝代,数千里的大国,在其亡国前不久帝乙时,犹是一个强有兵力的组织,而初亡之后,王子禄父等依然能一次一次地反抗周人,何以到周朝天下事大定后,封建者除区区二三百里之宋,四围以诸姬环之,以外,竟不闻商朝遗民尚保存何部落,何以亡得那么干净呢?那些商殷遗民,除以"顽"而迁雒邑者外，运命是怎么样呢？据《逸周书·世俘篇》，"武王遂征四方，凡憝国九十有九国，馘磿亿有十万七千七百七十有九，俘人三亿万有二百三十，凡服国六百五十有二"。果然照这样子"憝"下去，再加以周公成王之"善继人之志，善述人之事"，真可以把殷遗民"憝"完。不过那时候的农业还不曾到铁器深耕的时代，所以绝对没有这么许多人可"憝"，可"馘磿"，所以这话竟无辩探的价值，只是战国人的一种幻想而已。且佶屈聱牙的《周诰》上明明记载周人对殷遗是用一种相当的怀柔政策，而近发见之白懋父敦盖（中研院历史语言研究所藏器）记"王命伯懋父以殷八征东夷"。然则周初东征的部队中当不少有范文虎、留梦炎、洪承畴、吴三桂一流的汉奸。周人以这样一个"臣妾之"之政策，固速成其王业，而殷民藉此亦可延其不尊荣之生存。《左传》定四年记周以殷遗民作东封，其说如下：

  昔武王克商，成王定之，选建明德，以藩屏周。故周公相王室，以尹天下，于周为睦。分鲁公以大路、大旂，夏后氏之璜，封父之繁弱；殷民六族，条氏、徐氏、萧氏、索氏、长勺氏、尾勺氏，使帅其宗氏，辑其分族，将其类丑，以法则周公，用即命于周。是使之职事于鲁，以昭周公之明德。分之土田陪敦，祝、宗、卜、史，备物、典策，官司、彝器。因商奄之民，命以《伯禽》，而封于少皞之虚。分康叔以大路、少帛、茷、旃旌、大吕；殷民七族，陶氏、施氏、繁氏、锜氏、樊氏、饥氏、终葵氏。封畛土略，自武父以南，及圃田之北竟，取于有阎之土，以共王职，取于相土之东都，以会王之东蒐。聃季授土，陶叔授民。命以《康诰》，而封于殷墟。皆启以商政，疆以周索。分唐叔以大路、密须之鼓，阙巩、沽洗；怀姓九宗，职官五正。命以《唐诰》，而封于夏虚。启以夏政，疆以戎索。

可见鲁卫之国为殷遗民之国，晋为夏遗民之国，这里说得清清楚楚。所谓"启以商政疆以周索"者，尤显然是一种殖民地政策，虽取其统治权，而仍其旧来礼俗，故曰"启以商政疆以周索"。这话的绝对信实更有其他确证。现分述鲁卫齐三国之情形如下。

鲁　《春秋》及《左传》有所谓"亳社"者，是一件很重要的事。"亳社"屡见于《春秋经》，以那样一个简略的二百四十年间之"断烂朝报"，所记皆是戎祀会盟之大事，而"亳社"独占一位置，则"亳社"在鲁之重要可知。且《春秋》记"亳社（《公羊》作蒲社）灾"在哀四年，去殷商之亡已六百余年，已与现在去南宋之亡差不多（共和前无确切之纪年，姑据《通鉴外纪》，自武王元年至哀四年为631年。宋亡于祥兴二年[1279]，去中华民国二十年[1931]凡六百五十二年。相差甚微）。"亳社"在殷亡国后六百余年犹有作用，是甚可注意之事实。且《左传》所记"亳社"中有两事尤关重要。哀七，"以邾子益来献于亳社"，杜云，"以其亡国与殷同"。此真谬说。邾于殷为东夷，此等献俘，当与宋襄公"用鄫子于次睢之社，欲以属东夷"，一样，周人诒殷鬼而已。又定六年，"阳虎又盟公及三桓于周社，盟国人于亳社"。这真清清楚楚指示我们：鲁之统治者是周人，而鲁之国民是殷人。殷亡六七百年后之情形尚如此，则西周时周人在鲁，不过仅是少数的统治者，犹钦察汗金骑之于俄罗斯诸部，当更无疑问。

说到这里，有一件很重要的事，当附带着说。孔子所代表之儒家，

周东封与殷遗民

其地理的及人众的位置在何处，可以借此推求。以儒家在中国文化进展上的重要，而早年儒教的史料仅仅《论语》《檀弓》《孟子》《荀子》几篇，使我们对于这个宗派的来源不明了，颇是一件可惜的事。孙星衍重修之《孔子集语》，材料虽多，几乎皆不可用。《论语》与《檀弓》在语言上有一件特征，即吾我尔汝之分别颇显：此为胡适之先生之重要发见（《庄子·齐物》等篇亦然）。《檀弓》与《论语》既为一系，且看《檀弓》中孔子自居殷人之说于《论语》有证否。

[《檀弓》] 孔子蚤作，负手曳杖消摇于门。歌曰："泰山其颓乎？梁木其坏乎？哲人其萎乎？"既歌而入，当户而坐。子贡闻之，曰："泰山其颓，则吾将安仰？梁木其坏，哲人将萎，则吾将安放？夫子殆将病也。"遂趋而入。夫子曰："赐，尔来何迟也？夏后氏殡于东阶之上，则犹在阼也。殷人殡于两楹之间，则与宾主夹之也。周人殡于西阶之上，则犹宾之也。而丘也，殷人也。予畴昔之夜梦坐奠于两楹之间。夫明王不兴，而天下其孰能宗予？予殆将死也！"盖寝疾七日而没。

这话在《论语》上虽不曾重见（《檀弓》中有几段与《论语》同的），然《论语》《檀弓》两书所记孔子对于殷周两代之一视同仁态度，是全然一样的。

《论语》行夏之时，乘殷之辂，服周之冕，乐则韶舞。
殷因于夏礼，所损益，可知也。周因于殷礼，所损益，可知也。其或继周者，虽百世可知也。

周监于二代,郁郁乎文哉!吾从周。

夏礼吾能言之,杞不足征也;殷礼吾能言之,宋不足征也;文献不足故也,足则吾能征之矣。

《檀弓》殷既封而吊,周反哭而吊。孔子曰:"殷已悫,吾从周。"

殷练而祔,周卒哭而祔。孔子善殷(此外《檀弓篇》中记三代异制而折衷之说甚多,不备录)。

这些话都看出孔子对于殷周一视同仁,殷为胜国,周为王朝,却毫无宗周之意。所谓从周,正以其"后王灿然"之故,不曾有他意。再看孔子是否有矢忠于周室之心。

《论语》公山弗扰以费畔,召,子欲往。子路不说,曰:"末之也已,何必公山氏之之也?"子曰:"夫召我者而岂徒哉?如有用我者,吾其为东周乎?"(《阳货》章。又同章:佛肸召,子欲往。)

子畏于匡,曰:"文王既没,文不在兹乎?天之将丧斯文也,后死者不得与于斯文也。天之未丧斯文也,匡人其如予何?"

这话直然要继衰周而造四代。虽许多事要以周为师,却绝不以周为宗。公羊家义所谓"故宋"者,证以《论语》,当是儒家之本原主义。然则孔子之请讨弑君,只是欲维持当时的社会秩序。孔子之称管仲,只是称他曾经救了文明,免其沉沦,所有"丕显文武"一类精神的话语,不曾说过一句,而明说"其或继周者"(曾国藩一辈人传檄讨太平天国,只是护持儒教与传统之文明,无一句护持满洲。颇与此类)。又孔子但是自比于老彭,老彭是殷人,又称师挚,亦殷人,称高宗不冠以殷商字样,直曰"书曰"。称殷三仁,尤有余音绕梁之趣,颇可使人疑其有"故国旧墟""王孙芳草"之感。此皆出于最可信的关于孔子之史料,而这些史料统计起来是这样,则孔子儒家与殷商有一种密切之关系,可以晓然。

尤有可以证成此说者,即三年之丧之制。如谓此制为周之通制,则《左传》《国语》所记周人之制毫无此痕迹。孟子鼓动滕文公行三年之丧。而滕国卿大夫说:"吾先君莫之行,吾宗国鲁先君亦莫之行也"。这话清清楚楚证明三年之丧非周礼。然而《论语》上记孔子曰,"夫三年之丧,天下之通丧也",这话怎讲?孔子之天下,大约即是齐鲁宋卫,不能甚大,可以"登大山而小天下"为证。然若如"改制托古"者之论,此话非删之便须讳之,实在不是办法。惟一可以解释此困难者,即三年之丧,在东国,在民间,有相当之通行性,盖殷之遗礼,而非周之制度。当时的"君子(即统治者),三年不为礼,礼必坏,三年不为乐,乐必崩",而士及其相近之阶级,则渊源有自,齐以殷政者也。试看关于大孝,三年之丧,及丧后三年不做事之代表人物,如太甲、高宗、孝已,皆是殷人,而"君薨,百官总已以听于冢宰者三年",全不见于周人之记载。说到这里,有《论语》一章,向来不得其解者。似可以解之:

子曰:"先进于礼乐,野人也;后进于礼乐,君子也。如用之,则吾从先进。"

此语作何解,汉宋诂经家说皆迂曲不可通。今释此语,须先辩其中名词含义若何。"野人"者，今俗用之以表不开化之人。此为甚后起之义。《诗》，"我行其野，芃芃其麦"，明野为农田。又与《论语》同时书之《左传》，记僖二十三年"晋公子重耳……出于五鹿，乞食于野人。野人与之块"。然则野人即是农夫，孟子所谓"齐东野人"者，亦当是指农夫。彼时齐东开辟已甚，已无荒野。且孟子归之于齐东野人之尧与瞽瞍北面朝舜舜有惭色之一件文雅传说，亦只能是田亩间的故事，不能是深山大泽中的神话。孟子说到"与木石居，与鹿豕游"，便须加深山于野人之上，方足以尽之（《孟子·尽心》章"其所以异于深山之野人者，几希"）。可见彼时所谓野人，非如后人用之以对"斯文"而言。《论语》中君子有二义，一谓卿大夫阶级，即统治阶级，二谓合于此阶级之礼度者。此处所谓君子者，自当是本义。先进后进自是先到后到之义。礼乐自是泛指文化，不专就玉帛钟鼓而言。名词既定，试翻做现在的话，如下：

> 那些先到了开化的程度的，是乡下人；那些后到了开化程度的，是"上等人"。如问我何所取，则我是站在先开的乡下人一边的。

先开化的乡下人自然是殷遗。后开化的上等人自然是周宗姓婚姻了。

宋　卫　宋为商之转声，卫之名卫由于豕韦。宋为商之宗邑，韦自汤以来为商属。宋之立国始于微子，固是商之子遗。卫以帝乙帝辛之王都，康叔以殷民七族而立国。此两处人民之为殷遗，本不待论。

齐　齐民之为殷遗有二证。一、《书》序："成王既践奄，将迁其君于蒲姑。周公告召公，作将蒲姑。"《左传》昭九："王使詹伯辞于晋曰，'蒲姑商奄，吾东土也。'"又，昭二十，晏子对景公曰："昔爽鸠氏始居此地，季荝因之，有逢伯陵因之，蒲姑氏因之，而后太公因之。"《汉·地理志》云："齐地殷末有薄姑氏，至周成王时，薄姑与四国共作乱，成王灭之，以封师尚父。"二、请再以齐宗教为证。王静安曰："曰'贞方帝卯一牛之南□'，曰'贞桒于东'，曰'己巳卜王桒于东'，曰'桒于西'，曰'贞桒于西，曰'癸酉卜中贞三牛'。曰'方帝'，曰'东'，曰'西'，曰'中'，疑即五方帝之祀矣。"（《增订殷墟书契考释》下六十叶。）然则荀子所谓"按往旧造说谓之五行"者，其所由来久远，虽是战国人之推衍，并非战国人之创作，此一端也。周人逐纣将飞廉于海隅而戮之，飞廉在民间故事中曰黄飞虎。黄飞虎之祀，至今在山东与玄武之祀同样普遍，太公之祀不过偶然有之，并且是文士所提倡，不与民间信仰有关系。我们可说至今山东人仍祭商朝的文信国郑延平，此二端也。至于亳之在山东，泰山之有汤迹，前章中已详论，今不更述。

然则商之宗教，其祖先崇拜在鲁独发展，而为儒学，其自然崇拜在齐独发展，而为五行方士，各得一体，派衍有自。试以西洋史为比：西罗马之亡，帝国旧土分为若干蛮族封建之国。然遗民之数远多于新来之人，故经千余年之紊乱，各地人民以方言之别而成分化，其居意大利、法兰西、西班牙半岛、意大利西南部二大岛，以及多脑河北岸，今罗马尼亚国者，仍成拉丁民族，未尝为日耳曼人改其文化的、语言的、民族的系统。地中海南岸，若非因亚拉伯人努力其宗教之故，恐至今仍在拉丁范围中。遗民之不以封建改其民族性也如是。商朝本在东方，西周时东方或以被征服而暂衰，入春秋后文

· 77 ·

物富庶又在东方，而鲁宋之儒墨，燕齐之神仙，惟孝之论，五行之说，又起而主宰中国思想者二千余年。然则谓殷商为中国文化之正统，殷遗民为中国文化之重心，或非孟浪之言。战国学者将一切神话故事充分的伦理化、理智化，于是不同时代不同地方之宗神，合为一个人文的"全神堂"，遂有《皋陶谟》一类君臣赓歌的文章。在此全神堂中，居"敬敷五教"之任者，偏偏不是他人，而是商之先祖契，则商人为礼教宗信之寄象，或者不是没有根据的吧。

大东小东说
——兼论鲁燕齐初封在成周东南后乃东迁

一、大东小东的地望和鲁、燕、齐的初封地

《诗·小疋·大东》篇序曰:"东国困于役而伤于财,谭大夫作是诗以告病焉。"其二章云:"小东大东,杼柚其空。"大东小东究在何处,此宜注意者也。笺云:"小也大也,谓赋敛之多少也。小亦于东,大亦于东;言其政偏,失砥矢之道也。"此真求其说不得而敷衍其辞者。大东在何处,诗固有明文。《鲁颂·閟宫》,"奄有龟蒙,遂荒大东",已明指大东所在,即泰山山脉迤南各地,今山东境,济南泰安迤南,或兼及泰山东部,是也。谭之地望在今济南。谭大夫奔驰大东小东间,大东既知,小东当亦可得推知其地望。吾比校周初事迹,而知小东当今山东濮县河北濮阳大名一带,自秦汉以来所谓东郡者也。欲申此说,不可不于周初方域之迹有所考订,而求解此事,不得不先于东方大国鲁燕齐之原始有所论列焉。

武王伐纣,"致天之届,于牧之野"。其结果诛纣而已,犹不

能尽平其国。纣子禄父仍为商君焉。东土之未大定可知也。武王克殷后二年即卒，周公摄政，武庚以奄商淮夷畔，管蔡流言，周室事业之不坠若线。周公东征，三年然后灭奄。

多士多方诸辞，其于殷人之抚柔盖致全力焉。营成周以制东国，其于守防盖甚慎焉。犹不能不封微子以奉殷社，而缓和殷之遗民，其成功盖如此之难且迟也。乃成王初立，鲁、燕、齐诸国即可越殷商故域而建都于海表之营丘，近淮之曲阜，越在北狄之蓟丘，此理之不可能也。今以比较可信之事实订之，则知此三国者，初皆封于成周东南，鲁之至曲阜，燕之至蓟丘，齐之至营丘，皆后来事也。兹分述之：

燕　《史记·燕世家》："周武王之灭纣，封召公于北燕。其在成王时，召公为三公。自陕以西，召公主之；自陕以东，周公主之。"召公既执陕西之政，而封国远在蓟丘，其不便何如？成王中季，东方之局始定，而周武王灭纣即可封召公于北燕，其不便又何如？按，燕字今经典皆作燕翼之燕，而金文则皆作郾。著录者有郾侯鼎，郾侯戈，郾王剑，郾王喜戈，均无作燕者。郾王喜戈见《周金文存》卷六第八十二叶，郾王大事剑见同卷补遗。其书式已方整，颇有隶意，其为战国器无疑。是知燕之称郾，历春秋战国初无二字，经典作燕者，汉人传写之误也。燕既本作郾，则与今河南之郾城，有无关系，此可注意者。在汉世，郾县与召陵县虽分属颍川汝南二郡，然土壤密迩，今郾城县实括故郾召陵二县境。近年郾城出许冲墓，则所谓召陵万岁里之许冲，固居今郾城治境中。① 曰郾曰召，不为孤证，其为召公初封之燕无疑也。

---

① 去年游开封时，南阳张嘉谋先生告我。

鲁　《史记·鲁世家》："周公卒，子伯禽固已前受封，是为鲁公。鲁公伯禽之初受封之鲁，三年而后报政周公。周公曰：'何迟也？'伯禽曰：'变其俗，革其礼，丧三年，然后除之；故迟。'大公亦封于齐，五月而报政周公。周公曰：'何疾也？'曰：'吾简其君臣礼，从其俗为也！'及后闻伯禽报政迟，乃叹曰：'呜乎，鲁后世其北面事齐矣！'"按，今河南有鲁山县，其地当为鲁域之原。《鲁颂·閟宫》云：

后稷之孙，实维大王。居岐之阳，实始翦商。至于文武，缵大王之绪。致天之届，于牧之野。无贰无虞，上帝临女！敦商之旅，克咸厥功。王曰"叔父！建尔元子，俾侯于鲁。大启尔宇，为周室辅！"

此叙周之原始，以至鲁封。其下乃云：

乃命鲁公，俾侯于东。锡之山川，土田附庸。

此则初命伯禽侯于鲁，继命鲁侯侯于东，文义显然。如无迁移之事，何劳重复其辞？且许者，历春秋之世，鲁所念念不忘者。《閟宫》："居常与许，复周公之宇！"《左传·隐公十一年》："秋七月，公会齐侯、郑伯伐许。庚辰，傅于许……壬午，遂入许……齐侯以许让公。"灭许尽鲁国先有之，鲁于许有如何关系，固已可疑。春秋只对许宿二国称男，男者，"侯田男"也，见近出土周公子明锡天各器。然则男实为附庸。宿介于宋鲁之间，《左传》僖二十一年："任、宿、须句、颛臾，风姓也，实司太皞与有济之祀，以服事诸夏。"

此当为鲁之附庸。许在春秋称男,亦当以其本为鲁附庸,其后郑实密迩,以势临之,鲁不得有许国为附庸,亦不得有许田,而割之于郑。然旧称未改,旧情不忘,歌于《颂》,书于《春秋》。成周东南既有以鲁为称之邑,其东邻则为"周公之宇",鲁之本在此地无疑也。

楚者,荆蛮北侵后始有此号。《左传》庄十年、庄十四年、庄二十三年、庄二十八年,皆称荆。僖公元年,"楚人侵郑"以下乃称楚。金文有"王在楚"之语,知其地必为嵩山迤南山麓之称。《史记》载周公当危难时出奔楚,如非其封地,何得于艰难时走之乎?此亦鲁在鲁山之一证也。

且周公事业,定殷平奄为先。奄当后来鲁境,王静安君论之是矣。周公子受封者,除伯禽为鲁公,一子嗣周公于王田中而外,尚有凡、蒋、邢、茅、胙、祭。如杜预所说地望可据,则此六国者,除蒋远在汝南之南境不无可疑外,其余五国可自鲁山县东北上,画作一线以括之。卫在其北,宋在其南,"周公之宇"东渐之形势可知也。

齐　齐亦在成周之南。《史记·齐世家》:"太公望吕尚者,东海上人。其先祖常为四岳,佐禹平水土,甚有功。虞夏之际,封于吕,或封于申,姓姜氏。夏商之时,申吕或封枝庶子孙,或为庶人,尚其后苗裔也。本姓姜氏,从其封姓,故曰吕尚。吕尚盖尝穷困,年老矣,以渔钓奸周西伯。西伯将出猎,卜之曰:'所获非龙非彲,非虎非罴,所获霸王之辅。'于是周西伯猎,果遇太公于渭之阳。与语,大说。曰:'自吾先君太公曰:当有圣人适周,周以兴。子真是邪?吾太公望子久矣!'故号之曰太公望。载与俱归,立为师。或曰:太公博闻,尝事纣。纣无道,去之,游说诸侯。无所遇,而卒西归周西伯。或曰:吕尚处士,隐海滨。周西伯拘羑里,散宜生、闳夭素知而招吕尚。吕尚亦曰:'吾闻西伯贤,又善养老,盍往焉?'

三人者为西伯求美女奇物，献之于纣，以赎西伯。西伯得以出返国。言吕尚所以事周虽异，然要之为文武师。周西伯昌之脱羑归，与吕尚阴谋修德以倾商政。其事多兵权与奇计，故后世之言兵及周之阴权皆宗太公为本谋。"

循此一段文章，真战国末流齐东野人之语也。相互矛盾，而自为传奇。《国语》："齐许申吕由大姜"，据此可知齐以外戚而得封，无所谓垂钓以干西伯。《诗·大雅·大明》："牧野洋洋，檀车煌煌，驷騵彭彭。维师尚父，时维鹰扬。凉彼武王，肆伐大商，会朝清明。"据此，可知尚父为三军之勇将、牧野之功臣，阴谋术数，后人托辞耳。凡此野语，初不足深论者也。

《史记》又云："于是武王已平商，而王天下，封师尚父于齐营丘。东就国，道宿，行迟。逆旅之人曰：'吾闻时难得而易失，客寝甚安，殆非就国者也。'太公闻之，夜衣而行，黎明至国。莱侯来伐，与之争营丘。营丘边莱，莱人夷也，会纣之乱，而周初定，未能集远方，是以与太公争国。"

据此可见就国营丘之不易。至于其就国在武王时否，则甚可疑。齐者，济也，济水之域也，其先有有济，其裔在春秋为风姓。而营丘又在济水之东。武王之世，殷未大定，能越之而就国乎？尚父侯伋两世历为周辅，能远就国于如此之东国乎？综合《经》《传》所记，则知太公封邑本在吕也。

《诗·大疋》："崧高维岳，骏极于天。"《毛传》曰："崧，高貌，山大而高曰崧。岳，四岳也。东岳岱，南岳衡，西岳华，北岳恒。"按，崧高之解固确，而四岳所指，则秦汉间地理，与战国末或秦汉时人托之以成所谓"粤若稽古"之《尧典》者合，与周地理全不合。吾友徐中舒先生谓，《左传》昭四年"四岳、三涂、阳城、大室、荆山、中南，九州之险也"一句中各地名在一域，则此九州当为一域之名，非如《禹贡》所谓。按，此说是矣。《郑语》："公曰，'谢西之九州何如？'"此正《昭四年》传所谓九州。谢西之域，即成周之南，当今河南西南境，西接陕西，南接汉阳诸山脉。三涂、阳城、大室、荆山、中南，皆在此区域，四岳亦不能独异也。四岳之国，名号见于经籍者，有申、吕、许。申、吕皆在四岳区域中，可以《诗》证之。"崧高维岳，骏极于天。维岳降神，生甫及申。维申及甫，维周之翰"是也。申在宣王时曾邑于谢。今南阳县境，此为召伯虎所定宅。《崧高》又云："亹亹申伯，王缵之事。于邑于谢，南国是式。王命召伯，定申伯之宅，登是南邦，世执其功。王命申伯，式是南邦。因是谢人，以作尔庸。"据此，知申在西周晚年曾稍向南拓土也。吕甫为一名之异文，彝器有吕王作大姬壶、吕仲彝等，而《礼记》引《书》作甫刑。《诗·王风》，申甫许并列。《左传》："楚……子重请取于申、吕，以为赏田……申公巫臣曰：'不可！此申、吕所以邑也！是以为赋，以御北方。若取之，是无申、吕也！'"申既可知其在谢，吕当去之不远。《水经注》，宛西有吕城，四岳受封，此当不误也。许之地望则以地名至今未改故，更无疑问。四岳之义既得，吕之地望既知，再谈吕与周之关系。姬之与姜，纵非一家之支派，如祝融之八姓者，亦必累世之姻戚，如满洲之于蒙古。《晋语》："昔少典取于有蟜氏，生黄帝炎帝。黄帝以姬水成，炎帝以姜水成。成而异德。故黄帝为姬，炎帝为姜。二帝用师以相济也，异德之故也。异姓则异德，异德则异类。异类虽近，男女相及，以生民也。"此真如后来之秦晋、齐鲁，累世相战，亦累世相姻也。《大雅·生民》："厥初生民，实维姜嫄。"《鲁颂·宫》述其远祖，而曰："赫赫姜嫄，其德不回。"此则姬姜共其神话，种族上当不无多少关系。

《诗》:"思齐大任,文王之母,思媚周姜,京室之妇。"《周语》:"齐许申吕由太姜。"是知四岳诸国,实以外戚显于周,逮西周之末,申伯犹以外戚强大。《诗·崧高》,"不显申伯,王之元舅"是也。其后申竟以外戚之势,亡宗周,而平王惟母族是党,当荆蛮之始大,北窥周南,且劳周民戍于申吕许焉。①

《传》记称齐大公为吕望,《书·顾命》称丁公为吕伋。此所谓吕者,当非氏非姓。男子不称姓,而国君无氏。②此之父子称吕者何谓耶?准以周世称谓见于《左传》等书者之例,此父子之称吕,必称其封邑无疑也。然则齐大公实封于吕,其子犹嗣吕称,后虽封于齐,当侯伋之身旧号未改也。《史记》所载齐就国事,莱夷来争,其初建国之飘摇可知也。《檀弓》:"太公封于营丘,比及五世,皆返葬于周。"营丘之不稳可知也。《左传》僖四年:"管仲对曰:'昔召康公命我先君大公曰,五侯九伯,女实征之,以夹辅周室。赐我先君履,东至于海,西至于河,南至于穆陵,北至于无棣。'"似东海之封,始于太公矣。然细察此段文义,实是两句。"五侯九伯,女实征之,以夹辅周室"者,召康公命大公语也。"赐我先君履"者,此先君固不必即为太公,且其四至不括楚地。是则仅言封域之广,为诸侯之霸而已,与上文"五侯九伯女实征之"者非一事也。

吕既东迁而为齐,吕之故地犹为列国,其后且有称王者。彝器有"吕王䛾作大姬壶",《书》有"吕命王享国百年,旄荒"。《书·吕刑》:"惟吕命,王享国百年,耄,荒度作刑,以诘四方。"《史记》云:"甫侯言于王。"郑云:"吕侯受王命入为三公。"此皆求其文理不可解而强解之之辞。吕命王,固不可解作王命吕。如以

---

① 见《诗·王风·扬之水》。
② 见顾亭林《原姓》。

命为吕王之号，如周昭王之类，则文从字顺矣。且吕之称王，彝器有征。《吕刑》一篇王曰辞中，无一语涉及周室之典，而神话故事，皆在南方，与《国语》所记颇合。是知《吕刑》之王，固吕王，王曰之语，固南方之遗训也。引《吕刑》者，墨子为先，儒家用之不见于《戴记》之先，《论语》《孟子》绝不及之。此非中国之文献儒家之旧典无疑也。然后来吕之世系是否出之太公望，则不可知，其为诸姜则信也。

雒邑之形势，至今日犹有足多者，在当年实为形胜之要地，周人据之以控南方东方之诸侯者也。齐、燕、鲁初封于此，以为周翰，亦固其所。循周初封建之疆，南不逾于陈、蔡，毛郑所谓文王化行江汉者，全非事实，开南国者召伯虎也。① 东方者，殷商之旧，人文必高，而物质必丰。平定固难，若既平定之后，佐命大臣愿锡土于其地，以资殷富，亦理之常。夫封邑迁移，旧号不改，在周先例甚多，郑其著者。鲁燕移封，不失旧号。吕以新就大国，定宅济水，乃用新号，此本文之结论也。

二、周初东向发展之步骤

春秋战国之际，封建废，部落削，公族除，军国成，故兼并大易。然秦自孝公以来，积数世之烈，至始皇乃兼并六国，其来犹渐，其功犹迟。若八百年而前，部落之局面仍固，周以蕞尔之国，"壹戎殷而天下定"，断乎无是理也。故周之翦服时夏，安定东土，开辟南国，

---

① 说详本刊第一本《周颂说》，及本刊第二本丁山先生著《召伯虎传》。

必非一朝之烈，一世之功。言"壹戎殷而天下定"者，诰语之修词；居然以为文武两代即能化行江汉，奠定东夷者，战国之臆说，汉儒之拘论耳。《诗》《书》所载，周之成功，非一世也，盖自大王至宣王数百年中之功业。若其步骤，则大略可见：其一为平定密、阮、共，此为巩固豳岐之域。二步为灭崇而"作邑于丰"，于是定渭南矣。三步为断虞芮之讼，于是疆域至河东矣。四步为牧野之战，殷商克矣。五步为灭唐，自河东北上矣。六步为伐奄，定淮夷。七步为营成周。以上一二三为文王时事，四五为武王时事，六七为周公时事。至于论南国之疆域，则周初封建，陈蔡为最南。昭王南征而不复，厉宣之世，徐蛮等兵力几迫成周，金文中有证。大定南服，召虎之力为大。此其大略，其详不可得而考，所谓"书缺有间"者也。

三、周公之事功

周公之在周，犹多尔衮之在后金。原武王虽能平殷，而不能奠定其国。武王初崩之岁，管、蔡流言，武庚以淮夷叛，此其形势之危急，有超过玄烨既亲政后，吴三桂等之倒戈而北。盖三藩之叛，只是外部问题，周公时之困难，不仅奄淮，兼有三叔。此时周公在何处用兵，宜为考求。《诗》《书》所记，只言居东，未指何地为东。然武王渡河，实由盟津，牧野之战，在商北郊。是周人用兵商都，先自南渡河而北，又自西北压之向东南也。后来康叔既封于卫，[①] 卫在今黄河北，微子

[①] 吾友顾颉刚先生谓康叔之封应在武王之世。《大诰》乃武王即位之诰，《康诰》亦武王之词。案：宁王一词。既由吴大澂君定为文王，此数篇中曾无一语及武王者，其为武王之诰无疑也。

犹得保宋，宋在今黄河南。卫域实殷商之旧都，宋域乃临于淮夷，则周公用兵当经卫之一路。其成功后乃能东南行，而驱商人服象于东夷也，[①]且周公之胤所封国中，凡胙邢三国皆邻于卫。据此可知周公东向戡定所及。奄在今山东境，当春秋时介于齐鲁，此当为今泰山南境。周兵力自卫逼奄，当居今河北省濮阳大名等县，山东省茌博聊濮等县境，此即秦汉以来所谓东郡者也。东郡之名原于何时，不可考。《史记》以为秦设，然秦开东土，此非最先，独以此名东，或其地本有东之专名，秦承之耳。此一区域必为周公屯兵向奄之所，按之卫邢胙封建之迹，及山川形势而信然。且此地后来又有东郡之号，则此为周初专名之东，实可成立之一说也。余又考之《逸周书·作雒解》，然后知周公所居之东为专名，更无疑义。《作雒解》曰："周公立，相天子，三叔及殷东徐奄及熊盈以略。周公召公内弭父兄，外抚诸侯……凡所征熊盈族十有七国。俘维九邑。俘殷献民，迁于九毕。俾康叔宇于殷，俾中旄父宇东。"此则东为国名，必袭殷商之旧。所谓东者，正指殷商都邑而言，犹邶伯之北，指殷商都邑而言也。大小之别，每分后先。罗马人名希腊本土曰哥里西，而名其西向之殖民地一大区域曰大哥里西（Magna Grecia）。名今法兰西西境曰不列颠，而名其渡海之大岛曰大不列颠（Magna Britannia）。则后来居上，人情之常。小东在先，大东在后，亦固其宜。据《鲁颂》之词，荒大东者周公之孙，地乃龟蒙，则周公戡定之东，当是小东，地则秦汉以来所谓东郡者也。兹更表以明之：

[①] 见《吕氏春秋·古乐》。

东 ⎰ 泛名 ⎰ 对"西土"言　雒邑称东，东国雒（《书》）
　　　　　 ⎱ 对"中国"言 ⎰ 齐称东　王命仲山甫城彼东方（《诗·大雅》）
　　　　　　　　　　　　　　鲁称东　乃命鲁公俾侯于东（《诗·鲁颂》）
　　　　　　　　　　　　　　夷称东　用鄫子 于次睢之社欲以属东夷
　　　　　　　　　　　　　　（《左传》僖十九年）等
　　⎱ 专名 ⎰ 小东 ⎰ 其称东者就地望言实对殷商都邑而称小东
　　　　　　　　　　即周公所居以破奄者在秦汉为东郡
　　　　　　大东—小东迤东大山南之区域或兼及大山之东

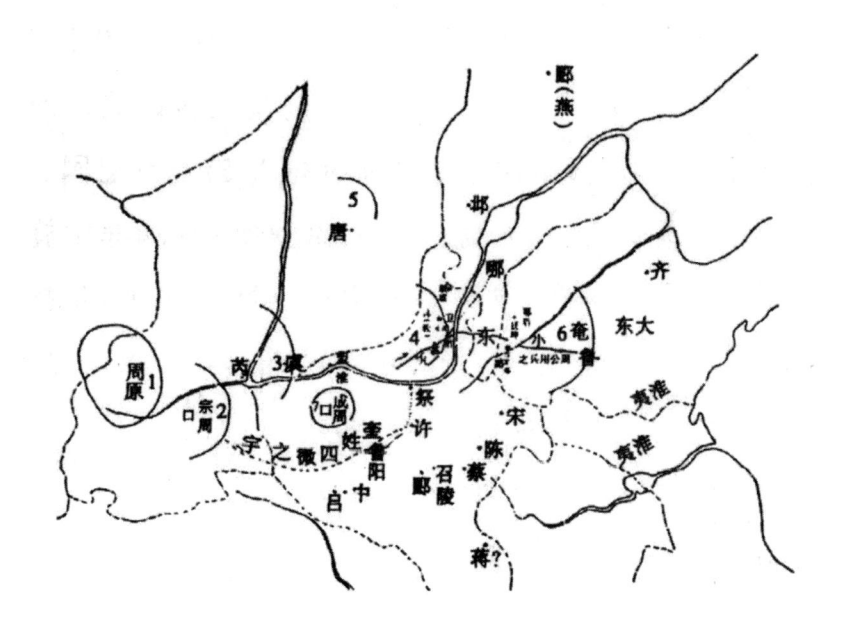

中华民国十九年二月北平

（原载 1930 年 5 月《国立中央研究院历史语言研究所集刊》第二本第一分）

论所谓五等爵[1]

一、五等称谓的淆乱

　　五等爵之说旧矣，《春秋》《孟子》《周官》皆为此说作扶持矣。然《孟子》所记史实无不颠倒。《周官》集于西汉末，而《春秋》之为如何书至今犹无定论。故此三书所陈五等爵之说，果足为西周之旧典否，诚未可遽断。吾尝反复思之，以为相传之五等爵说颇不能免于下列之矛盾焉。

　　一与《尚书》不合。《周书·康诰》："四方民大和会，侯甸男邦，采卫百工播民和见，士于周。"又《酒诰》："越在外服，侯甸男卫邦伯；越在内服，百僚庶尹。"《召诰》周公乃朝用书，命庶殷侯、甸、男邦伯。"《顾命》[2]："庶邦侯、甸、男卫。"郑玄以五服之称释

---

[1] 编者按：本文于《国立中央研究院历史语言研究所集刊》首次发表时仅作了三段分割，而无小标题，此处依河北教育出版社《民族与古代中国史》何兹全先生订定的小标题添加。

[2] 马融后作康王之诰。

此数词，而诘经者宗之，此不通之说也[①]。按五服说之最早见者，为《周语上》，其文曰："夫先王之制，邦内甸服、邦外侯服、侯卫宾服、蛮夷要服、戎狄荒服。甸服者祭，侯服者祀，宾服者享，要服者贡，荒服者王。"此言畿内者为甸，畿外者为侯，侯之附邑为宾，蛮夷犹可羁縻，戎狄则不必果来王也。盖曰王者，谓其应来王，而实即见其不必果来王矣。又战国人书之《禹贡》所载五服为甸侯绥要荒，固与《周语》同，绥服即宾服，而与《周书》中此数词绝非指一事者。若《康诰》《召诰》《顾命》所说，乃正与此不类。甸在侯下，男一词固不见于五服，而要服荒服反不与焉，明是二事。近洛阳出周公子明数器，其词有云："唯十月，月吉，癸未，明公朝至于成周。卹命舍三事命，众卿事寮，众诸尹，众里君，众百工，众诸侯，侯田男，舍四方命。"持以拟之《尚书》，《顾命》之"庶邦侯、甸、男卫"者，应作庶邦侯，侯田男，犹云，诸侯，及诸侯封域中之则诸男也。"侯甸男卫"者，"侯，侯田男，卫"，犹云，诸侯，及诸侯封域中之诸男，及诸卫也。"侯甸男邦采卫"者，犹云，诸侯，及诸侯封域中之诸男，及邦域之外而纳采之诸卫也。《韩诗外传》八，"所谓采者，不得有其土地人民，采取其租税尔。"此采之确解也。"侯甸男邦伯"者，犹云，诸侯，及诸侯封域中之诸男，及诸邦之伯也。"侯甸男卫邦伯"者，诸侯，及诸侯封域中之诸男，及卫，及诸邦之伯也。持周公子明器刻辞此语以校《尚书》，则知侯下有重文，传经者遗之。此所云云，均称呼畿外受土者之综括列举辞。而甸乃侯甸，非《国语》所谓王甸之服，与五服故说不相涉也。古来诏令不必齐一其式，故邦伯或见或不见，而王臣及诸侯亦或先或后。然《尚书》

[①] 或不始于郑君。

此数语皆列举畿外受土者之辞,果五等爵制为周初旧典者,何不曰"诸公侯伯子男"乎?此则五等爵之说显与《尚书》矛盾矣。

二与《诗》不合。《诗》言侯者未必特尊,如,"载驰载驱,归唁卫侯"。"齐侯之子,卫侯之妻"。而言伯者则每是负荷世业之大臣,如召伯、申伯、郇伯、凡伯。果伯一称在爵等之意义上不逮侯者,此又何说?

三与金文不合。自宋以来著录之金文刻辞无贯称"公侯伯子男"者。若周公子明诸器刻辞,固与《尚书》相印证,而与五等爵说绝不合。

四以常情推之亦不可通。上文一二三已证五等爵说既与可信之间接史料即《尚书》《诗》者不合,又与可信之直接史料即金文者不合矣,今更以其他记载考之,亦觉不可通。《顾命》:"乃同召大保奭、芮伯、彤伯、毕公、卫侯、毛公、师氏、虎臣、百尹、御事。"以卫侯、毕公、毛公之亲且尊,反列于芮伯、彤伯之下,果伯之爵小于公侯乎?一也。"曹叔振铎,文之昭也",而反不得大封,列于侯之次乎?二也。郑伯、秦伯,周室东迁所依,勋在王室。当王室既微,乃反吝于名器,以次于侯之伯酬庸乎?三也。如此者正不可胜数。

顾栋高《春秋大事表五·列国爵姓表》,所记爵姓,非专据经文,乃并据《左传》及杜预《集解》,且旁及他书者。经文与《左传》固非一事,姑无论《左传》来源之问题如何,其非释经之书,在今日之不守师说者中已为定论。而杜氏生于魏晋之世,其所凭依今不可得而校订。故顾栋高此表颇为混乱之结果。然若重为编订,分别经文、左氏、杜氏三者,则非将此三书作一完全之地名、人名索引不可:此非二三月中所能了事。故今仍录原文于下,兼附数十处校记。若其标爵之失,称始封之误,姑不校也。

论所谓五等爵

国	爵	姓	始封	今补记
鲁	侯	姬	周公子伯禽	彝器中称鲁侯
蔡	侯	姬	文王子叔度	彝器中称蔡侯
曹	伯	姬	文王子叔振铎	彝器中有曡侯张之洞释为曹
卫	侯	姬	文王子康叔封	彝器中有康侯封鼎
滕	侯（后书子）	姬	文王子叔绣	彝器中有滕侯敦
晋	侯	姬	武王子叔虞	彝器中有晋公盦
郑	伯	姬	厉王子友	
吴	子（按《国语》本伯爵）	姬	太王子太伯	彝器中称工吴王
北燕	伯（《史记》作侯）	姬	召公奭	彝器中称郾侯，郾公，郾王
齐	侯	姜	太公尚父	彝器中称齐侯
秦	伯	嬴	伯益后非子	彝器中有秦公敦
楚	子	芈	颛顼后熊绎	彝器中称公称王
宋	公	子	殷后微子启	彝器中有宋公䜌钟，或称商
杞	侯（后书伯或书子按《正义》本公爵）	姒	禹后东楼公	彝器中称杞伯
陈	侯	妫	舜后胡公	彝器中有"陈侯"者皆齐器，与此无涉
薛	侯（后书伯）	任	黄帝后奚仲	彝器中称脖侯
邾	子（本附庸进爵）	曹	颛顼苗裔挟	彝器中称邾公

· 93 ·

民族与古代中国史（外一种）

莒	子	己	兹舆期	彝器中称篱侯
小邾	子 本附庸进爵	曹	邾公子友	
许	男	姜	伯夷后文叔	彝器中称邟子
宿	男	风	太皞后	
祭	伯	姬	周公子	彝器中有祭中鼎
申	侯	姜	伯夷后	彝器中称申伯
东虢		姬	文王弟虢仲	
共	伯			
纪	侯	姜		彝器中称己侯
夷		妘		
西虢	公	姬	文王弟虢叔	彝器中有虢季子白盘等
向		姜		
极	附庸	姬		
邢	侯	姬	周公子	彝器中称井伯井侯
郕	伯	姬	文王子叔武	
南燕	伯	姞	黄帝后	
凡	伯	姬	周公子	
戴		子		
息	侯	姬		

· 94 ·

论所谓五等爵

郜	子	姬	文王子
芮	伯	姬	彝器中称芮公、芮伯
魏		姬	
州	公	姜	
随	侯	姬	
穀	伯	嬴	
邓	侯	曼	彝器有邓公敦
黄		嬴	
巴	子	姬	
鄀	子		
梁	伯	嬴	彝器有梁伯戈
荀（或云即郇国）	侯	姬	
贾	伯	姬	
虞	公	姬	仲雍后虞仲
贰			
轸			
郧（即邧国）	子		
绞			
州			

· 95 ·

民族与古代中国史（外一种）

蓼				
罗		熊		
赖	子			
牟	附庸			
葛	伯	嬴		
於余邱				
谭	子	子		
萧	附庸	子	萧叔大心	
遂		妫		
滑	伯	姬		
原	伯	姬	文王子	
权		子		
郭				
徐	子	嬴	伯益后	彝器中概称邻王
樊	侯		仲山甫	彝器中有樊君鬲。此为畿内之邑，晋文公定戎难时，王以赐晋。其称君不称侯正与金文之例合也。
郜	附庸	姜		
耿		姬		

· 96 ·

论所谓五等爵

霍	侯	姬	文王子叔处	
阳	侯	姬		
江		嬴		
冀				
舒	子	偃		
弦	子	隗		
道				
柏				
温	子	己	司寇苏公	
鄫	子	姒	禹后	彝器中有曾伯簠
厉		姜	厉山氏后	
英氏		偃	皋陶后	
项				
密		姬		
任		风	太皞后	
须句	子	风	太皞后	
颛臾	附庸	风	太皞后	
顿	子	姬		
管		姬	文王子叔鲜	

民族与古代中国史（外一种）

毛	伯	姬	文王子叔郑	彝器中称毛公
聃		姬	文王子季载	
雍		姬	文王子	
毕		姬	文王子	
酆	侯	姬	文王子	
郇	侯	姬	文王子	彝器中有旬伯簋
邗		姬	武王子	
应	侯	姬	武王子	彝器中有应公敦
韩	侯	姬	武王子	
蒋		姬	周公子	
茅		姬	周公子	
胙		姬	周公子	
郜				彝器中皆称郜公又有郜公平侯敦
夔	子	芈	熊挚	
桧		妘	祝融后	
沈	子	姬		
六		偃	皋陶后	
蓼		偃	皋陶后	
偪		姞		

· 98 ·

论所谓五等爵

麇	子		
巢	伯 见《尚书》序		
宗	子		
舒蓼		偃	皋陶后
庸			
崇			
郯	子	己	少昊后
莱	子	姜	
越	子	姒	夏后少康子
刘	子	姬	匡王子
唐	侯	祁	尧后
黎	侯		
郱	附庸		
州来			
吕	侯	姜	彝器中有称吕王者
檀	伯		
钟离	子		
舒庸		偃	
偪阳	子	妘	

民族与古代中国史(外一种)

郜			
铸		祁	尧后
杜	伯	祁	尧后
舒鸠	子	偃	
胡	子	归	
焦		姬	
杨	侯	姬	彝器中有阳白鼎
邶			彝器中称邶伯邶子
庸			
沈			金天氏苗裔台骀之后
姒			同上
蓐			同上
黄			同上
不羹			
房			
鄅	子	妘	
钟吾	子		
桐		偃	
戎			

· 100 ·

论所谓五等爵

北戎			
卢戎	子		南蛮
大戎		姬	唐叔后
小戎		允	四岳后
骊戎	男	姬	
山戎			即北戎
狄			有白狄赤狄二种
犬戎			西戎之别在中国者
东山皋落氏			赤狄别种
扬拒泉皋伊雒之戎			
淮夷			
陆浑之戎 又名阴戎	子	允	即小戎之徙于中国者
廧咎如		隗	赤狄别种
介			东夷国
姜戎	子	姜	四岳后陆浑之别部
白狄			
鄋瞒		漆	防风氏后
群蛮			
百濮			西南夷

民族与古代中国史（外一种）

赤狄

根牟　　　　　　　　东夷国

潞氏　　　子　　　　赤狄别种　　　　　彝器中有貉子卣不知即是潞否

甲氏　　　　　　　　赤狄别种

留吁　　　　　　　　赤狄别种

铎辰　　　　　　　　赤狄别种

茅戎　　　　　　　　戎别种

戎蛮^{即蛮氏}　　子　　　戎别种

无终子　　　　　　　山戎种

肃慎　　　　　　　　东北夷

亳　　　　　　　　　西夷《史记索隐》盖成汤之胤

鲜虞^{一名中山}　　姬　　　白狄别种

肥　　　　子　　　　白狄别种

鼓　　　　子　　　祁　白狄别种

有莘　　　　　　　　夏商时国

有穷　　　　　　　　夏时国占^{下同}

寒

有鬲　　　　　　偃

斟灌　　　　　　姒

·102·

论所谓五等爵

斟䤧	姒	
过		
戈		
豕韦	彭	夏商时国
观	姒	夏时国
扈	姒	同上
姺		商时国下同
邳		
奄	嬴	
仍		夏时国下同
有缗		
骀		
岐		
蒲姑		商时国
逄	姜	商时国
昆吾	己	夏时国
密须	姞	商时国
阙巩		古国
甲父		同上

民族与古代中国史（外一种）

飂		古国
畎夷	董	虞夏时国
封父		古国
有虞	姚	夏商时国

补记诸节，大致据余永梁先生之《金文地名表》。但举以为例，以见杜说与金文之相差而已，不获一一考其详也。以下又录金文所有顾表所无者若干事。

国名	姓	称号（自称者）	
召	姬	伯	彝器有召伯虎敦
散	姬	伯	彝器有散伯敦
大		王	彝器有大王鼎大王尊，散盘中亦称之为大王
辅		伯	彝器有辅伯鼎
苏		公	彝器有苏公敦
相		侯	彝器有相侯鼎
龙		伯	彝器中有龙伯戈
铸		公，子	彝器中有铸公簠、铸子钟
郝		伯	彝器中有郝伯鼎
钟		伯	彝器中有钟伯鼎

论所谓五等爵

据上列顾表,以公为称者五,宋、西虢、州、虞、刘,而刘标子爵。此则据杜氏之非。经文固明明言刘公,其后乃言刘子,此畿内之公,其称公乃当然也。今共得称公者五,而其三为畿内之君,虞虢刘皆王室卿士也。其一之州公最冗突,《公羊传》桓五年,"冬,州公如曹。外相如不书,此何以书?过我也。""六年春正月,实来。实来者何?犹曰是人来也。孰谓?谓州公也。曷为谓之实来?慢之也。曷为慢之?化我也。"此真断烂朝报中之尤断烂处。《春秋》全经中,外相如不书,意者此文盖"公如曹""公至自曹"之误乎?无论此涉想是否可据,而州之称公无先无后,固只能存疑,不能据以为例。然则春秋称公者,王室世卿之外,其惟宋公乎?此甚可注意者也。又姬姓在此表中除爵号不详者外;列于侯者十六,为最多数;列于伯者十二,曹、郑、祭、北、燕、郕、芮、凡、贾、滑、原、毛;列于子者,除刘子前文中已订正外,尚有吴、巴、郜、顿、沈;列于男者一,骊戎;列于附庸者一,极。子男之姬姓者,非越在蛮夷,如吴如巴,即陈蔡间之小国;若郜则仅以其大鼎见于经文,春秋前已灭;骊则本是戎狄之类。此数国受封之原,除吴、郜外皆不可详。如顿、沈之是否姬姓,经文《左传》亦无说也。姬姓何以非侯即伯,号子者如此甚少?此又可注意者也。表中以子为号而从杜氏标姓为姬者,已如上所举,若其他号子者,则:

子姓有　　谭;

姜姓有　　莱,姜戎;

曹姓有　　邾,小邾;

己姓有　　莒,温,郯;

嬴姓有　　徐;

妘姓有　　鄅,越;

芈姓有　　楚，夔；

隗姓有　　弦；

偃姓有　　舒，鸠舒；

妘姓有　　偪阳；鄅；

归姓有　　胡；

风姓有　　须句；

祁姓有　　鼓；

允姓有　　陆浑之戎；

姓无可考者有　　鄾，郧，赖，麇，宗，潞，戎蛮，无终，肥，钟离，钟吾，卢戎。

再以地域论之，则在南蛮东夷者十七，吴，楚，巴，鄾，郧，赖，舒，弦，顿，夔，宗，越，钟离，舒，鸠，卢戎（以上偏南），邾，莒，小邾，徐，鄫，须句，郯，莱，胡，鄅，钟吾（以上偏东）；在戎狄者七，姜戎，陆浑之戎，潞，戎蛮，无终，肥，鼓。至于谭，温，顿，沈，麇，偪阳，各邑中，则温在王畿之内，谭入春秋灭于齐，顿沈之封不详，偪阳则妘姓之遗，亦楚之同族也（见《郑语》）。约而言之，以子为号者，非蛮夷戎狄，即奉前代某姓之祀者，质言之，即彼一姓之孑遗。其中大多数与周之宗盟不相涉。彼等有自称王者，如徐、楚、吴、越，春秋加以子号，既非其所以自称，恐亦非周室所得而封耳。

男之见于前表者，仅有三，许、宿、骊戎。准以周公子明器中"侯田男"一语，男实侯之附庸。戎骊之称男不见于《春秋》经，宿亦然。准以《鲁颂》"居常与许，复周公之宇"及隐十一年《左传》，"秋七月，公会齐侯、郑伯伐许……壬午遂入许……齐侯以许让公"之文，则许在始乃鲁之附庸，故入其国先以让鲁，鲁思往事之强大，而欲居常与许也。意者许在初年，曾划入鲁邦域之内，其后自大，鲁不过但欲守其稷田耳。及郑大，并此亦失之矣。今彝器有许子簠许子钟，而无称许男者（鲁邦域所及，余另有文论之）。可知彼正不以"侯田男"自居也。

如上所分析，则五等称谓之分配颇现淆乱，其解多不可得。今先就字义论之；果得其谊，再谈制度。

二、公侯伯子男释字

公，君也。《尔雅》，"公，君也"，释名同。《左传》所记，邦君相称曰君，自称曰寡君，而群下则称之曰公。是公君之称，敬礼有小别，名实无二致也。

君，兄也。《诗·邶鄘卫风·鹑之奔奔》云：

> 鹑之奔奔，鹊之彊彊。人之无良，我以为兄。
> 鹊之彊彊，鹑之奔奔。人之无良，我以为君。

国风之成章，每有颠倒其词，取其一声之变，而字义无殊者。此处以君兄相易，其义固已迫近，而考其音声，接近尤多。《广韵》，君，上平二十文，举云切；兄，下平十二庚，许荣切。再以况贶诸字从兄声例之。况、贶均在去声四十一漾，许访切，似声韵均与兄界然。然今北方多处读音，况、贶诸字每读为溪纽或见纽，而哥字之音则见纽也（唐韵，哥，古俄切）。《诗》以彊、兄为韵，则兄在古邶音中，必与彊同其韵部。此在今日虽不过一种假设，然可借之连络处正多，今试详之。

公、兄、君、尹、昆、翁、官、哥，皆似一名之分化者。今先列其反切韵部如下，再以图表之：

公　　上平　　东部　　古红切　　见纽

兄　　下平　　庚部　　许荣切　　晓纽

君　　上平　　文部　　举云切　　见纽

尹　　上平　　准部　　余准切　　喻纽

昆　　上平　　魂部　　古浑切　　见纽

翁　　上平　　东部　　乌红切　　影纽

官　　上平　　桓部　　古丸切　　见纽

哥　　唐韵　　　　　　古俄切　　见纽

兹将上列各纽部表以明之

发音＼收音	浅喉 ng	舌头 n	元音
浅喉破裂 k、g	公（古读）	昆 君 官	哥
浅喉摩擦 h、x	兄（今读）		
深喉及元音	翁	尹	

公、君、兄，已如上所述，至其余诸字之故训，分记如下：

尹　《广雅·释诂》："尹，官也。"王氏《疏证》曰："《尔雅》，'尹，正也。'郭璞注云，'谓官正也。'《周颂·臣工传》云，'工，官也。'《洪范》云，'师尹惟日。'《皋陶谟》云，'庶尹允谐。'《尧典》云，'允厘百工。'"又，尹犹君也。《左传》隐三年经文，"君氏卒"，《公羊》《穀梁》作尹氏卒。《左传》昭二年，"棠君"，《释文》云，君本作尹。然金文中文之加口虽有时可有可略，而君尹之称实有别异。

如周公子明诸器，"还诸尹，还里君"，盖尹司职，君司土，果原为一字，彼时在施用上已分化矣。

昆　《诗》《左传》《论语》中，用昆为兄之例甚多。《尔雅·释亲》，亦晜（昆）、兄错用。

翁　《广雅·释亲》，"翁，父也。"《疏证》，"《史记·项羽纪》云：'吾翁即若翁。'"此以翁为父。《方言》，"凡尊老，周晋秦陇谓之公，或谓之翁。"此以翁为泛称老者。又，汉世公主称翁主，则汉世言翁，实即公矣。翁字虽有此多义，然尹翁归字子兄，此翁与兄同谊之确证也。翁与兄同谊，并不害其可用于称父。人每谓父兄为老，而父兄在家亦有其同地位。父没，兄之权犹父也。自老孽乳之殊字，可以分称父兄，初无奇异。如姐，《广雅》以为母也，今则南北人以称其姊。

官　《周礼》牛人，掌养国之公牛，巾车，掌公车之政令，注并云，"公犹官也"。

哥　后起字。然今俗语含古音甚多，而古字之读音，或反不如。例如爸之声固近于父之古读，而父之今读反远于父之古读。

循上列诸义，试为其关系之图。此虽只可作为假设，然提醒处颇多，充而实之，俟异日焉。

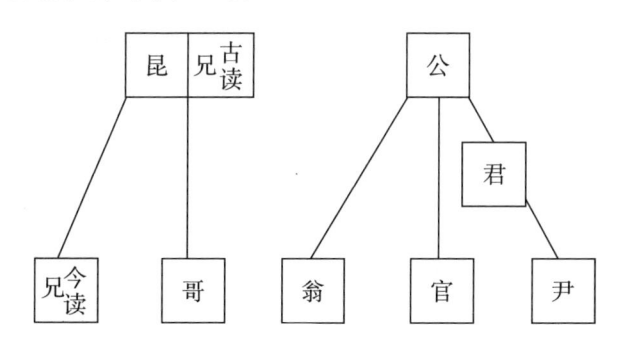

公一名在有土者之称谓中,无泛于此者。王室之元老称公,召公、毛公等是。王室之卿士邑君称公,刘子、尹子是。若宋则于公之外并无他号。伯亦得称公。《吴语》:"董褐复命曰……'夫命圭有命,固曰吴伯,不曰吴王;诸侯是以敢辞。夫诸侯无二君,而周无二王。君若无卑天子,以干其不祥,而曰吴公,孤敢不顺从君命长弟!许诺。'吴王许诺,乃退就幕而会。吴公先歃,晋侯亚之。"是伯之称公可布于盟书也。侯在其国皆称公,不特《左传》可以为证,《诗》《书》皆然。《书·费誓》,"公曰,嗟!"《秦誓》,"公曰,嗟!"子男亦称公。春秋于许男之葬固书公,不书男。至于由其孳生之词,如公子,不闻更有侯子、伯子。然则公者,一切有土者之泛称,并非班爵之号。

宋之称公,缘其为先朝之旧,并非周所封建之侯,而亦不得称王耳。虞、虢之称公,缘其为王甸中大宗。侯伯子男皆可于其国称公,或为邻国人称之曰公,非僭也。果其为僭者,何缘自西周之初即如此耶?以公称为僭者,宋人说经之陋,曾不顾及《春秋》本文也。

宋之不在诸侯列,可以金文证之。吴大澂释周悆鼎文云:"口厥师眉见王,为周客。锡贝五朋,用为宝器;鼎二,敦二。其用享于乃帝考。"吴云:"周王之客,殷帝之子,其为微子所作无疑也。"彼为周客则不得为周侯,周不容有二王,则彼不得为宋王,只得以泛称之公为称,最近情理者也。《春秋》之序,王卿霸者之后,宋公独先,亦当以其实非任诸侯之列,不当以其称公也。

侯者,射侯之义,殷周之言侯,犹汉之言持节也。《仪礼·大射仪》,"司马命量人量侯道。"郑注,"所射正谓之侯者,天子中之则能服诸侯,诸侯以下中之则得为诸侯。"此当与侯之初义为近。《周书·职方》,"其外方五百里,为侯服。"注,"孔曰,侯,为王斥候也。"此当引申之义。侯之称见于殷墟卜辞。民国十七年董彦堂先生所获有"命周侯"之语,而前人所见有侯虎等词,是知侯之一称旧矣,其非周之创作无疑。至于何缘以射侯之称加于守土建藩之士,则亦有说。射者,商周时代最重之事。亦即最重之礼。《左传》,晋文公受九锡为侯伯时,辂服之次,彤弓、彤矢为先。《诗三百》中,王者之锡,亦只彤弓之赐独成一篇。又《齐风·猗嗟》,齐人美其甥鲁庄公也,除美其容止以外,大体皆称其射仪。其词曰:

猗嗟昌兮!颀而长兮!抑若扬兮!美目扬兮!巧趋跄兮!射则臧兮!

猗嗟名兮!美目清兮!仪既成兮!终日射侯,不出正兮!展我甥兮!

猗嗟娈兮!清扬婉兮!舞则选兮!射则贯兮!四矢反兮,以御乱兮。

是知纠纠武夫者,公侯之干城;射则贯者,王者之干城也。侯非王畿以内之称,因王畿以内自有王师,无所用其为王者斥候也。而亦非一切畿外有土者之通称,因有土者不必皆得受命建侯。必建藩于王畿之外,而为王者有守土御乱之义,然后称侯。内之与王田内之有土称公者不同,外之与侯卫宾服者亦异。后世持节佩符者,其义实与侯无二。

伯者,长也。此《说文》说,而疏家用之,寻以经传及金文记此称谓诸处之义,此说不误也。伯即一宗诸子之首,在彼时制度之下,一家之长,即为一国之长,故一国之长曰伯,不论其在王田在诸侯也。在王甸之称伯者,如召伯虎,王之元老也,如毛伯,王之叔父也,芮伯,王之卿士也。在诸侯之称伯者，如曹伯、郕伯，此王之同姓也，如秦伯、杞伯，此王之异姓也。至于伯之异于侯者，可由侯之称不及于畿内，伯之称遍及于中外观之。由此可知伯为泛名，侯为专号，伯为建宗有国者之通称，侯为封藩守疆者之殊爵也。若子，则除蛮夷称子外，当为邦伯之庶国（论详下节）。果此设定不误，是真同于日耳曼制 graf、landgraf、markgraf 之别矣。graf 者，有土者一宗中之庶昆弟，当子；landgraf 者，有土者一宗中之长，当伯；markgraf 者，有土者斥候于边疆，得以建节专征者也。

传说（即《春秋》《左传》《杜解》等，以顾表为代表）之称伯者，与金文中所见之称侯伯者，颇有参差，看前表即知之。金文称伯者特多，传说则侯多。已出金文之全部统计尚未知，而金文既非尽出，其中时代又非尽知，且金文非可尽代表当世，故如持今日金文之知识以正顾表，诚哉其不足。然亦有数事可得而论次者：一则王室卿士公伯互称，此可知伯之非所谓爵也。二则齐鲁侯国绝不称伯，此可知侯之为号，固有殊异之荣。三则公固侯伯之泛称也。又一趋向可由顾表推知者，即称侯之国，其可考者几无不是周初宗胤，后来封建，若郑若秦，虽大，不得为侯。意者侯之为封本袭殷商，周初开辟土宇，犹有此戎武之号。逮于晚业，拓土无可言，遂不用乎？周威烈王二十三年，命晋大夫魏斯、赵藉、韩虔为诸侯，后又以侯命田氏。此均战国初事，当时小国尽灭，列国皆侯称，威烈王但抄古礼而已，非当时之制矣。

侯伯之伯，论作用则为伯之引申，论文义反是伯之本义。犹云诸侯之长，与上文所叙宗法意义下之伯，在字义上全同，即皆就长而言，在指谓上全不同，即一为家长（即国长），一为众侯之长耳。

子者，儿也。下列金文甲文异形，观其形，知其义。今作子者借字也。

以子称有土者，已见于殷，微子箕子是。子者，王之子，故子之本义虽卑，而箕子微子之称子者，因其为王子，则甚崇。至于周世，则以子称有土者，约有数类。最显见者为诸邦之庶子。邦之长子曰伯，然一邦之内，可封数邦，一邦之外，可封某邦之庶子，仍其本国之称。然则此之谓子，正对伯而言。吴之本国在河东王甸之中，故越在东南者为子。郐之本国何在，今不可考知，然能于宗周时与申同以兵力加于周室，其不越在东夷可知，而越在东夷者为子。然则子之此义，正仲叔季之通称，与公子之义本无区别，仅事实上有土无土之差耳。诸侯之卿士称子，亦缘在初诸为侯卿士者，正是诸侯之子。又王甸中之小君，无宗子称伯者可征，或亦称子，如刘子尹子。若然，则子之为称，亦王甸中众君之号，其称伯者，乃特得立长宗者耳。

至于蛮夷之有土者，则亦为人称子，自称王公侯伯。宗周钟，"王肇遹省文武，堇疆土。南国服子敢舀虐我土。"是金文中之证。若《春秋》，则以子称一切蛮夷，尤为显然。此类子称，有若干即非被称者之自认，又非王室班爵之号。此可证明者：例如荆楚，彼自称王，诸侯与之订盟，无论其次叙先后如何，准以散盘氏称王之例，及楚之实力，其必不贬号无疑也。然《春秋》记盟，犹书曰楚子。《国语·吴语》，"夫命圭有命，固曰吴伯，不曰吴王，诸侯是以敢辞。夫诸侯无二君，而周无二王。君若无卑天子，以干其不祥，而曰吴公，孤敢不顺从君命长弟！许诺。吴王许诺，乃退就幕而会。吴公先歃，晋侯亚之。"《春秋》书曰"吴子"，既与吴之自号不

· 113 ·

同，又与命圭有异也；是以蛮夷待吴也。至命圭有命，固曰吴伯者，意者吴之本宗在河东者已亡，句吴遂得承宗为伯乎？今又以金文较《春秋》，则莒自称为侯，而《春秋》子之，邾自泛称公，而《春秋》子之，楚自称为王、为公，而《春秋》子之。虽金文亦有自称子者，如许，然真在蛮夷者，并不自居于子也。然则蛮夷称子，实以贱之，谓其不得比于长宗耳。子伯之称既无间于王甸及畿外，其初义非爵，而为家族中之亲属关系，无疑矣！

就子一称之演变观之，颇有可供人发噱者。子本卑称，而王子冠以地名，则尊，微子箕子是也。不冠地名，则称王子，如王子比干。此之为子，非可尽人得而子之。称于王室一家之内者，转之于外，颇有不恭之嫌。满洲多尔衮当福临可汗初年摄政时，通于福临之母，臣下奏章称曰叔父摄政王，此犹满人未习汉俗之严分内外。果有汉臣奏请，叔父者，皇之叔父，非可尽人得而叔父之；遂冠皇于叔父之上。此正如王子公子之造辞也。子一名在周初如何用，颇不了然，《周书》历举有土之君，子号不见。春秋之初，诸侯之卿，王室之卿，均称子，已见于典籍矣。前一格如齐之高国，晋之诸卿，鲁之三桓，后一格如刘子。至孔子时，士亦称子，孔子即其例也。战国之世，一切术士皆称子，子之称滥极矣。汉世崇经术，子之称转贵，汉武诏书，"子丈夫"，是也。其后历南北朝隋唐，子为严称。至宋则方巾之士，自号号人，皆曰子，而流俗固不以子为尊号。今如古其语言，呼人以子，强者必怒于言，弱者必怒于色矣。又"先生"一称，其运命颇可与子比拟。《论语》，"有酒食，先生馔，有事弟子服其劳。"此先生谓父兄也。至汉而传经传术者犹传家，皆先生其所自出，此非谓父兄也。今先生犹为通称，而俚俗亦每将此词用于颇不佳之职业。又"爷"之一词亦然。《木兰辞》，"阿爷无大儿，木兰无长兄"，又云，"不闻爷娘唤女声"，爷者，父也。今北方俗呼祖曰爷，外祖曰老爷，犹近此义。明称阁部为老爷，以尊其亲者尊之也。历清代递降，至清末则虽以知县县丞之微，不愿人称之为老爷而求人称之为大老爷。此三词者，"子""先生""爷"，皆始于家族，流为官称，忽焉抬举甚高，中经降落，其末流乃沉沦为不尊之称焉。

男者，附庸之号，有周公子明诸器所谓"诸侯，侯田男"者为之确证。按以《周书》所称"庶邦侯田男卫"诸词，此解可为定论。男既甚卑，则称男者应多，然《春秋》只书许男，而许又自称子（许子钟、许子簠）。此由许本鲁之附庸，鲁之势力东移，渐失其西方之纲纪，许缘以坐大，而不甘于附庸之列。鲁虽只希望"居常与许"，终不能忘情，《春秋》遂一仍许男之称焉。鲁许之关系，别详拙著《大东小东说》，此不具论。

三、既非五等，更无五等爵制

以上之分析与疏通，义虽不尽新，而系统言之，今为初步。其中罅漏甚多，惟下列结语颇可得而论定焉。

一、公伯子男，皆一家之内所称名号，初义并非官爵，亦非班列。侯则武士之义，此两类皆宗法封建制度下之当然结果。盖封建宗法下之政治组织，制则家族，政则戎事，官属犹且世及，何况邦君？如其成盟，非宗盟而何？周室与诸国之关系，非同族则姻戚，非姻戚则"夷狄"。盖家族伦理即政治伦理，家族称谓即政治称谓。自战国来，国家去宗法而就军国，其时方术之士，遂忘其古者之不如是，于是班爵禄之异说起焉。实则"五等爵"者，本非一事，既未可以言等，更未可以言班爵也。

二、五名之称，缘自殷商，不可以言周制。今于卜辞中侯伯具见，其义已显，上文叙之已详。若公则载于《殷虚书契前编》卷二第三叶者凡二，子、男二字亦均见，特文句残缺，无从得知其确义耳。

三、《春秋》虽断烂，其源实出鲁国，故其称谓一遵鲁国之习惯，与当时盟会之实辞，周室命圭之所命，各有不同。与其谓《春秋》有褒贬之义，毋宁谓其遵鲁国之习耳。

四、男之对侯，子之对伯，一则有隶属之义，一则有庶长之别。其有等差，固可晓然。若伯之于侯，侯之于公，实不可徒以为一系统中之差别。

殷周（指西周，下文同）之世，在统治者阶级中，家即是国，国即是家。家指人之众，国指土之疆。有人斯有土，实一事耳。然世入春秋，宗法大乱。春秋初年，可称为列国群公子相杀时代，其结果或则大宗之权，落于庶支，例如宋鲁；或则异姓大夫，得而秉政，例如齐晋。晋为军国社会最先成立之国家，其原因乃由于献公前后之尽诛公族。桓庄之族死于先，献惠之子杀于后，故自重耳秉政，执政者尽为异姓之卿。在此情景之下，家国之别，遂判然焉。孟子以为国之本在家者，仍以春秋时代宗法之义言之也。自家国判然为二事，然后一切官私之观念生，战国初年，乃中国社会自"家国"入"官国"之时期，顾亭林所谓一大变者也。前此家国非二事也。《诗》曰："雨我公田，遂及我私。"此谓国君之公，非后世所谓公家之公。战国人狃于当时官国之见，以为古者之班爵整严，殊不知古时家、部落、国家，三者不分者，不能有此也。狃于当时家国之分，殊不知殷周本无是也。狃于当时君臣之义，殊不知古之所谓臣，即奴隶及其他不自由人。金文中时有锡臣若干人之说；《论语》，"子疾病，子路使门人为臣……子曰，无臣而为有臣，将谁欺？欺天乎？且予死于臣之手也，毋宁死于二三子之手乎？"皆可为证。至春秋而王公之臣几与君子同列（君子初谊本如公子）。至战国而君臣之间义不合则去。此类家国之异、公私之分，皆殷周所不能有也。战国所谓君臣之义，有时即正如殷周时家长与其一家之众之义耳。吾辨五等爵之本由后人拼凑而成，古无此整齐之制，所识虽小，然可借为殷周"家国制"之证，于识当时文化程度，不无可以参考者焉。

中华民国十九年一月写于北平

按，此文主旨，大体想就于六七年前旅居柏林时，后曾以大意匆匆写投顾颉刚先生，为顾先生登于《国立中山大学语言历史学研究所周刊》第十四期。今思之较周，节目自异，然立论所归仍与前同。附记于此，以标同异。

校稿时补记——盂鼎，"隹殷边侯、田（甸）雩（越）殷正百辟，率肄于酒，古（故）丧𠂤（师）。"曰"边侯"，则其为斥候之意至显，而"边侯"之称尤与 markgraf 合。

性命古训辨证

序

此书自写成至今,已一年有半,写时感念,今多不能记忆。且清稿已先付商务印书馆,手中别无副本可资检查。四邻喧嚣,行处不定,不能运思以为序,则姑述本书写就之始末及求读者所见谅留意各事,以代自序之常例焉。

一、"生"与"性""令"与"命"之关系,及此关系在古代思想史上之地位,余始悟之于民国二十二三年间,始与同事丁梧梓先生(声树)言之,弗善也。二十五年初,移家南京,与徐中舒先生谈此,徐先生以为不误,劝余写为一文。遂于是年夏试写,初意不过数千字之篇,下笔乃不能自休。吾之职业,非官非学,无半月以上可以连续为我自由之时间,故原期国庆日前写就者,至是年之尾大体乃具。其下篇尤为潦草,其中有若干章,次年一月无定居时所写也。写成后,恳同事陈骥尘先生(钝)分忙为我抄成清本,骥尘则偶置其职务,或断或续以抄之。自二十五年夏初写此书时,至次年八月上海战事起,一年之中,余三至北平,两候蔡子民师之病于上海,游秦蜀,顺江而下,至南京不两旬,又登庐山,七月末乃返京。不仅作者时作时辍,即抄者亦然。缘吾不能安坐校对,故抄者亦不能不若断若续也。陈钝先生所抄者为中下两卷,上卷仅抄数页,战事即起，同人心志皆不在此等无谓之事矣。二十七年二月，以中、下两卷，交商务印书馆，上卷拟自抄，终无暇也。适张苑峰先生（政烺）送古籍入川，慨然愿为我抄之，携稿西行，在停宜昌屡睹空袭中为我抄成，至可感矣。故上卷得于前月寄商务印书馆，一段心事遂了，此皆苑峰、骥尘之惠我无疆也。今详述此经历者，固以谢二君，亦以明本书文词前后绝不一致之故，以祈读者之见谅也。

二、写此书时，每与在南京同事商榷。益友之言，惠我良多，凡采入者，均著其姓氏。谨于此处致其感谢。

三、本书上卷第二章所引殷周彝器铭识，除诸宋人书外，皆录自《攈古录》《愙斋集古录》《陶斋吉金录》《善斋吉金录》《小校经阁金文》《贞松堂集古遗文及补遗》《殷文存》等习见之书，尤以《攈古》《愙斋》《贞松堂》三书为多（亦间录自今人郭沫若先生之《金文辞大系》等。此书本为通论，不属著录，然余信手引据，但求足证吾说而已）。盖写时《周金文存》为人借去，而某氏之《三代吉金文存》未出版也。当时凡引一条，必著其在此书中之卷叶，以求读者便于检寻。文属急就，所引卷叶不敢保其无误，而群书常见之器则不复注明。越一年有半，苑峰在宜昌为我抄成清稿时，其旅途中携有《三代吉金文存》，而诸书未备，乃将原引自《愙斋》《攈古》《贞松堂》等书并见于《三代吉金文存》者，一律易以《三代吉金文存》之卷叶，复增此一书中可采入者三十余条。余至重庆初见之，深感苑峰贶我之深，然亦颇有改回之志。盖夫己之书，少引为快，一也。新书之价，本以欺人，学者未备，二也。旋以手中无书可查，原稿中注明之卷叶未必无误，苑峰所录则无误，故徘徊久之，卒乃姑置吾之情感以从苑峰焉。

四、两年前始写上卷时，以引书较多，用文言写自较整洁，及写至本卷末章,乃觉若干"分析的思想"实不易以文言表达。写至中卷,尤感其难。终以懒于追改,即用文言写去,有此经验,深悟近代思想之不易以传统文言记录之也。盖行文之白话正在滋长中,可由作者增其逻辑,变其语法,文言则不易耳。

五、引书之简繁,亦是难决之一事。盖引书愈约(或仅举出处,尤佳),则文辞愈见简练,而读者乃非检原书不能断其无误也。此利于作者而不利于读者。引书愈繁,则文辞愈见芜蔓,而在读者可省獭祭之劳。此利于读者而不利于作者。余思之久,与其使读者劳苦,毋宁使吾书具拙劣之面目耳。

六、本书标点,前后未能齐一,盖抄者非经一手,校对不在一时,即付之印者亦分两次,故不及画一之也。战时能刊此等书,即为万幸,无须苛求。读者谅之。

民国二十七年七月

傅斯年记于汉口江汉一路之海陆旅馆

引 语

《性命古训》一书，仪征阮元之所作也。阮氏别有《论语论仁》《孟子论仁》诸篇，又有论性、命、仁、智诸文，均载《揅经室集》中，要以《性命古训》一书最关重要。此中包有彼为儒家道德论探其原始之见解，又有最能表见彼治此问题之方法，故是书实为戴震《原善》《孟子字义疏证》两书之后劲，足以表显清代所谓汉学家反宋明理学之立场者也。自明末以来所谓汉学家，在始固未与宋儒立异，即其治文词名物之方法，亦远承朱熹、蔡沈、王应麟，虽激成于王学之末流，要皆朝宗于朱子，或明言愿为其后世。其公然掊击程朱，标榜炎汉，以为六经、《论语》《孟子》经宋儒手而为异端所化者，休宁戴氏之作为也（汉学家掊击宋儒始于毛奇龄，然毛说多攻击，少建设，未为世所重）。然而戴氏之书犹未脱乎一家之言，虽曰疏证孟子之字义，固仅发挥自己之哲学耳。至《性命古训》一书而方法丕变。阮氏聚积《诗》《书》《论语》《孟子》中之论"性""命"字，以训诂学的方法定其字义，而后就其字义疏为理论，以张汉学家哲学之立场，以摇程朱之权威。夫阮氏之结论固多不能成立，然其方法则足为后人治思想史者所仪型。其方法惟何？即以语言学的观点解决思想史中之问题是也。

夫阮氏一书之不能无蔽者,其故有三。在阮氏时,汉学精诣所在,古训古音之学耳!其于《诗》《书》之分析观念或并不及朱子、蔡沈;其于古文字之认识,则以所见材料有限之故,远在今人所到境界之下。阮氏据《召诰》发挥其"节性"之论,据《大雅》张皇其"弥性"之词,殊不知《召诰》所谓"节性",按之《吕览》本是"节生";《大雅》所谓"弥尔性",按之金文乃是"弥厥生",皆与性论无涉。此所用材料蔽之也,一端也。孟子昌言道统,韩愈以后儒者皆以为孟子直得孔门之正传,在此"建置的宗教"势力之下,有敢谓孟子之说不同孔子者乎?有敢谓荀子性论近于孔子者乎?此时代偶像蔽之也,二端也。自西河毛氏、东原戴氏以来,汉宋门户之见甚深。宋儒之说为汉学家认作逃禅羽化,汉学家固不暇计校宋儒性命论究与汉儒有无关系,亦不暇探讨禅宗之果作何说,道士之果持何论也。自今日观之,清代所谓宋学实是明代之官学,而所谓汉学,大体上直是自紫阳至深宁一脉相衍之宋学,今人固可有此"觚不觚"之叹,在当时环境中则不易在此处平心静气。此门户蔽之也,三端也。有此三端,则今人重作性命古训者固可大异于阮氏,此时代为之也。吾不敢曰驳议,不敢曰校证,而曰辨证者,诚不敢昧其方法之雷同耳。

"以语言学的观点解释一个思想史的问题"之一法,在法德多见之。自十九世纪中叶以来,研治柏拉图、亚里斯多德著书者,其出发点与其结论每属于语学。十年前余教书中山大学时,写有《战国子家叙论》讲义(此书旧未刊,今拟即加整理付印),其序《论哲学乃语言之副产品》一节云:

世界上古往今来最以哲学著名者有三个民族:一、印度之亚利安人；二、希腊；三、德意志。这三个民族有一个共同点，就是在他的文化忽然极高的时候，他的语言还不失印度日耳曼系语言之早年的烦琐形质。思想既以文化提高了，而语言之原形犹在，语言又是和思想分不开的，于是乎繁丰的抽象思想，遂为若干特殊语言的形质作玄学的解释了。以前有人以为亚利安人是开辟印度文明的，希腊人是开辟地中海北岸文明的，这是大错而特错。亚利安人走到印度时，他的文化比土著低，他吸收了土著的文明，后来更增高若干级。希腊人在欧洲东南也是这样，即地中海沿岸赛米提各族人留居地也比希腊文明古得多多。野蛮人一旦进于文化，思想扩张了，而语言犹昔，于是乎凭借他们语言的特别形质而出之思想，当作妙道玄理了。今试读汉语翻译之佛典，自求会悟，有些语句简直莫明其妙，然而一旦做些梵文的功夫，可以化艰深为平易，化牵强为自然，岂不是那样的思想很受那样的语言支配吗？希腊语言之支配哲学，前人已多论列，现在姑举一例。亚里斯多德所谓十个范畴者，后人对之有无穷的疏论，然这都是希腊语法上的问题，希腊语正供给我们这么些观念，离希腊语而谈范畴，则范畴断不能是这样子了。今姑置古代的例子，但论近代。德意志民族中出来最有声闻的哲人是康德，此君最有声闻的书是《纯理评论》，这部书所谈不是一往弥深的德国话吗？这部书有法子翻译吗？英文中译本有二：一出马克斯谬勒手，他是大语言学家；一出麦克尔江，那是很信实的翻译。然而他们的翻译都有时而穷，遇到好些名词须以不译了之，而专治康德学者还要谆谆劝人翻译不可用，只有原文才信实，异国杂学的注释不可取，只有若干本国语言中之标准义疏始可信。哲学应是逻辑的思想，逻辑的思想应是不局促于某一种语言的，应是和算学一样的容易翻译，或者说，不待翻译。然而适得其反，完全不能翻译，则这些哲学受他们所由产生之语言之支配，又有甚么疑惑呢？即如 Ding an sich 一词汉语固不能译他，即英文译了亦不像，然在德文中则 an sich 本是常语，故此名词初不奇怪。又如最通常的动词，如 sein，及 werden，这一类的希腊字，曾经在哲学上作了多少祟，习玄论者所共见。又如戴卡氏之妙语 Cogito ergo sum，翻成英语已不像话，翻成汉语更做不到。算学思想，则虽以中华与欧洲语言之大异而能涣然转译，哲学思想，则虽以英德语言之不过方言差别，而不能翻译，则哲学之为语言的副产物，似乎不待繁证即可明白了。印度日耳曼语之特别形质，例如主受之分，因致之别，过去及未来，已充及不满，质之与量，体之与抽，以及各种把动词变作名词的方式，不特略习梵文或希腊文方知道，便是略习德语也就感觉到这些麻烦。这些麻烦，便是看来仿佛很严重的哲学分析所自出。

此虽余多年前所持论，今日思之差可自信。思想不能离语言，故思想必为语言所支配，一思想之来源与演变，固受甚多人文事件之影响，亦甚受语法之影响。思想愈抽象者，此情形愈明显。性命之谈，古代之抽象思想也。吾故以此一题为此方法之试验焉。

语学的观点之外，又有历史的观点，两者同其重要。用语学的观点所以识"性""命"诸字之原,用历史的观点所以疏性论历来之变。思想非静止之物,静止则无思想已耳。故虽后学之仪范典型,弟子之承奉师说,其无微变者鲜矣,况公然标异者乎?前如程、朱,后如戴、阮,皆以古儒家义为一固定不移之物,不知分解其变动,乃昌言曰"求其是",庸讵知所谓是者,相对之词非绝对之词,一时之准非永久之准乎?在此事上,朱子犹胜于戴、阮,朱子论性颇能寻其演变,戴氏则但有一是非矣(朱子著书中,不足征其历史的观点,然据《语类》所记,知其差能用历史方法。清代朴学家中惠栋、钱大昕诸氏较有历史观点,而钱氏尤长于此。若戴氏一派,最不知别时代之差,"求其是"三字误彼等不少。盖"求其古"尚可借以探流变,"求其是"则师心自用者多矣)。故戴氏所标榜者孟子字义也,而不知彼之陈义绝与孟子远也。所尊者许、郑也,而不察许、郑之性论,上与孔、孟无涉,下反与宋儒有缘也。戴氏、阮氏不能就历史的观点疏说《论语》《孟子》,斯不辨二子性说之绝异,不能为程、朱二层性说推其渊源,斯不知程、朱在儒家思想史上之地位。阮氏以威仪为明德之正,戴氏以训诂为义理之全,何其陋也!今以演化论之观点疏理自《论语》至于《荀子》古儒家之性说,则儒、墨之争,孟、荀之差,见其所以然矣。布列汉儒之说,以时为序,则程、朱性论非无因而至于前矣。夫思想家陈义多方,若丝之纷,然如明证其环境,罗列其因革,则有条不紊者见矣。

  以上语学的观点与历史的观点两义,作者据之以成书者也。第一卷曰字篇,统计先秦文籍中之"性""命"字,以求其正诂者也。第二卷曰义篇,综论先秦儒家及其相关联者论性命之义,以见其演变者也。第三卷曰绪篇,取汉以来儒家性说之要点分析之，以征宋儒性说之地位，即所以答戴、阮诸氏论程朱之不公也。

（方东树《汉学商兑》一书，于戴氏多所驳议，然彼亦是主张门户者，故与本书第三卷所论者非一事，余不能引为同调也。）

上卷　释字

第一章　提纲

本卷所论之范围，大体以先秦遗文中"生""性""令""命"诸字之统计为限，并分析其含义，除非为解释字义之必要，不涉思想上之问题。以此统计及分析为基础，在第二卷中进而疏论晚周儒家之性命说。

统计之结果，识得独立之性字为先秦遗文所无，先秦遗文中皆用生字为之。至于生字之含义，在金文及《诗》《书》中，并无后人所谓"性"之一义，而皆属于生之本义。后人所谓性者，其字义自《论语》始有之，然犹去生之本义为近。至孟子，此一新义始充分发展。令之一字自古有之，不知其朔。命之一字，作始于西周中叶，盛用于西周晚期，与令字仅为一文之异形。其"天命"一义虽肇端甚早，然天命之命与王命之命在字义上亦无分别。兹为读者醒目计，在本书中严定"字"与"词"之界。所谓字者，指书写下之单位言，英语中所谓 character 者是。所谓词者，指口说中之单位言，英语所谓 word。字异词未必异，如粤之与越是两字而是一词；词异字未必异，如一字有其本训与众多假借义是也。

难者或以为此所论是字不是语，论古籍自当以语为对象，不当局于字形，王引之曰，"夫训诂之要在语音不在文字"，是也。吾将答之曰，此言诚是矣，然有不可不察者。王氏父子时代，古文字学未发达，训诂学之所据，后人经籍写本与字书耳，故不能拘泥于文字之形也。今则古文字学之材料积累日多，自可进一步求其精审。在古时，一引申之词既未离原字而独立，在持论者心中口中自易混淆。今之职业的哲学家犹不能以逻辑严格之界律限辞说，遑论周世之人？两字未各立，即两词易混淆之故也。且生与性，令与命之语法的关系，吾固不敢忽略，将于本卷之末一章详加推索。此章乃本卷所统计与所分析之结果，读者幸留意焉。

第二章　周代金文中"生""令""命"三字之统计及其字义

周代钟鼎彝器款识中,生字屡见,性字不见。生字之含义约有下列数事。

一、人名之下一字。例如:

盆　卣(《三代吉金文存》〔以下简称代〕一三·三四)

　　　　　　　　宜生商(赏)盆,用作父辛尊彝。

中　鼎(《啸堂集古录》〔以下简称啸〕上·一一)

　　　　　　　　中呼归生飘于王。

师　害　殷(代　八·三四)　　麋生舀父师害。

城虢遣生殷(代　七·三四)　　城虢遣生作旅殷。

㬎　仲　壶(代一二·一三)　　㬎仲作朋生歙壶。

格　伯　殷(代　九·一四)　　格伯取良马乘于朋生。

周棘生殷(代　七·四八)　　周棘生作㪯娟媒剩殷。

周　生　豆(代一〇·四七)　　周生作尊豆。

召伯虎殷一(《攈古录·金文》三之二·二五,以下简称攈)

　　　　　　　　琱生又事召,来合事。

上卷　释字

召伯虎毁二（代　九·二一）　　伯氏则报璧琱生。
师 耤 毁（代　九·三五）　　宰琱生内右师耤。
单 伯 钟（代　一·一六）　　单伯冥生曰……。
单 冥 生 豆（啸　下·六三）　　单冥生作羞豆，用享。
冥 生 钟（攈三之一·三〇）　　冥生用作隩公大龏钟。
番 生 毁（代　九·三七）　　番生不敢弗帅井皇祖
　　　　　　　　　　　　　　　考不怀元德。
番 匊 生 壶（代一二·二四）　　番匊生铸剩壶。
番仲吴生鼎（代　三·四三）　　番仲吴生作尊鼎。
安伯吴生壶（代一二·一〇）　　安伯吴生作旅壶。
伯君黄生匜（代一七·三六）　　惟□伯君黄生自作匜。
无夌鲁生鼎（代　三·三九）　　舞夌鲁生作寿母剩鼎。
厰大生室鼎（啸上·一八）　　厰大生室作其鼎。
颂　　　鼎（代　四·三七，毁壶同）
　　　　　　　　　　　　　　　王呼史虢生册令颂。
翏 生 盨（代一〇·四四）　　王征南淮夷……翏生从。
武 生 鼎（代　三·三五）　　武生毁方作其羞鼎。
禹 　 彝（代　六·四八）　　隽生蔑禹历。
伊 生 彝（代　六·三九）　　伊生作公女尊彝。
卤 弗 生 甗（代　五·七）　　卤弗生作旅甗。
屚 生 鼎（代　三·一六）　　鲁内小臣屚生作饙。
殳 儑 生 毁（啸　下·九八）　　殳儑生作尹姞尊毁。
威 者 生 鼎（代　三·五二）　　威者生□□用吉金作宝鼎。
须 炎 生 鼎（代　三·八）　　须炎生之飤鼎。

按，生字在人名中虽常见，然尽属下一字（张苑峰曰：《西清古

135

鉴》八四·三，生辨尊："隹王南征，在序，王令生辨事厥公宗小子。生锡金。"疑生字上有笔画缺落因而脱摹，不能据以为生字可用作人名之上一字也）。《左传》中人名类此者，有郑庄公寤生，齐悼公阳生，晋太子申生，鲁公子彭生，亦尽属下一字，当与上文所举者为一式。此类命名之谊今多不可确知。然寤生由于"庄公寤生，惊姜氏"。申生之母齐姜，申则姜姓之巨族。彭生或即朋生，指孪生而言。然则所谓某生者，以其生之所由或其初生之一种情态命之名也。果如此说，则此处生字之义是生字之本训也。

二、"既生霸"。"既生霸"一词为金文中最习见语之一，不烦举例。"生霸"与"死霸"既为相对之二词，则此处生之一词犹是本训，即出生之意。

三、"生妣"。召仲鬲（代五·三四）云："召仲作生妣尊鬲。"此所谓生妣当是庶孽称其所自出之庶妣，亦即《诗》"夙兴夜寐，无忝尔所生"之生也。生字在此处亦为本训。（张苑峰曰：《贞松堂集古遗文补遗》上·三四有尊，铭曰："□作厥 ⌘ 考宝尊彝。"原释"生考"，而字形体不类，当是皇字之别构，如陈逆簠邵王之諻鼎等铭，非生字也。）

四、"子𤯍"。䣄镈（代一·六七）云："用旂寿老母死，保虡兄弟，用求丂命弥生箙箙义政，保虡子𤯍。"按"子𤯍"即典籍中所谓子姓，子孙男女之共名也，故加人旁。此器以形制字体论，当为春秋晚期或战国器，此时加偏旁之自由已甚发达矣。

五、"百生"。例如：

臣　辰　卣（代一三·四四，尊盉同）　丰百生豚。

·136·

上卷 释字

善　　　鼎（代　四·三六）　　余其用各我宗子零百生。
兮　甲　盘（代一七·二〇）　　其惟我诸侯百生厥贮
　　　　　　　　　　　　　　　母不即市。
史　颂　鼎（代　四·二六，殷同）　里君百生。

按，"百生"连"宗子""里君"为文，即典籍中所谓百姓也。徐沇儿钟（代一·五四）以形制字体论当为春秋中期或晚期物，徐亡前不久之作。其文曰"龢訇（按此当即《康诰》"四方民大和会"之和会二字。）百生"，犹未加女旁。（张苑峰曰：秦公钟〔《薛氏钟鼎款识》七、六〕）"万生是敕"，与秦公殷（代九·三三）"万民是敕"句相当，皆春秋末期物，已失古者称生与民之别，然仍未加女旁。

六、"弥厥生"。例如：

叔㒸孙父殷（啸　下·五五）　　永令弥厥生。
大　姞　殷（代　六·五三）　　永令弥厥生。
黧　　　镈（代　一·六七）　　用求匄命弥生。

按，金文之"弥厥生"即《诗·卷阿》三见之"弥尔性"。据郑笺，"弥长也"，此祈求长生之词也。参看孙诒让之《古籀拾遗》卷中第二十三叶，及徐氏中舒之《金文嘏辞释例》。（《历史语言研究所集刊》第六本）

试将上列六项归纳之，则知金文中"生"字之用，虽非一类，要皆不离"生"字之本义。阮芸台以《诗经》之"弥尔性"为西周人论性说，乃由后世传本《诗经》之文字误之，可谓"无中生有"者矣。今再表以明之：

·137·

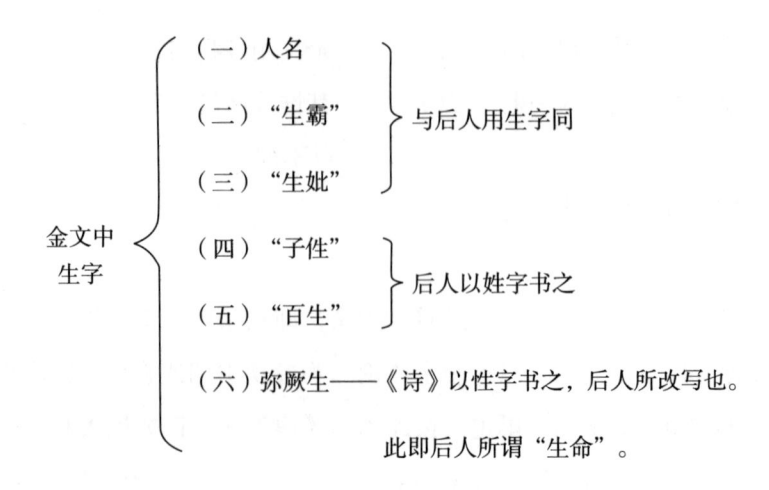

金文中生字 {
- （一）人名
- （二）"生霸"　} 与后人用生字同
- （三）"生妣"
- （四）"子佳"　} 后人以姓字书之
- （五）"百生"
- （六）弥厥生——《诗》以性字书之，后人所改写也。此即后人所谓"生命"。

令字在甲骨文字中频出现，其语意与金文同，命字则无之，足知命为后起之字也。甲骨文字中令字作下列诸形：

　　 （《殷虚书契》一·四四）

　　 （殷一·四九）

　　 （殷四·二七）

　　 （殷七·一〇）

　　 （殷七·三二）

　　 （殷八·一四）

按，金文中之令字亦有作此形者，皆甚早期之器，或在周初，或当在殷世。例如：

　　 令　彝，（薛　二·一八，代六·一）仅一字

　　 令斧父辛卣，（代一三·四）

　　　　文曰："令斧父辛。"

　　 ▨母辛卣，（代一三·四二）

　　　　文曰："乙子，子令小子▨先己人于董。……子曰令垦人方罸。"

　　 文父丁殷，（代　八·三三）

文曰："癸子……令伐人方曧。"

🜚 毓祖丁卣，（代一三·三八）

文曰："辛亥，王在廙，降命曰……"

🜚 伐甬鼎，（代 四·七）

文曰："丁卯，王令囝子迨西方于省。"

🜚 庚午父乙鼎，（代 四·一一）

文曰："庚午，王令霝🜚辰省北田四品。"

🜚 子 令 彝，（代 六·四二）

文曰："子令作父癸宝隨彝。"

以上诸器固属于世所谓殷器之一格也。其皆为殷器否未可知，然字形既与甲骨文相应，其微有不同处由于刀法笔法之差异使然，则其中自必有殷器，至迟亦当在周初也。亦有确知为周创业时期器，其中令字之形态与此为一系者，例如：

🜚 臣 辰 卣，（代一三·四四，尊盉同）

文曰："王令士上眔史寅殷于成周。"

🜚 小臣传殷，（代 八·五二）

文曰："王在京，令师田父殷成周囗师田父令小臣传……师田父令余。"

🜚 小臣𫑛殷，（代 九·一一）

文曰："白懋父承王令……"

🜚 周 公 殷，（代 六·五四）

文曰："王令𥁊眔内史曰……克奔走上下帝无终令于有周。……用册王令作周公彝。"

🜚 令 彝，（代 六·五六，尊同）

文曰："王令周公子明保尹三事四方。……令矢告于周公

民族与古代中国史（外一种）

宫。公令徣同卿事寮。……徣令舍三事令。……舍四方令，既咸令。……锡令鬯金小牛。……迺令曰，今我惟令女二人。……作册令敢扬明公尹人宦。"

🔺 令　毁，（代　九·二七）

文曰："作册矢令隣俎于王姜，姜商令贝十朋。……令敢扬皇王宦……令用弃厎于皇王，令敢厎皇王宦。"

🔺 太　保　毁，（代　八·四〇）

文曰："王降征令于太保。用兹彝对令。"

据此可知此令字之原形保存至于周初也。此自是令字之本式，像一人屈身跽于一三角形之下。作▲者其本形，作∧A者从刀法而变也（举此数例，足征令字之本形。下文列举两周金文中令字，内亦间有类于此体者，盖新体虽已习用，旧体或仍有人偶一用之）。

《说文解字》卩部令字下云："发号也：从A卩。"令字在小篆固从A卩，而A卩二文之解，许一失而一阙之。卩字下云："瑞信也。守邦国者用玉卩，守都鄙者用角卩，使山邦者用虎卩，土邦者用人卩，泽邦者用龙卩，门关者用符卩，货贿用玺卩，道路用旌卩，象相合之形。"按，此乃用战国以来符节之简字说字源，复强为类别，汉儒之陋说也。征之甲骨文及金文，卩之原始形乃像一人屈身而跽，与相合之义无关。A字下云"从∧一，象三合之形"，然此三合何义，许亦无说。张苑峰曰：北平故宫博物馆藏一鼎，由形制纹绘铭文字体考之，皆可断为商器，其文曰："乃（仍）孙作祖已宗宝鬻鬻，⊆⋒。"（代三·二一）"⊆⋒二字即周代金文成语中习见之"䋻令"。（如麦彝云："用作尊彝，用䤔井侯出入，䋻令。"麦尊云："麦扬，用作宝尊彝，用䤔侯逆匍，䋻明令。"史颂毁云："用作䵼彝，颂其万年无疆，日䋻天子顈令。"皆与此鼎铭文义相同。）又古文字

·140·

上卷　释字

中从∧、A、∩、多互相变易，如甲骨文🈳（殷六·二九㈣）字或作🈳（殷契佚存七二〇）🈳（佚九五八），孟鼎亩字作🈳，郑公钲钟宾字作🈳（关于此字王国维与林浩卿博士论洛诰书曾详论之，虽未尽是，可供参考）。王人甗🈳 君簠（共四铭）宝字皆从∧。因知🈳必为令字之变体，其从∩即由▲若∧两端下引而成，是▲∧A与∩之义当相若。（说文："∩交覆深屋也，象形。"）盖本为屋宇或帐幕之原始象形，故∩、介、🈳、亯、京、高、仓、亩等文皆基于此以构成，而金文中从之者又有🈳（代五·三父己甗。疑即令鼎噩侯驭方鼎静毁等铭中"卿射"之卿字，答也。）🈳（代一二·五六父癸卣，又一六·三父乙爵。即虞书"金曰伯夷"之金字。）诸字也。古者发号施令恒于宫庙行之，凡受命者引领待于其下，是以令字如此作（以上张君说）。

自此原始形态演变乃有🈳🈳（见孟鼎）🈳（见沈子它毁）诸形。两周金文多数如此，于是像一人屈身而跽之义不明见矣。此后起之形，创始似亦不迟，然本体仍在使用。如令字从此形之明公毁，其文曰："惟王🈳明公遣三族伐东国，在囗，鲁侯又囦工，用作旅彝。"以明公及伐东国为证，知此器必在成王世，亦知令字之新体不后于成王世。惟此铭流传无原拓，今仅见者为摹刻（代六·四九）或缩临（《西清古鉴》一三·八）之本，是否有抚写上之差误，亦正未敢定耳。

两周金文中之令字除上文所举者外，兹依器别抄于下方。（既论一字形体，自应以时代为序，以资识其演变。不幸此理想的办法竟不能采用，则以各器之时代可知者固不少，徒知其大齐不能确断其年代者尤多也。且令字之形态，虽上文所举诸例差似异于一般习见之令字，然实亦此字之原始形状，自此原始形状演而为西周金文中通用令字之体，在各器可谓大体一致，并无类的差别。故依器别

民族与古代中国史（外一种）

之排列法未足以引人误会也。）

  班 殷（《西清古鉴》〔简称西〕一三·一二） 王令毛伯更虢城公服。……令锡怜勒。咸。王令毛公以邦冢君，士驭，戟人，伐东国痟戎。咸。王令吴伯曰：以乃自左比毛父。王令吕伯曰：以乃自右比毛父。遣令曰：以乃族从父征。……公告厥事于上：惟民泯徣才（哉）彝炁天令，故亡。

  沈子也殷（代九·三八） 也曰：拜頴首，敢肢邵告朕吾考令。……克成妥吾考以于显显受令。……用水霝令。

  静 殷（代六·五五） 王令静嗣射学宫。

  彔伯𢧤殷（代九·二七） 王若曰：……惠宏天令。

  队贮殷（西二七·三〇） 王令东宫追以六自之年。

  师虎殷（代九·二九） 王呼内史吴曰：册令虎。王若曰：虎。载先王既令乃祖考事，啻官嗣左右戏緐刑。今余惟帅井先王令，令女更乃祖考啻官嗣左右戏緐刑。敬夙夜勿法朕令。

  燮 殷（代八·一九） 王令燮在（才）市旂。

  免 殷（代九·一二） 王各于大庙，井叔有免即令。王受作册尹书，俾册令免。曰：令女足周师辞敳。

  叚 殷（代八·五四） 王蔑叚厤，念毕仲孙子，令龏𨰻遣大则于叚。

  卯 殷（代九·三七） 熒伯呼令卯曰：……昔乃祖亦既令乃父死嗣廲莽人。……今余惟令女死嗣莽宫廲人。

  叔向父禹殷（代九·一三） 勖于永令。

  望 殷（攈三之一·八三） 王呼史年册令望。

·142·

上卷 释字

𤔲　毁（薛一四·一三二）　王呼史先册令𤔲。王若曰：𤔲。昔先王既令女作宰𤔲王家，今余惟䝼熹乃命，命女从𤔲䣪正对各死𤔲王家外内。……出入姜氏令。厥有见，有即令。……敬夙夕勿法朕令。

敔　毁（啸下·五五）　王令敔追御于上洛悠谷。

大　毁（代九·二五）　王令善夫𤔲曰……罢令𤔲曰……

𤔲姞毁（代六·五三）　用鬴匄眉寿绰绾，永令弥厥生，霝终。

师俞毁（代九·一九）　王呼作册内史册令师俞。

召伯虎毁（攗三之二·二五）　告曰：以君氏令。……召伯虎曰：余既𤔲（讯）瘶我考我母令，余弗敢乱，余或至我考我母令。

召伯虎毁（代九·二一）　召伯虎告曰：……亦我考幽伯幽姜令余告庆。……今余既𤔲有辞，曰瘶令。

师𡞷毁（代九·三五）　王呼尹氏册令师𡞷。王若曰：……既令女更乃祖考辞小辅，今余惟䝼乃令。……敬夙夜勿法朕令。

扬　毁（代九·二四）　王呼内史先册令扬。……敢对扬天子不显休令。

师寰毁（代九·二八）　王若曰：……令余肇令女达齐币，𢦏𠭯，□□，左右虎臣，征淮夷。

番生毁（代九·三七）　番生不敢弗帅井皇祖考不杯元德，用䝼圖大令。……王令𤔲辞公族，卿事，大史寮。

追　毁（代九·五）　用鬴匄眉寿永令。

无叀毁（代九·一）　敢对扬天子鲁休令。

师㝨毁（啸下·五三）　伯龢父若曰：……余令女死我家。

143

戬　殷（啸下·九三）　王曰戬令女作辞土。

师 訇 殷（薛一四·一三七）　王若曰：师訇。不显文武，□受天命。……用夹召厥辟，奠大令。……今余惟䎽熹乃令，令女惠雝我邦小大猷。

守　殷（代八·四七）　守敢对扬天子休令。

师 兑 殷（代九·三）　王呼内史尹册令师兑。

师 兑 殷（代九·三〇）　王呼内史尹册令师兑。余既令女足师龢父辞左右走马，今余惟䎽熹乃令，令女𤔲辞走马。

奠　殷（啸下·五一）　奠其洍洍，万年无疆，霝终霝令。

虢 姜 殷（薛一四·一二八）　簠匀康虢屯右，通录永令。

叔倗孙父殷（啸下·五五）　叔倗孙父作孟姜尊殷。绾绰眉寿，永令弥厥生，万年无疆，子子孙孙永宝用喜。

陈 逆 殷（代八·二八）　以貣永令眉寿。（战国初器。）

麦　彝（西一三·一〇）　用𪓿井侯出入𢦓令。

小臣宅彝（代六·五四）　惟五月壬辰，同公在丰，令宅事伯懋父。

献　彝（代六·五三）　𢓜伯令厥臣献金车。

吴　彝（代六·五六）　王呼史戊册令吴。

庚父鼎（攈二之三·二六）　庚父作□宝鼎。延令曰：有女多兄，母又遝女，惟女率我友以事。

南宫中鼎（啸上·一〇）　王令大史兄裹土。……中对王休命。

南宫中鼎（啸上·一一）　惟王令南宫伐反虎方之年，王令中先省南国。

㚔　鼎（啸上·一〇）　王徙于楚蔍，令小臣㚔先省楚居。

霙　鼎（攈二之三·七九）　王令趞蔵东反夷。

史 兽 鼎（代四·二三）　尹令史兽立工于成周。

· 144 ·

上卷　释字

师　旅　鼎（代四·三一）　懋父令曰……

▢　　鼎（代四·一八）　"兼公令▢众史旟曰：……"

内　史　鼎（代四·七）　内史令㫃事。锡金一钧。

盂　　鼎（代四·四二）　惟九月，王在宗周，令盂。王若曰：盂。不显玟王受天有大令。……我闻殷述（坠）令，惟殷边侯甸，雩殷正百辟，率肄于酒，故丧𠂤。……今我惟即井㐭于玟王正德，若玟王二三正。今余惟令女盂召𣪘，敬雝德巠，敏朝夕入谏，亯奔走，畏天畏。王曰：永令女盂井乃嗣祖南公。……王曰：盂。若敬乃正，勿法朕令。

小　盂　鼎（攈三之三·四二一，代四·四四）　王令𣪘……延王令赏盂。

䚄　　鼎（代四·四五）　王若曰：䚄。令女更乃祖考嗣卜事。……则俾复令曰若（诺）。

雔　伯　鼎（代三·三一）　王令雔伯图于生为宫。

令　　鼎（代四·二七）　令眔奋先马走。王曰：令眔旧乃克至。……令拜𩒨首曰：小□迺学。令对扬王休。（令人名。）

员　　鼎（代四·五）　王令员执犬休善。

善　　鼎（代四·三六）　王曰：善。昔先王既令女左足𠦪侯，令余惟肇䌛𤔲先王令，令女左足𠦪侯。……

史　颂　鼎（代四·二六，𣪘同）　王在宗周，令史颂……颂其万年无疆，日▢天子颢令。

颂　　鼎（代四·三七，𣪘壶同）　尹氏受王令书。王呼史虢生册令颂。王曰：颂。令女官𤔲成周。……颂拜𩒨首受令册。……通录永令。

无㠱鼎（代四·三四）　王呼史友册令无㠱。

师晨鼎（攈三之二·二一）　王呼作册尹册令师晨……晨拜 頴首敢对扬天子不显休令。

宆　鼎（代四·二一）　遣中令宆䢅嗣郑田。

大　鼎（代四·三二）　王召走马雁，令取雔𩡧三十二匹锡大。

克　鼎（代四·四〇）　克曰：穆穆朕文祖师华父……疑克 龏保厥辟龏王。……出内王令。……王呼尹氏册令善 夫克。王若曰：克。昔余既令女出内朕令，今余惟 䚪寡乃令。……敬夙夜用事，勿法朕令。

䣛攸从鼎（代四·三五）　王令眚史南以即虢旅。

裛　鼎（薛一〇·九五）　史淵受王令书。……裛拜頴首，敢 对扬天子不显叚休令。

敔𣪘鼎（薛一〇·九四）　王令敔𣪘。……眉寿。永令霝终。

史颂鼎（啸上·九）　用𥬭匈眉寿。永令靁𩓾终。

伯硕父鼎（啸上·九）　眉寿绾绰永令。

晋姜鼎（啸上·八）　勿法文侯顥令。（按此为东周器。）

父乙甗（薛一六·一五六）　王令中先省南国。……王令曰： 余令女史小大邦。

劈　钟（啸下·八二）　公令宰仆锡劈金十匀。

克　钟（代一·二一）　王亲令克遹泾东至于京𠂤。……克 不敢坠，专奠王令。……用匃屯叚永令。

通录钟（代一·一二）　勔于永令。

单伯昊生钟（代一·一六）　单伯昊生曰：不显皇祖剌考述逑 匹先王，爵董天令。

上卷 释字

屬羌钟（代一·三二） 赏于韩宗，令于晋公，邵于天子。（按此是春秋末期器）

盂 爵（代一六·四一） 王令盂宁聂伯。

麦 尊（西八·三三） 王令辟井侯出矿，侯于井。……用䣋侯逆幽𥫃明令。……㐭旂走令。

趞 尊（代一一·三八） 王呼内史册令趞更厥祖考服。

生辨尊（西八·四三） 惟王南征在庠，王令生辨事厥公宗小子。

㫃 卣（代一三·四〇） 王姜令作册睘安夷伯。

貉子卣（代一三·四一） 王令士道归貉子鹿三。

叉 卣（代一三·三九） 公姞令灵嗣田人。

彔 𢦏 卣（代一三·四三，尊同） 王令𢦏曰：叔淮夷敢伐内国。

农 卣（代一三·四二） 王截令伯绍曰：……

免 卣（代一三·四三） 王蔑免廕，令史懋易免载市，冋黄，作嗣工。

史懋壶（代一二·二八） 王在莽京滶宫，窥令史懋路篸咸。

舀 壶（代一二·二九） 王呼尹氏册令舀。……舀拜手頴首，敢对扬天子不显鲁休令。……舀用匄万年眉寿，永令多福。

免 盉（代一四·一二） 王在周，令作册内史锡免卤百陵。

免 簠（攈三之一·二五） 王在周，令免作嗣土。

䣋从盨（代一〇·四五） 王在永师田宫，令小臣成友。……

克 盨（代一〇·四四） 王令尹氏友史趛典善夫克田人。……眉寿永令。

杜伯盨（代一〇·四〇） 用奉寿匄永令。

大师虘豆（代一〇·四七） 用匄永令。

· 147 ·

兮 甲 盘（代一七·二〇） 王令甲政𤔲成周四方责，至于南淮夷。……敢不用令则即井𢦏伐。

休 盘（代一七·一八） 休拜𩒨首，敢对扬天子不显休令。

归纳上列令字之用，不出王令天令之二端，间有所令出自长上不专指君王者，然此固王令之一类也。曰"显令"，曰"丕显休令"，曰"天子鲁休令"，皆王令也。曰"文武受令"，曰"大令"，则天令也。"永令霝终"之祈语，即召诰所谓"祈天永命"也。当时人之天帝观实富于人化主义（anthropomorphism）之色采，皇天之命固"谆谆然命之"。此可以《诗·大雅·皇矣》为证："帝省其山"，"帝度其心"，"帝谓文王"，"乃眷西顾"，此神之情欲与喜怒俨然如人情欲与喜怒。然则此时所谓天命当与王命无殊，而令之一字在此两处使用者，就辞义论固绝对无差别也。

金文中但用命字不用令字之器，列举如下：

君 夫 殷（代八·四七） 王在康宫太室，王命君夫曰，儥求乃友。（据本文，此器必在康王之后。）

贤 殷（代八·二八） 公叔初见于卫，贤从，公命事。

𩰬 殷（代九·四） 王曰：𩰬。命女𤔲成周里人。……敢对扬王休命。（以上三器，字体不属西周晚期，然字形及行列皆整齐，亦非西周初期器也。）

命 殷（代八·三一） 王锡命鹿。用作宝彝，命其永以多友殷𩛓。（命人名）

媵 虎 殷（代七·二九） 媵虎敢肇作厥皇考公命中宝尊彝。（王静安曰："此敦文字乃周中叶以后物。"）

同 殷（代九·一七） 王在宗周，各于大庙，𦪍伯右同，……

上卷　释字

　　　　　　　王命同差（左）右吴大父，嗣易林吴牧。……（铭中
　　　　　　　有燮伯，当与康鼎为同时器。）

伯　康　殷（代八·四五）　伯康作宝殷。……受兹永命。（以
　　　　　　　字体论与康鼎无别，疑是一人之器。）

豆　闭　殷（代九·一八）　各王于师戏大室，井伯入右豆闭，
　　　　　　　王呼内史册命豆闭……敢对扬天子不显休命。

师毛父殷（啸下·五二）　师毛父即位，井伯右，内史册命。

鄱　　　殷（薛一四·一三四）　毛伯内门立中廷，右祝鄱，王
　　　　　　　呼内史册命鄱。王曰：鄱。昔先王既命女作邑𨛳五邑祝，
　　　　　　　今余惟䊆䜌乃命……敢对扬天子休命。（毛伯即前器
　　　　　　　之师毛父。）

　　　　　　　（此上五器与趞曹鼎〔代四·二四〕康鼎人名参午交错，
　　　　　　　故当约略同时，为共王前后之物。除豆闭殷外，其余四
　　　　　　　器命字口部皆为骈枝，附赘于令字结构之外，如 ⌘ 。
　　　　　　　〔同 ⌘ 。〕）

伊　　　𣪘（代九·二〇）　王在周康宫……䊆䜌季内右……王呼
　　　　　　　命尹（令尹）𠦪册命伊。（此器字体属于西周晚期。
　　　　　　　郭氏沫若曰"䊆䜌季亦见大克鼎"。此器时代当以大克
　　　　　　　鼎之时代定之也。）

芮　　　簠（代八·五〇）　王命芮众叔㸒父归吴姬媵器。（以字
　　　　　　　体论似为周中叶器）

谏　　　殷（代九·一九）　王呼内史先册命谏曰：先王既命女
　　　　　　　𨛳嗣王宥……今余惟或嗣命女。

乖　伯　殷（愙斋集古录一一·二二）　王命益公征眉敖。……
　　　　　　　王命仲致归乖伯貋裘。王若曰：乖伯。朕丕显祖玟珷

149

应受大命。乃祖克奉先王,异自它邦,又芇于大命。……用𦔻屯彔永命。(郭氏沫若定为宣王时器。)

(以上二器字体相近,约当同时。)

害 毁（啸下·五六） 王在屖宫……王册命害。……害頯首对扬王休命（唐氏兰以屖宫为夷王宫。）

秦 公 毁（代九·三三） 秦公曰:不显朕皇祖受天命。……严龚夤天命。(此春秋末期器。)

㲃　 盨（薛一五·一五一） 王曰:㲃。……勿事鈇（暴）虐从（纵）狱,爰夺戯行道,厥非正命,乃敢疢（侯）噬（讯）人,则惟辅天降丧,不廷惟死。……敬夙夕勿法朕命。(此西周末期物。)

姬 突 豆（薛一五·一五二） 用𦔻眉寿就命多福。〔按此齐器（据考古图),所奉列公至静公止,当为夷王时器也。〕

陈逆 簠（代一〇·二五） 永命眉寿万年。(战国初器。)

趞　 鼎（代四·三三） 内史即命。王若曰:趞。命女作𦔻𠂤冢嗣马。(疑与𦕽簋同时,两器皆为季姜作,趞即彼器之叔燹父也。)

康　 鼎（代四·二五） 王在康宫,㳄伯内右康,王命死嗣王家。……郑井。

利　 鼎（代四·二七） 王客于般宫,井伯内右利。……王呼作命内史册命利。

(以上二器字体非西周初期,般宫及井伯并见趞曹鼎〔代四·二四〕当为共王或其前后之器。命字之从口部分突出行外,似当时令字加口之式犹未用得自然,与此字之全体犹未融化也。此类口部突出行外者,当为命字初起之形。从此可知命字之起，盖在西周中叶也。

师㝨父鼎（代四·三四）　嗣马井伯右师㝨父。王呼内史驹册命师㝨父。

师　望　鼎（代四·三五）　……出内王命。

伯　晨　鼎（代四·三六）　王命甼候伯晨。……用夙夜事勿法朕命。

成　　鼎（啸上·一三）　……自考幽大叔懿□命成……作命臣工。……王□命乃六自殷八自曰□成。

（文中有噩侯馭方，当与噩侯鼎为同时器。又字体与翏生盨，虢仲盨，宗周钟，无叀毁等极相似，盖同记厉王南征事也。）

毛　公　鼎（代四·四六）　王若曰：父厝。不显文武，皇天弘厌厥德，配我有周，雁受大命。……惟天籀集厥命。……劳堇大命。……不巩先王配命……余惟肇巠先王命，命女辥我邦我家内外。……䚄圀大命。……專命專政。……历自今出入專命于外，厥非先告父厝，父厝舍命，母有敢靐命于外。……今余惟䚄先王命，命女亟一方。……命女羁嗣公族。……（文中命字十二见，皆作命无作令者。郭氏沫若以为宣王时器。以多事证之，此说已成定论。又政字不作正，铃字作鎗，皆晚期字，亦可注意者也。）

郸孝子鼎（代三·三六）　郸孝子以康寅之日命铸䭈鼎。（春秋末期器。）

命　甗（代五·四）　命作宝彝。（命，人名。）

夆　伯　甗（代五·六）　夆伯命作旅彝。（此器命字从口之部

· 151 ·

在行列之外。）

冥　生　钟（捃三之一·三〇）　王命……（与单伯冥生钟为同人之器。）

齐　侯　镈（啸下·七五）　余命女政于朕三军。……公曰：夷。女敬共辝命。……余命女嗣辝釐。……弗敢不对扬朕辟皇君之锡休命。……余用登屯厚乃命。……余命女裁差卿为大事，䇂命于外内之事。……余弗敢法乃命。……虩虩成唐（汤）又敢在帝所，敷受天命。……用旂眉寿霝命难老。

鎛　（代一·六七）　用鞏侯氏永命万年。……用求丂命弥生。（以上二齐器皆春秋时。）

公孙班镈（代一·三五）　霝命无其。（春秋器。）

秦　公　钟（薛六·五六）　不显朕皇祖受天命。……严龏夤天命。（春秋末期器。）

竞　卣（代一三·四四）　惟伯犀父以成自即东命伐南夷（似属于西周中叶。）

齐　侯　壶（代一二·三三）　齐侯命大子乘遽□叩宗伯，听命于天子。……齐侯拜嘉命，于上天子用璧玉备一嗣，于大无嗣折于大嗣命用璧，两壶八鼎，于南宫子用璧二备，玉二嗣，鼓钟一镈。……洹子孟姜用气嘉命。（春秋器。）

嗣　子　壶（代一二·二八）　命瓜君嗣子作铸尊壶。（战国初器。）

齐大宰归父盘（代一七·一四）　以鞏眉寿霝命难老。（春秋器。）

晋　邦　盩（代一八·一三）　晋公曰：我皇祖𠚑（唐）公□受大命，左右武王。……王命𠚑公，□宅京𠂤。（春秋末期器。）

鱼 鼎 匕（代一八·三〇）　……下民无智，参蠚蚘命，帛命入
　　　　　歔，藉入藉出，母处其所。（春秋末期或战国器。）

子禾子釜（代一八·二三）　命訆陈导。……如关人不用命。

陈 犹 釜（代一八·二三）　命左关帀蝶敕成。（以上二器皆
　　　　　田齐。）

王命逦车键（代一八·三六）　王命逦赁一稁飤余之。（战
　　　　　国器。）

以上各器用命字不用令字者，虽其时代多不可确知，然核其故实，论其字体，无一可指实为穆王以前器者，而甚多属于厉宣之世。即如宣王时之毛公鼎，文中命字十二见，无一作令字者，且铃字亦从命作鎯（金文如番生毁师 寰 毁皆有铃字）。是知宣世命字之用已严整固定矣。至其文义则与上节用令字者全无分别，依此可知此命字之演出仅系一词之异字，非异词也。

更有一类，一器中令命二字并见，或同式异器中令命二字互见者，综举之如下：

师 酉 毁（代九·二一著录三件，器盖拓片凡六）　王呼史墙册
　　　　　命（四作命两作令）师酉。……敬夙夜勿法朕令（皆
　　　　　作令）。师酉拜頴首对扬天子不显休命（五作命，一
　　　　　作令。此器花纹与毛公鼎同，以字体论当较早，盖西
　　　　　周中叶之物）。

不 毁 毁（代九·四八）　白氏曰：不毁驭方。厰允广伐西俞，
　　　　　王令我羞追于西，余来归献禽，余命女御追于畧。（此
　　　　　毁花纹与史颂毁善夫克錳完全相同，时代当与善夫克
　　　　　诸器相近。郭氏沫若以为与虢季子白盘同时。）

（以上两器命字口部皆突出，附加于令字结体之外，未

153

民族与古代中国史（外一种）

融为一。）

牧　　殷（薛一四·一三九）　王呼内史吴册令牧。王若曰：牧。昔先王既令女作嗣土，今余惟或廢改，令女辟百寮。……今余惟䚆喜乃命，（考古图三·二四摹本亦作命。）……敬夙夕勿法朕令。（此殷花纹与大克鼎、小克鼎、虢季子白盘同，时代亦当相近。）

小克鼎（代四·二八著录凡七器）　王命（六作命一作令）善夫克舍令（皆作令）于成周遹正八𠂤之年，克作朕皇祖釐季宝宗彝。……永令（皆作令）霝终。（小克鼎之善夫克，即大克鼎之善夫克。大克鼎记善夫克之祖曰师华父"龚保厥辟龚（共）王"。按考为生父之专称，祖则自王父以上皆可称之，金文中有连记祖名至于二三者，如𣄰簋𪓐镈等器，又《诗·閟宫》本为僖公时诗，其辞有曰"皇祖后稷""周公皇祖"。是虽祖始亦与王父同称也。师华父与釐季是否一人而仅为名字之异，今不可知，如以为非一人亦自通。是则善夫克之王父或曾祖高祖仕于共王朝。善夫克氏不能先于夷王，至于下限则以不知师华父为善夫克之几世祖，不能确知矣。然此器之属于西周晚期据此可定也。）

此一类之器，论其时代俱不能上及昭穆之世，成康无论矣。据此诸器，足征令、命二字之为互用，且为同时并用者。然则在当时此二字必无异样之读法，仅为一词之异体耳。在一器中或在同式器中竟不画一，似是暗示此类器之时代正为始用命字之时代，后来因分化而画一，当时未分化故未画一也。果此解不误，则命字之起其在西周中叶耶？其差后于🦴改为🦴形而相去不远耶？命字之始作🦴，口部全在行列之外者，（如君夫簠、齱簠、命簠、芮簠、同簠、伊簠，鄦簠、利鼎、康鼎、夆伯命甗等器，最显。）其命字之最初式耶？曾试作一图以明此义，见本卷第十章。

第三章　《周诰》中之"性""命"字

今如泛然统计《尚书》中之性命字而不于篇章加以别择，乃甚无谓。盖《尚书》者，来源最不整齐之书也。不特东晋古文出自虚造，即伏生所传，益以《大誓》之二十八篇不可据者亦复不少。如《禹贡》《洪范》，春秋战国时人聚集多方材料，凭臆想而成之典书，与《周官》同科者也。如《甘誓》《汤誓》《大誓》，亦春秋战国时人为三代之创业各造一誓，以论汤武革命者也。如《尧典》《皋陶谟》，集若干异时异地相争相灭之部落之宗神于一"全神堂"上，大一统思想之表现，而非信史也。今姑舍是，专论周《诰》、殷《盘》，此二者亦非尽可为典要。《商书》中《盘庚》《高宗肜日》《西伯戡黎》诸篇，固后人所信不以为伪书者，然诸篇文辞转比《周诰》易解，人不能无疑。夷考其辞，似非商之册典也。《高宗肜日》不知是何处之断简残篇，且儿子严辞教训其父，亦不近情理。《西伯》《微子》则纯依周人之立场说话，自称殷而诅咒之！《盘庚》视此为胜，然洋洋大篇，皆空语无事实，且未迁殷之前已曰"殷降大虐"，尤属不通（郑于此有解，然愈解愈见其不可通也）。殷商人自称曰商，绝不称殷，甲骨文中全无例外，所谓"大邑商"，即洹都也。周人乃称之曰殷。其曰殷商者，当为在殷之商之义。殷本故国，商人卜都，故商人不自称殷。今《商书》之称殷足以证其非殷代之书。若以《商颂》称"殷土""殷武"为例，则宜知《商颂》实宋颂，作于襄公之世，或少前，彼时商代久亡，殷地为故国旧墟矣，其习于外国周人所用之称号亦固其宜。其曰"殷土""殷武"，正遥念故国耳，此非所论于商代之书也。即专就《周诰》言，亦有不可据者，如《金縢》当是鲁人之传说，事关记事，不涉诰命。又如《吕刑》，乃是吕王之诰，南国之献，与周人全无干涉者也（余别有考）。今舍此可疑者，并去其与本文题旨无关者，凡所统计以《周诰》十二篇为限，即《大诰》《康诰》《酒诰》《梓材》《召诰》《洛诰》《多士》《无逸》《君奭》《多方》《立政》《顾命》（所谓《康王之诰》在内），自周公称王至康王践阼，共约四十年间之书，正与西周初期之彝器铭辞同时，亦与《雅》《颂》之时代相差不远。故此章所论可与上下两章为一系。

一 论《周诰》中本无"性"字

上列十二篇《周诰》中"性"字仅一见，在《召诰》，其文曰："节性，惟日其迈，王敬作所不可不敬德。"此乃周公训戒成王之词，勉之以节性，复申告以日月迁逝，不可不敬德也。"节性"之解在《召诰》中无证，当于他书中求证。幸《吕氏春秋》犹存此名词，并载其解故。《吕氏春秋·重己篇》曰：

是故先王不处大室，不为高台，味不众珍，衣不燀热。燀热则理塞，理塞则气不达。味众珍则胃充，胃充则中大鞔，中大鞼而气不达，以此长生可得乎？昔先圣王之为苑囿园池也，足以观望劳形而已矣；其为宫室台榭也，足以辟燥湿而已矣；其为舆马衣裘也，足以逸身暖骸而已矣；其为饮食醴醐也，足以适味充虚而已矣；其为声色音乐也，足以安性自娱而已矣。五者圣王之所以养性也，非好俭而恶费也，节乎性也。

《重己》一篇皆论养生之道，末节尤明显。凡所论节生之方，不出宫室、苑囿、饮食、衣服、舆马、声色诸端，于此数者必有所止，有所节，无逾于身体之需要，捐弃其放侈之享受，然后可以长生久视耳。此皆所以论养生，终篇之乱，应题"节生"，其曰"节性"，曰"安性"者，后人传写，以"性"字代"生"字耳（《吕子全书》皆然，详下）。节性之义既如是，则《召诰》之云"节性"，在原文必作"节生"明矣。周公以此教成王，正虑其年少血气未定，如穷欲极侈必坠厥命，故勉其节生，治其身也；教以敬德，治其心也。阮芸台不知节性之本作节生，于此大发议论，可谓在迩而求诸远矣。

二　统计《周诰》十二篇之命字

《周诰》十二篇既与西周早期彝器铭辞之时代相应，自当仅有令字，未有命字，今所见本乃全是命字，并无令字，则传者以后世字体改写之也。兹撮录命字之出现处如下：

《大诰》

矧曰其有能格知天命？

敷前人受命。

绍天明即命。

不敢替上帝命。

克绥受兹命。

肆予曷敢不越卬敉宁王大命？（按《汉书·莽诰》作"予害敢不于身抚祖宗之所受大命"。又按"宁王"吴大澂谓是文王之误字，其说是也。）

亦惟十人迪知上帝命。（郑玄以十人为"乱臣十人。"）

尔亦不知天命不易。

天命不僭。

《康诰》

天乃大命文王，殪戎殷，诞受厥命。

不废在王命。

亦惟助王宅天命，作新民。

惟威惟虐，大放王命。（按放亦废字，其本字作法。）

惟命不于常。

明乃服命。

《酒诰》

明大命于妹邦。（按妹当与《诗》牧野之牧，沫乡之沫为一字。）

惟天降命。

克受殷之命。

酗身厥命。

今惟殷坠厥命。

《梓材》

王其效邦君越御事厥命。（按此谓教邦君及御事以此命也。）

用怿先王受命。

《召诰》

周公乃朝，用书，命庶殷侯甸男，邦伯。厥既命殷庶，庶殷丕作。（按殷庶当作庶殷）

皇天上帝改厥元子兹大国殷之命。惟王受命无疆惟休。

天既遐终大邦殷之命。

越厥后王后民兹服厥命。

其眷命用懋。

今时既坠厥命。（此语两见。）

王厥有成命。

曰有夏服天命，惟有历年。

乃早坠厥命。（此语两见。）

曰有殷受天命，惟有历年。

今王嗣受厥命，我亦惟兹二国命嗣若功。

自贻哲命，今天其命哲，命吉凶，命历年。

用祈天永命。

其曰我受天命。

受天永命。

保受王威命明德，王末有成命。

能祈天永命。

《洛诰》

王如弗敢及天基命定命。

今王即命曰，记功宗以功作元祀，惟命曰，汝受命笃弼丕视功载。

罔不若予不敢废乃命。

奉答天命。

命公后。

王命予来承保乃文祖受命民。

乃命宁。

王命作册逸。

王命周公后作册逸。

惟周公诞保文武受命惟七年。

《多士》

我有周佑命，将天明威，致王罚，勅殷命终于帝。肆尔多士，非我小国敢弋殷命。厥惟废元命。

乃命尔先祖成汤革夏。

有命曰，割殷，告勅于帝。

时惟天命无违。

殷革夏命。

时惟天命。

昔朕来自奄,予大降尔四国民命(此谓昔者践奄之时,曾以大命降告于四国之民,非谓赐四国民以生命也。《多方》"我惟大降尔命",大保簋"王降征命于大保",皆其例,王国维说失之)。

予惟时命有申。

《无逸》

严恭寅畏天命。

文王受命惟中身。

《君奭》

殷既坠厥命。

我亦不敢宁于上帝命。

不知天命不易,天难谌,乃其坠命。

天不庸释于文王受命。

成汤既受命。

天惟纯祐命则。

今汝永念则有固命。

其集大命于厥躬。

惟时受有殷命。

我受命无疆惟休。

乃悉命汝作汝民极。

在亶乘兹大命。

《多方》

惟尔殷侯尹民，我惟大降尔命。

洪惟图天之命。

厥图帝之命。

乃大降显休命于成汤。

弗克以尔多方享天之命。

乃惟尔辟以尔多方大淫图天之命。

简畀殷命。

我惟大降尔四国民命。

尔曷不夹介乂我周王享天之命。

尔曷不惠王熙天之命。

尔乃不大宅天命，尔乃屑播天命。

乃有不用我降尔命。

尔不克劝忱我命。

尔乃惟逸，惟颇大远王命。

我惟祗告尔命。

《立政》

亦越成汤陟丕釐上帝之耿命。

式商受命。

《顾命》

  兹予审训命汝。

  用克达殷集大命。

  兹既受命。

  太保命仲桓南宫毛。

  命作册度。

  伯相命士须材。

  御王册命。

  道扬末命，命汝嗣训临君周邦。

  皇天改大邦殷之命。

  无坏我高祖寡命。

  用端命于上帝。

  乃命建侯树屏。

  群公既皆听命。

统计以上命字之用法，知其与金文中"命""令"字全同，其包含"命"字之成语亦多同，惟彼以"王命"为多，此以"天命"为多，是由《周诰》乃建国之谟训，金文乃王命之记荣，故成分上有差别也。

第四章 《诗经》中之"性""命"字

一 论《诗经》中本无"性"字

《诗经》中之"生"字,其用法与今日无殊,不需举例,今但论"性"字。《诗经》中之"性"字仅出现于《大雅·卷阿》,其文云:

伴奂尔游矣,优游尔休矣。岂弟君子,俾尔弥尔性,似先公酋矣。
尔土宇昄章,亦孔之厚矣。岂弟君子,俾尔弥尔性,百神尔主矣。
尔受命长矣,茀禄尔康矣。岂弟君子,俾尔弥尔性,纯嘏尔常矣。

笺曰,"弥终也",又曰,"乃使女终女之性命"。此固可证郑所见《诗经》已作性字,然此说实觉文义不顺。后世所谓惟命者,实即今人所谓生命。此章本为祝福之语,所谓"俾尔弥尔性"者,即谓"俾

尔终尔之一生",性固不可终,则此处之"性"字必为"生"字明矣。且此点可以金义证之:

　　叔俟孙父簋(啸下·五五,薛一四·一二八)　绾绰眉寿,永令弥底生,万年无疆。
　　大姞簋(恪一一·二二,代六·五三)　用祈匄眉寿绰绾,永令弥厥生,霝终。
　　齐鞄苴(恪二·二一,代一·六七)　用祈侯氏永命万年,鞄保其身。……用祈寿老毋死,保虞兄弟。用求考命弥生,肃肃义政,保虞子姓。

《诗》所谓"弥尔性"在金文中正作"弥厥生",其出现全在祈求寿考之吉语中。从此可知弥生即长生,从此可知"诗三百"中不特无论性之哲学如阮氏所附会者,即性之一字本亦无之也(参看徐中舒先生《金文嘏辞释例》,见《历史语言研究所集刊》第六本)。

二　《诗经》中之"令""命"字

《诗经》中之"令"字与"命令"一义无涉者,有下列诸项:
一、《毛传》以"命令"为缨环声者:
　　《齐风·卢令》,卢令令。
二、《郑笺》以"脊令"为雍渠者:
　　《小雅·常棣》,脊令在原。笺曰:"雍渠,水鸟。"
　　《小雅·小宛》,题彼脊令。传曰:"脊令不能自舍。"

· 166 ·

三、《郑笺》以为训善者,或未明说,按其文义应与训善之"令"为一辞者:

《邶风·凯风》,我无令人。笺曰:"令,善也。"

《小雅·蓼萧》,令德寿岂。

《小雅·湛露》,莫不令德。笺曰:"令,善也。"

同,莫不令仪。

《小雅·十月之交》,不宁不令。笺曰:"天下不安,政教不善之征。"

《小雅·车舝》,令德来教。笺曰:"喻王有美茂之德。"

《小雅·宾之初筵》,维其令仪。笺曰:"令,善也。"

《小雅·角弓》,此令兄弟。笺曰:"令,善也。"

同,不令兄弟。

《大雅·文王》,令闻不已。笺曰:"令,善。"

《大雅·既醉》,高朗令终。笺曰:"令,善也。"

同,令终有俶。

《大雅·假乐》,显显令德。笺曰:"天嘉乐成王有光光之善德。"

《大雅·卷阿》,令闻令望。笺曰:"令,善也。"

《大雅·烝民》,令仪令色。笺曰:"令,善也。"

《大雅·韩奕》,庆既令居。笺曰:"庆,善也。"(按此犹言善其善居也。)

《大雅·江汉》,令闻不已。笺曰:"称扬王之德美。"

《鲁颂·閟宫》,令妻寿母。笺曰:"令,善也。"

以上因字义之绝异,知其与令命字无涉。所有郑笺以之训善之"令"字及其同类之"令"字,在《诗经》本书皆原作"霝"字,不作"令"字，其证如下。

上段所举"高朗令终"，笺以其中之"令"字训善者，当即后世所谓善终。此一吉祝辞，屡见于金文，皆作"霝终"，且有与"令"字同出一器者。从此可知训善之"令"，在金文皆作"霝"，与"令"绝不相混，亦不相涉也。如：

  㝬 毁（啸下·五一）　万年无疆，霝终霝令。（按以后世通行字写之，当作"令终令命"。）

  微 䜌鼎（薛一〇·九四）　屯右眉寿，永令霝终，其万年无疆。（以后世通行字写之当作"永命令终"。）

  克　鼎（愙五·五）　眉寿永令，霝终，万年无疆。

  颂　鼎（愙四·二三）　万年眉寿无疆，畯臣天子，霝终。（按此祝已福，非祝天子之福，犹云服臣于王，得保首领以没。畯臣当连下读。）

据此，《诗》中训善之"令"字古皆作平声之"霝"，不作去声之"令"。后人既以"命"字代"令"字，乃以"令"字代"霝"字。故凡此训善之"令"字皆可剔出，以其与命令之辞意无关也。兹更图以明之：

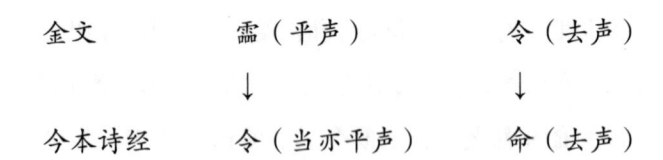

金文	霝（平声）	令（去声）
	↓	↓
今本诗经	令（当亦平声）	命（去声）

上图仅表示今本《诗经》对金文书式大体之转变，非全数如此。如"灵雨既零"，灵字未改写令。"自公令之"，令未改写命，是也。

此训善之"令"字既剔出，则知今本《诗经》中之"令"字存原义者，仅有两处未改写"命"字：

《齐风·东方未明》，自公令之。上章言"自公召之"，则令即召也，即命也。

《秦风·车邻》，寺人之令。笺曰："必先令寺人，使传告之。"此外皆作命字，动用、名用无别。（需冬即令终，宋人已如此释金文。王怀祖先生更证明之，见《广雅疏证》卷一上"灵善也"及卷四下"冬终也"条。诗笺以为训善之"令"字原作"需"，段懋堂已揭之，见《说文》"令"字注。）

《诗》中所有作动用之"命"字如下

《小雅·出车》，王命南仲。

同，天子命我。

《小雅·采菽》，天子命之。

《大雅·崧高》，王命召伯。（三见）

同，王命申伯。

同，王命傅御。

《大雅·烝民》，王命仲山甫。（再见）

《大雅·韩奕》，王亲命之。

《大雅·江汉》，王命召虎。（再见）

《大雅·常武》，王命卿士。

同，命程伯休父。

《周颂·臣工》，命我众人。

《鲁颂·閟宫》，乃命鲁公。

　　以上命自王。

《鄘风·定之方中》，命彼倌人。

以上命自君。

《小雅·绵蛮》，命彼后车。（三见）

《大雅·抑》，匪面命之。

　　以上泛言命自在上者。

《大雅·文王》，上帝既命。

《大雅·大明》，命此文王。

同，保右命尔。

《大雅·假乐》，保右命之。

《商颂·玄鸟》，天命玄鸟。

同，古帝命武汤。

同，方命厥后。

《商颂·殷武》，天命多辟。

同，命于下国。

　　以上命自天。

《诗》中所有自动词出而变作名词或形容词之"命"字，如下：

《郑风·羔裘》，彼其之子，舍命不渝。（据惠栋、戴震、王国维诸氏说，舍训释，命则君王之命，郑笺失之。）

《小雅·采芑》，服其命服。（笺云："命服者，命为将受王命之服也。"）

《大雅·卷阿》，维君子命。

《大雅·烝民》，明命使赋。

同，出纳王命。

同，肃肃王命。

《大雅·韩奕》，韩侯受命。

同，无废朕命。

同，朕命不易。

同，以先祖受命。

《大雅·江汉》，自召祖命

  以上王命，或泛言在上者之命。

《唐风·扬之水》，我闻有命。

《大雅·抑》，訏谟定命。

  以上亦自在上者之命一义出，引申为政令。

《小雅·十月之交》，天命不彻。

《小雅·小宛》，天命不又。

《大雅·文王》，其命维新。

同，帝命不时。

同，假哉天命。

同，天命靡常。

同，永言配命。（又见《大雅·下武》）

同，骏命不易。

同，命之不易。

《大雅·大明》，有命既集。

同，有命自天。

《大雅·皇矣》，受命既固。

《大雅·文王有声》，文王受命。

《大雅·既醉》，景命有仆。

《大雅·卷阿》，尔受命长矣。

《大雅·荡》，其命多辟。

同，其命匪谌。

同，大命以倾。

《大雅·云汉》，大命近止。（再见）

《大雅·江汉》，文武受命。

同，于周受命。

《大雅·召旻》，昔先王受命。

《周颂·维天之命》，维天之命。

《周颂·昊天有成命》，昊天有成命。

同，夙夜基命宥密。

《周颂·思文》，帝命率育。

《周颂·敬之》，命不易哉。

《周颂·桓》，天命匪懈。

《周颂·赉》，时周之命（又见《周颂·般》）

《商颂·烈祖》，我受命溥将。

《商颂·玄鸟》，受命不殆。

同，殷受命咸宜。

《商颂·长发》，帝命不违。

同，帝命式于九围。

《商颂·殷武》，天命降监。（笺曰"天命乃下视下民"，故此句之命字为名用，与"天命玄鸟"之为动用者不同。）

　　以上天命。

《召南·小星》，寔命不同。

同，寔命不犹。

《鄘风·蝃蝀》，不知命也。

以上自天命之义引申而出，为"命定"之义。（"命正""命定"诸解，均详中卷。）

据上文所分析，《诗经》中"命"字之字义，以关于天命者为最多，其"命定"一义，则后来儒墨争斗之对象也。所有《诗》《书》中之天命观，及东周时代此一线思想之演变，均详中卷。

第五章 《左传》《国语》中之"性""命"字

　　《左传》《国语》两书编成之时代未易断定,其史料价值亦多异见。欲详辩此事,非可于此书中为之,姑举吾所信之假定。春秋时大国各有其献典,亦各有其嘉言故闻,传于当朝,遗之后代,后世《说林》《说苑》一体之祖,吕氏、刘子所取资以成类书者,在古谓之"语",而"故志""训典"或容纳其中,所以教国子也(见《楚语·上》)。其"国语"一名,始见于汲冢书中(《晋书·束皙传》,"《国语》三篇言楚晋事")。不专一国,故谓"国语",犹言列国语也。汲冢书名《国语》者,虽不在今《国语》中(如在其中,《晋书·束皙传》及杜预《集解后序》当明言之),要为一类之书。夫列国各有其语,则必有人辑之,或并整齐之焉,始为《国语》。(传本《国语》中之《齐语》固为《小匡篇》文,其吴、越《语》亦与他国文体词法不类)。至战国之世,《春秋》之学大显,春秋之号益尊,于是诸家著书每被春秋之名,晏子、虞卿、吕不韦皆是也。当有震于春秋之学,以《国语》改为编年者,合以当时列国纪年之书,墨子所谓百国春秋,乃成《春秋左氏传》,或曰《左氏春秋》。此书虽成,国别之《国语》犹存。后世所谓《国语》,其一本也,汲冢《国语》,又其一本也。此编年之书虽比附《春秋》,犹各有详略,并无书法,至刘歆欲夺《公羊》之席,乃将此书加之书法,且于《春秋》所详,此所略者,敷衍成文,此即《春秋左传》也。(吾尝试以刘申叔《左氏春秋考证》一书之规例遍检全传,觉襄公以前,传应经者,除大事外,皆空语,无事实;襄公以后则不然,未可一概论。如以改编年为刘歆事,则刘歆时何处得见列国〔尤其是鲁国〕纪年之书将其采入?故知据《国语》改为编年必在秦火之前,其加书法并使前数公之经文亦多有传可伍,则刘歆事也。)

如上文所说不误,则《左传》《国语》者实为东周第一宝书,其成书虽在战国,其取材则渊源甚早,所举宪典话言或有沿自西周者矣。今于《诗》《书》之后取材于《左传》《国语》者,顺时代之序也。

《左传》《国语》中"生"字除私名外皆作出生解,或其引申之义,今不举列。但论两书中之"性"字。"性"字见于《左传》者九处:

襄十四,"天生民而立之君,使司牧之,勿使失性。有君而为之贰,使师保之,勿使过度。……天之爱民甚矣,岂其使一人肆于民上,以从其淫而弃天地之性?必不然矣"。

按:"勿使失性"者,勿使失其生也,牧民所以保民之生,与性无涉,此本显然,不待索解。下文所谓"天地之性"亦必作生字然后可通,犹云:岂其使一人肆其暴行于民之上,以纵其淫欲而弃天之生斯民之德也?《易·系》云"天地之大德曰生",正与此词相类。若以为"性""命"字则与上文不合矣。

襄二十六,"夫小人之性,衅于勇,啬于祸,以足其性而求名焉者,非国家之利也"。

此语中下"性"字必作"生"字始可解,"足其性"者,犹谓利其生也。上"性"字固可作"性"字解,然以为"生"字尤顺,犹云小人之生也,动于勇,贪于祸,以图厚其生而求名焉。

昭八，"今宫室崇侈，民力凋尽，怨讟并作，莫保其性"。此谓莫保其生也。

昭十九，"吾闻抚民者节用于内而树德于外，民乐其性而无寇仇"。此谓民乐其生也。

昭二十五，"则天之明，因地之性……淫则昏乱，民失其性。……哀乐不失，乃能协于天地之性"。

独此节中之"性"字解作后世所谓性者为义较长，然解作"生"字亦可通。"因地之性"，犹云因地之所以生，即载物厚生者也。"民失其性"，犹云民失其所禀以生。"天地之性"，即所谓"天地之大德曰生"也。

《周语》上，"先王之于民也，懋正其德，而厚其性；阜其财求，而利其器用"。

"厚其性"者，厚其生也，《左传》文七年，"正德，利用，厚生，谓之三事"。成十六，"民生厚而德正，用利而事节"。襄二十八，"夫民生厚而用利，于是乎正德以幅之"。文十六，"时以作事，事以厚生"。皆其证也。（此一证丁声树君所举。）

如上文所分解，《左传》《国语》中之"性"字，多数原是"生"字，即以为全数原为"生"字，亦无不可也。从此可知性之一观念在《左传》《国语》时代始渐渐出来，犹未完全成立，至于"性"之一字，彼时决无之，后世传写始以意加心字偏旁，而所加多不惬当。

《左传》《国语》中"令"字频见，其用处与《诗经》无二。如下：

第一类为"霝"字之假借，所谓"令德""令名""令闻""令图""令终""令龟""令王""令主"皆是也。

第二类为"令"字之原始义，如"令无人偾负羁之宫"。《左传》《国语》中凡此动用之令字多作"命"字；其偶作"令"者，恐是后人改写未尽者耳。

第三类为王令或君令之类名，即"政令""教令"之类也。如"未能行令"（宣十）、"政令于是乎成"（成十六）、"择楚国之令典"（宣十二）、"以大国政令之无常"（襄二十二）、"著之制令"（昭元）、"夕以修令"（昭元）、"先王之令有之"（《周语》上）、"无以赋令"（《周语》上），或为单词，或为合词，皆是也。

第四类为第三类之一例，即"令尹"一词是也。既为专名自可别为一事。令尹亦见于金文，作"命尹"（伊毁，"王乎命尹甄册命伊"）。

《左传》《国语》中之"命"字，其用法与《诗经》同。两书中出见繁多，不须遍举，今但论其可注意者五点：

一、两书中"令""命"两字混用，无甚界限，一如西周晚期金文及《诗经》。例如：

> 樊仲山甫谏曰："不可立也！不顺必犯，犯王命必诛，故出令不可不顺也。令之不行，政之不立，行而不顺，民将弃上。……若鲁从之而诸侯效之，王命将有所壅。若不从而诛之，是自诛王命也。"（《周语》上）

此语中令、命实为一事，乃忽曰令，忽曰命。两书中"令""命"两字之混用，不可胜数也。

二、以命（或令）为政典教制之称，在两书中极多。此时命（或令）为文书之具体名，用之已甚普遍矣。（后世大体以令为政典，以命为教敕，分别不严，在古则无此分别也。）

三、以"命"为复词之一节，在两书中已甚多，是彼时"命"

字之用及其变化繁矣。以"命"为上节者,如"命夫""命妇""命服""命书"(按,册典也)、"命祀"。以"命"为下节者如"好命""嘉命""时命""治命""后命""前命""共命""敬命""禀命""专命""用命""即命"(见文六年,谓就死也,犹云就身于天命之所定也)、"死命""成命""废命""逃命"(谓避身于命令之外也。宣十二,"民闻公命如逃寇雠"即其义。后世所谓亡命自此出)、"承命""违命""弃命""奸命""贰命""失命""听命""闻命""请命""待命""受命""辱命""将命""致命""复命"(诸子多作"反命")、"改命""使命""发命""奔命"(谓奔赴王命无宁止也。)、"一命""再命""三命""追命""坠命"、(此词亦见金文,假"述"为"坠")、"陨命""知命"(见文十三,谓知天命之正也)、"不堪命",皆当时文告册书中之习语也。

四、动词之命,施用更广泛。在《诗经》中犹以上谓下为限,《左传》中乃有例外,如"叔向命晋侯拜二君"(哀二十六),叔向臣也,而以命君,盖此"命"字犹言"谓"也。

五、"命"犹"名"也。例如下:

> 子同生,以大子生之礼举之。……公与文姜宗妇命之(按,谓议命名也)。公问名于申繻。对曰:"名有五,有信,有义,有象,有假,有类。以名生为信,以德命为义,以类命为象,取于物为假,取于父为类。不以国,不以官,不以山川,不以隐疾,不以畜牲,不以器币。周人以讳事神,名终将讳之。故以国则废名,以官则废职,以山川则废主,以畜牲则废祀,以器币则废礼。晋以僖侯废司徒,宋以武公废司空,先君献武废二山。是以大

物不可以命。"公曰："是其生也,与吾同物。"命之曰同。(桓六年)

按:"命之"者"名之"也。"以名生为信,以德命为义,以类命为象"者,后世传写错误,其原文应作"以生名为信"(洪亮吉《左传》诂云"论衡作生名,下德命作德名,类命作类名"),记其实也。晋侯成师,郑伯寤生是也。"以德名为义""命以义"也,取义于正则曰平,取义于灵均曰原者是也。"以类名为象",若孔子首象尼丘是也。如作"以生命为信,以德命为义,以类命为象",俾上下文一致,亦通,独如今流传本之颠倒错乱者为不可通耳。下文云"大物不可以命"者,大物不可以名也。"命之曰同"者,"名之曰同"也。

初,晋穆侯之夫人姜氏,以条之役生大子,命之曰仇,其弟以千亩之战生,命之曰成师。师服曰："异哉,君之名子也!夫名以制义。……嘉耦曰妃,怨耦曰仇,古之命也。今君命大子曰仇,弟曰成师,始兆乱矣,兄其替乎?"(桓二年)

按:"命之","名之"也。"古之命","古之名"也。"命太子曰仇弟曰成师",名太子曰仇,名弟曰成师也。

楚人谓乳"穀",谓虎"於菟",故"命之曰鬬穀於菟"(宣四年)。此谓"名之曰鬬穀於菟"也。

依此三例,命有名之一解,名亦可称命。然则卫君如待孔子为政,孔子"必先正名"者,指整齐令典而言。苟仅如学究荀卿之"正名",其指不过如今之审定名词,固可曰"名不正则言不顺",不可说"事不成""刑罚不中"也。是则所谓名家者,亦法家之一类也。

至于"天命"之说,"命正"之解,在《左传》已有深远之思想,既不涉文字,当于中卷论之。

第六章 《论语》中之"性""命"字

《论语》中明称"天命"者，共七见，如下：

子曰："五十而知天命……"（《为政》）
伯牛有疾，子问之，自牖执其手，曰："亡之，命矣夫！斯人也而有斯疾也，斯人也而有斯疾也！"（《雍也》）
子罕言利，与命，与仁。（《子罕》）
子夏曰："商闻之矣，'死生有命，富贵在天'。"（《颜渊》）
子曰："道之将行也与？命也！道之将废也与？命也！公伯寮其如命何？"（《宪问》）
孔子曰："君子有三畏：畏天命，畏大人，畏圣人之言。小人不知天命而不畏也，狎大人，侮圣人之言。"（《季氏》）
孔子曰："不知命，无以为君子也。"（《尧曰》）

亦有未明言"天命"而所论实指"天命"者，有下列三处：

子曰："天生德于予，桓魋其如予何？"（《述而》）
子畏于匡，曰："文王既没，文不在兹乎？天之将丧

斯文也，后死者不得与于斯文也！天之未丧斯文也，匡人其如予何？"（《子罕》）

子曰："凤鸟不至，河不出图，吾已矣夫！"（《子罕》）

据此，《论语》书中明载命定之义，墨氏攻之，正中其要害。其曰"孔子罕言"者，或疑孔子言仁、言命载于《论语》者既如是多矣，不得云罕，于是强为之解，谓"与命与仁"之"与"字为动词。孔子固与命，然此处文法实不能如是解。《国语》九："杀晋君，与逐出之，与以归之，与复之，孰利？"又《国语》十五："夫以回鬻国之中，与绝亲以买直，与非司寇而擅杀，其罪一也。"又十六："夏后卜杀之，与去之，与止之，莫吉。"皆与"子罕言利与命与仁"为同一文法，可知"与"字在此仍是联词，非主格之动词也。子罕言命，罕言仁，而《论语》所记者多，盖子所常言，每无须记，其罕言者乃记耳。孔子虽罕言，然其信天命则章章明矣。特孔子所信之天命仍偏于宗教之成分为多，非如孟子，此当于次卷中详之。

《论语》中"性"字仅两见：

子曰："性相近也，习相远也。"（《阳货》）

子贡曰："夫子之文章可得而闻也，夫子之言性与天道不可得而闻也。"（《公冶长》）

前一事可以解作生来本相近，因习而日异。"生""习"皆无定主动词，故下云"相"，如以"性"为表质之名词，则与"习"不对矣。后一事所谓"夫子之言性"者，其字究应作"性"或作"生"，不能于此语之内求之，《论语》中他事亦鲜可供解决此事者，必参考稍后之书始可决之。设如《孟子》书中"生""性"二义界然划分，则前于此之《论语》中"生""性"二字可以界然划分，亦不必定界然划分，设如《孟子》书中"生""性"二义并未界然划分，则前于此之《论语》中，"生""性"二字更不能界然划分矣。故此点应留待下数章中论之。

第七章　论《告子》言"性"实言"生"
　　　　兼论《孟子》一书之"性"字在
　　　　原本当作"生"字

　　《诗》《书》《左氏》《国语》《论语》中之"性""命"字，既统计之矣，战国诸子书中之"性""命"字，则不必尽数统计也。时至战国，"命"字之诸义皆显然分立，不烦疏别，其"天命"一义亦滋衍丰长矣，此当于次卷论思想变迁中详之。天命之说虽已发展，人性之论，其已自论述具体之生，演为辨析抽象之性乎？今《孟子》《荀子》《吕子》诸书中之论性者，果所论者是性不是生乎？纵使性之一义既成，其对于"生"字之本义果尽脱离乎？自此以下三章，为答此问题而作也。

一　论《告子》言"性"皆就"生"字之本义立说

　　告子曰："性犹杞柳也。义犹桮棬也。以人性为仁义，犹以杞柳为桮棬。"

孟子曰："子能顺杞柳之性而以为桮棬乎？将戕贼杞柳而后以为桮棬也。如将戕贼杞柳而以为桮棬，则亦将戕贼人以为仁义与？率天下之人而祸仁义者，必子之言夫！"（《孟子·告子篇》，下同。）

按：《告子》所谓"性"，即所谓天生；所谓义，即所谓人为。以天生与人为为对，故曰"仁内也，义外也"。寻告子之意，以为杞柳之生也，支蔓丛出，不循方圆，使之成器，非加以人工不可，人之生亦支蔓丛出，不辨善恶，使之就世间约定之仁义，亦非加以人工不可。所谓"戕贼人性以为仁义"，正荀子之说也。

告子曰："性犹湍水也，决诸东方则东流，决诸西方则西流。人性之无分于善不善也，犹水之无分于东西也。"

孟子曰："水信无分于东西，无分于上下乎？人性之善也，犹水之就下也。人无有不善，水无有不下。"

"今夫水，搏而跃之，可使过颡；激而行之，可使在山。是岂水之性哉？其势则然也！人之可使为不善，其性亦犹是也。"

按：告子之说，与孔子"性（生）相近也习相远也"之说合，孟子则离孔子说远矣。

告子曰："生之谓性。"

孟子曰："生之谓性也，犹白之谓白与？"曰："然。"

"白羽之白也，犹白雪之白；白雪之白，犹白玉之白欤?"曰,"然。"

"然则犬之性犹牛之性,牛之性犹人之性欤?"

寻上文之意,"生之谓性"之"性"字,原本必作"生",否则孟子不得以"白之谓白"为喻也。

告子曰:"食色,性也。仁,内也,非外也;义,外也,非内也。"

孟子曰:"何以谓仁内义外也?"

曰:"彼长而我长之,非有长于我也。犹彼白而我白之,从其白于外也,故谓之外也。"

曰:"异于(二字衍文)白马之白也,无以异于白人之白也,不识长马之长也,无以异于长人之长欤?且谓长者义乎,长之者义乎?"

曰:"吾弟则爱之,秦人之弟则不爱也,是以我为悦者也,故谓之内。长楚人之长,亦长吾之长,是以长为悦者也,故谓之外也。"

曰:"耆秦人之炙无以异于耆吾炙,夫物则亦有然者也,然则耆炙亦有外欤?"

寻告子之意,食色生而具者也,恻隐之心自内发,故曰内,至于是是非非贤贤贱不肖,必学而后知之,必习而后与人同,故曰外也。

公都子曰:"告子曰,性无善无不善也。"

寻告子之义，善恶之辨，由于习俗，成于陶染，若天生之质，则无预于此外来者也。

二 论《孟子》书之"性"字在原本当作"生"字

《孟子》一书，言"性"者多处，其中有可作"生"字解者，又有必释作"生"字然后可解者，如下：

> 或曰："性可以为善，可以为不善。是故文武兴则民好善，幽厉兴则民好暴。"

此或人之言，谓人之生来可以为善可以为恶也。

> 孟子曰："牛山之木尝美矣。以其郊于大国也，斧斤伐之，可以为美乎？是其日夜之所息，雨露之所润，非无萌蘖之生焉。牛羊又从而牧之，是以若彼濯濯也。人见其濯濯也，以为未尝有材焉，此岂山之性也哉？"

所谓山之性，乃山之生来之状，其原文当作"山之生"，如此乃与上文"萌蘖之生"一贯。

> 孟子曰："尧舜性之也，汤武身之也，五霸假之也。"
> （《尽心》，下同）

此谓尧舜生来便善，不待人为；汤武力行，然后达于道也。若如今本作"性"字，则尧舜之圣为性之所生，汤武之身之独不由于性乎？如别古圣人以性之、身之二类，即无异以性为不备，正与孟子说性相违矣。然则此处本作"生"字无疑也。

孟子曰："尧舜性者也，汤武反之也。"

此亦与上举一例同义，谓尧舜生而然，谓汤武反躬力行而几于道，非谓汤武所行不由于性也。

孟子曰："形色，天性也"。

此亦谓形色天生而有也。

孟子曰："口之于味也，目之于色也，耳之于声也，鼻之于臭也，四肢之于安佚也，性也，有命焉，君子不谓性也。仁之于父子也，义之于君臣也，礼之于宾主也，知之于贤者也，圣人之于天道也，命也，有性焉，君子不谓命也。"

此语之义，赵岐、朱子皆不尽得其解。今如以"性"字为"生"字，文义显然矣。孟子盖谓口之于味，目之于色，耳之于声，鼻之于臭，四肢之于安佚，皆生而然也；然而人之生也有所受于天之正命焉，即义理也，故君子不以此等五官为人生之全也。仁之于父子，义之于君臣，礼之于宾主，知之于贤者，圣人之于天道，皆天所命之义理也，然而人之能行此者其端亦与生而俱焉，故君子不以此等事徒归之于天所命也。此为"性命一贯"论之最早发挥者,此义待中卷第七章详说之。今说明者即此语中之"性"字本皆"生"字也。(《孟子》此一节中"命"字乃"命正"之义,非"命定"之义,赵解失之。详次卷。)

如上所论,《孟子》一书中虽有"性"之一义,在原文却只有"生"之一字,其作"性"字者,汉儒传写所改也。

第八章　论《荀子·性恶》《正名》诸篇中之"性"字在原本当作"生"字

《荀子·性恶篇》之"性"字，在原书写本未经隶变之前，必皆作"生"字，可以下列一事证明之。《性恶篇》首云："人之性恶，其善者伪也。"杨注曰，"伪，为也，矫也，矫其本性也。"郝懿行曰："性，自然也；伪，作为也。伪与为古字通，扬氏不了而训为矫，全书皆然，是其蔽也。"（《荀子补注》）王先谦曰："郝说是。荀书伪皆读为，下文'器生于工人之伪'，尤其明证。"（《荀子集解》）斯年按：《性恶篇》全篇所论"其善者伪也"之伪，皆用人为之义，与矫义无涉。据郝、王二氏所考，全篇之"伪"字，在原本必尽作"为"字，其作"伪"者，后人传写时所改也。"伪"字既原作"为"字，"性"字亦原作"生"字欤？此亦可考而知也。篇中有云：

今人之性，固无礼义，故强学而求有之也。性（此处必作生字方可通）不知礼义，故思虑而求知之也。然则生而已，则人无礼义，不知礼义，人无礼义则乱，不知礼义则悖。然则生而已，则悖乱在己。用此观之，人之性恶明矣，其善者伪也。

卢文弨校本曰："'生而已'元刻作'性而已'，下同。"寻荀子此段之意，如皆作"性"字，固勉强可解；如皆作"生"字，文义尤顺。今或作"性"字，或作"生"字，乃不可解矣。今假定其皆作"性"字，绎其义如下：

人之天性之中，本无所谓礼义也。故待强学而求有此礼义。性中本不知有礼义也，故待思虑而求识此礼义。既如是，若仅凭性之所有为已足，则人无礼义，且不识礼义矣。人无礼义，且不识礼义，悖谬之甚者也。既如是，若仅凭性之所有为已足，则悖谬暴乱出于己身矣。由此观之，人之性之本为恶也明矣。其能为善者人为之力也。

如此绎之固可解，究嫌勉强，然如全作"生"字，其意则显矣：

人之生也，本未挟礼义以俱来，故待强学而求有此礼义。人之生也，本不识何谓礼义也。故待思虑而求识此礼义。既如是，若仅凭生来所有为已足，则人无礼义且不识礼义矣。人无礼义且不识礼义，悖谬之甚者也。既如是，若仅凭生来所有为已足，则悖谬暴乱出于己身矣。由此观之，人之生也恶，其义甚明，其能为善者，人为之力也。

独或作"性"字或作"生"字，如今本所具者，在文义为不可通。从此可知原本必皆是"生"字，后人传写，寻求文义，乃改其若干"生"字为"性"字,然句如"然则生而已"者,势难改作性字,故犹留此原来形迹。元本校者见此处独作"生",与上下文不一贯也,乃一律改作"性"。今日据此未泯之迹,可知原本全篇之皆作"生"不作"性",其改写"性"字,经汉晋六代至于唐宋而未曾改尽也。

且就《性恶篇》所持之旨论之,其作"生"也固宜。全篇反复陈说者,皆不外乎申明人之生也本恶,其能为善者人为之力。世之所谓善者,非生而有之者也,学而后有之。所谓恶也,生而具来者也,要在以礼法、教化、规矩、刑罚,克服之耳。与其写作《性恶篇》,固不如写作《生恶篇》之足以显其义也。荀子之生恶论,正其以人胜天之主张之一面,其以劝学为教,人道为道,不愿"大天而思之",而欲"制天命而用之",皆与生恶说相表里也(参看胡适之先生《中国哲学史大纲》卷上第十一篇第二章)。

难者曰,《荀子·性恶篇》中所有"性"字在未经汉人改写前,固应一律作"生"字,如君所说矣,然荀书《正名篇》有云:"生之所以然者谓之性,性之和所生,精合感应,不事而自然谓之性。"明明以"生"字解"性"字,今日一律作"生"字,是何说乎?曰此正荀书中一律作"生"字之证也。请遍观《正名篇》之用辞,此义可晓然矣。《正名篇》曰:

> 散名之在人者——生之所以然者谓之性;性之和所生,精合感应,不事而自然谓之性。性之好、恶、喜、怒、哀、乐,谓之情。情然而心为之择谓之虑。心虑而能为之动谓之伪;虑积焉,能习焉,而后成谓之伪。正利而为谓之事。正义而为谓之行。所以知之在人者谓之知,知有所合谓之智。"智"(据卢文弨校第二"智"字衍)所以能之在人者谓

之能，能有所合谓之能。性伤谓之病，节遇谓之命。是散名之在人者也，是后王之成名也。

又曰：

故万物虽众，有时而欲遍举之，故谓之物。物也者，大共名也。推而共之，共则又（原作有，据王念孙改）共，至于无共，然后止。

循荀子之用语也，好用在语法上异其作用之同字于一句中，即如《非十二子篇》，"信信，信也"（上"信"字为动词，中"信"字为名词，下"信"字为谓词。）如不贯上下文以读之，几不可解。今《正名篇》曰"所以能之在人者谓之能，能有所合谓之能"。如此句法，则正名之界说性也，固应作"生之所以然者谓之生，生之和所生，精合感应，不事而自然谓之生"。如将下"生"字改为"性"字，语法不类矣。今固不能改下一能字为别一字，即亦不当改下一"生"字为"性"字也。至于"知之在人者谓之知，知有所合谓之智"，"智"字应为"知"字，不应作"智"字，卢文弨校本中已说之矣。又如"推而共之，共则又共，至于无共然后止"，亦是此等变化字义法。此种造语之法是否可为行文之法式，今不具论，然此种风格甚显意趣。《荀子》书有刻意造辞之迹，与前此子书之但记口语者不同，此其一证矣。

第九章 论《吕氏春秋》中"性"字在原本当作"生"字

晚周子书中,年代确可考者为《吕氏春秋》,此书明言成于"维秦八年,岁在涒滩",此书固当为晚周诸子书中之最晚者矣。其《本生篇》泛载"生"字与"性"字,前文正在论生,后文乃直继以论性之语,忽又直继以论生之语,今日分写"生""性"二字,若语无伦次然,然若知原本当皆作"生"字,"性"即"生"也,则上下文理通矣。今录而释之如下:

> 始生之者,天也。养成之者,人也。能养天之所生而勿撄之,谓之天子。天子之动也,以全天为故者也。此官之所自立也。立官者以全生也。今世之惑主,多官而反以害生,则失所为立之矣。譬之若修兵者以备寇也,今修兵而反以自攻,则亦失所为修之矣。

此所论者明明生也,而下文忽接以论性。

夫水之性清，土者抇之，故不得清。人之性寿，物者抇之，故不得寿。物也者所以养性也，非所以性养也。今世之人惑者，多以性养物，则不知轻重也。（按：此明明谓养生，下同。）……是故圣人之于声色滋味也，利于性则取之，害于性则舍之，此全性之道也。世之贵富者，其于声色滋味也多惑者。日夜求幸，而得之则遁焉；遁焉，性恶得不伤？

此虽著"性"字，所论实养生也。下文接此乃著"生"字。

万人操弓，共射其一招，招无不中。万物章章以害一生，生无不伤，以便一生，生无不长。故圣人之制万物也，以全其天也。天全则神和矣，目明矣，耳聪矣，鼻臭矣，口敏矣，三百六十节皆通利矣。若此人者，不言而信，不谋而当，不虑而得，精通乎天地，神覆乎宇宙，其于物无不受也，无不裹也，若天地然。上为天子而不骄，下为匹夫而不惛，此之谓全德之人。

其下文则上句著"性"字下句著"生"字，然所论者固为一事，承前文而说也。

贵富而不知道，适足以为患，不如贫贱。贫贱之致物也难，虽欲过之，奚由？出则以车，入则以辇，务以自佚，命之曰招蹷之机。肥肉厚酒务以自强，命之曰烂肠之食。靡曼皓齿，郑卫之音，务以自乐，命之曰伐性之斧。三患者贵富之所致也。故古之人有不肯贵富者矣，由重生故也，非夸以名也，为其实也。则此论之不可不察也。

此篇标题曰《本生》，文中所指，关养生者多，关养性者少。然则《吕子》此篇，原本必上下一贯用"生"字不用"性"字，其改作"性"字者后世写者所为也。

《重己》一篇亦如是。全篇皆论养生之道，篇末忽著"安性""养性""节性"诸词，按以上文，知即"安生""养生""节生"也。《贵生篇》正作养生，可证也（《庄子》亦作养生不作养性）。

《吕氏春秋》乃战国时最晚之书，吕书中无"生""性"二字之分，则战国时无此二字之分明矣。其分之者，汉儒所作为也。

第十章 "生"与"性" "令"与"命"之语言学的关系

以上诸章,说明"生""性""令""命"诸字在先秦遗文及先秦经籍中如何出现及其如何演变,兹总括前文,约其旨要,以论其形与音。

一 字形

"令"字乃复体象形字,像一人跽于屋宇或帐幕之下,《说文》以为从A卪者。就战国时字体附会之说,非所以论此字之原也。在殷商及周初文字中,"令"字及从令之字皆作此形。后来像人跽形之部渐就省易,所像之形遂不可识。约当西周中叶,即昭穆以后,书者复加"口"字于"令"字之旁。初则从口之部在行列之外,后乃与"令"字融为一体(参看本卷第二章)。在西周晚期金文中,一器中或专用"令"字,或专用"命"字,或"命""令"二字互用,可知此时"令""命"二字虽作两体,实是一字,不应有截然不同之两音，如今日令从来母、命从明母者也。历西周末至春秋，两字虽字体不同，其用法则实无分别可以窥见。此两字之读音究竟至何时始分化，不可详矣。兹为图以明其演变之迹。

"生"字乃金文及先秦经籍中所普用之字，虽有时借"眚"为之（如"既眚魄"），然后代"百姓"之姓，"性命"之性，在先秦古文皆作"生"，不从女，不从心。即今存各先秦文籍中，所有之"性"字皆后人改写，在原本必皆作"生"字，此可确定者也。后世所谓性命之"性"字，在东周虽恍惚若有此义，却并无此独立之字也，吾作此语，非谓先秦无从心之"性"字之一体。战国容有此字，今不可考，然吾今敢断言者，战国纵有此字，必是"生"字之或体，与"生"字可以互用。准以文王之文字从心作忞，兼以战国文字好加偏旁，从心之"性"字成立于彼时固为可能，特此字对"生"字并非独立，仅是其异文而已。其分别"生""性"二字者，秦后事也。

或以为生死之生与性善之性在晚周既有文义的分别，则虽作一字不必以为一字也。不知此解似是而实误。字者，语词之代表也，词者，语义之发音也。凡一名在字在词尚未分判为二体之时，纵有相联而异之语义，亦不易界画井然，无所淆混。今日受哲学之训练，守逻辑之纪律者，尚不易在用重要名词时谨守其界说，遑论晚周诸子？故"生""性"二字之未相互独立，即"生""性"二词之未相互独立；"生""性"二词未互相独立，即"生""性"二义之未能不淆也。试看孟荀所著，此情显然。荀子所谓性恶者，即谓生来本恶也。孟子所谓性善者，亦谓生来本善也。在其论"性"时，指天生之具体事件耶？抑指禀赋之抽象品德耶？按其文义，忽谓此，忽转谓彼，今诚不易严为界画。其实二子心中固未将此二事尽量分别清楚。二字之未到相互独立地步，即致此现象之一因也。

二 字音

字形（可简称字）者，一词或一系词之符号也。字形本身并非语言之枝节或体躯，其作用仅如人之有名字。名字固一人之符号，然一名字与其所代表之实体无关也。故今日可以罗马字母写汉语，亦可以汉字记英语。汉语之用汉字书写之者，其始出于一事之偶然，其后成于数千年之习惯，今日混汉字汉语为一事，诚未可也。然汉语历数千年用汉字为其符号，汉语之变化惟有借汉字之符号求之，故今日舍字形之学而论字音之变，亦必有所不通矣。称中国语言学为中国文字学者，误也，舍文字之语言学，亦必遇其所不可通者焉。

字音者，一词或一系词之本身也。故一词之认识在其音不在其形（戴、段、王、孔诸氏皆申明此说）。其演变即其音之迁动也。今审求"生""性""令""命"诸字之音如下。

生，《广韵》下平声，十二庚，所庚切。又去声，四十三敬，所敬切。是此一字有平去两读。性，去声，四十五劲，息正切。所为审母三等字，息为心母字。心为舌头磨擦音，当等于国际音标中之S，审在照穿床审禅一列（或称部）中，此列乃稍后于舌头之音，而审又与心为同行（或称位。举例说之，重唇轻唇，部之别也，在表中可以横行之列容之。磨擦破裂，位之别也，在表中可以直行之行容之。行列易称亦可），故二母最易相变，高本汉氏以S.表之。"生""性"二文本是原字、孳乳字之关系，今按之《广韵》，二字虽异纽，而二字之纽实相近而易互变者也。至于二字之韵亦可识其古同。盖劲为清之去声，而庚、耕、清、青、蒸、登六韵（以平括上去入），在等韵中本为一类也（参看陈澧《切韵考·外篇》卷二）。庚、耕、清、青以大齐言之，古为一类，此类即戴氏之第十三部婴，段氏之第十一部庚，王念孙氏之第六部耕，江有诰氏之第十三部庚也。

令，《广韵》去声，四十五劲，力政切。命，去声，四十三映，眉病切。映、劲固同韵类，同声调矣，而纽则令为来母，命为明母，全不同也。按之金文，一器之中，同样用法之下，"令""命"二字互写，知此二字在古初必无不同之读如今日所见者，此其故何耶？又据《诗经》《左传》借令字以写霝字，霝为平声，《诗经》之令字、苓字、零字大体与平声字为韵，知"令"字古必有平去二读，如"生"字之有平去二读，此亦待解者也。

欲审辩此事，有一先决之问题在，即汉字在古初是否一字仅有一音一声调是也。试览《说文音韵表》《说文声类》诸书，吾辈可将同所从声之字及所从声之原字认为音读大同或极近，而依不易识出之法式微变其音读，然不能冒然认为绝同也。又试思一字之音异其声调者，如颜之推、陆德明所论，《经典释文》及诸古字书所载，其故何耶？颜之推曰：

夫物体自有精粗，精粗谓之好恶；人心有所去取，去取谓之好恶。（上呼号、下乌故反。）此音见于葛洪、徐邈，

而河北学士读《尚书》云,"好(呼号反)生恶(於谷反)杀",是为一论物体,一就人情,殊不通矣。(《颜氏家训·音辞篇》)

陆德明曰:

夫质有精粗,谓之好恶(并如字);心有爱憎,称为好恶(上呼报反、下乌路反)。当体即云名誉(音预),论情则曰毁誉(音余)。及夫自败(蒲迈反)败他(蒲败反)之殊,自坏(呼怪反)坏撤(音怪)之异。此等或近代始分,或古已为别,相仍积习,有自来矣。余承师说,皆辨析之。比人言者多为一例。……莫辨复(扶又反,重)复(音服,反也),宁论过(古禾反,经过)过(古卧反,超过)。……如此之俦,恐非为得。

如斯之例,寻之于古字书及释文,为数极多。此之分别究为后起而古无之耶?抑古本有之,后来渐失,仅存若干例于书中耶?颜、陆对此,并无断定。颜氏举葛洪、徐邈为言,信旧有此别矣,乃同篇中论"焉"字两读云:"河北混同一音,虽依古读,不可行于今也。"又以"江南学士读《左传》,军自败曰败,打破人军曰败(补败反)……为穿凿",似心中摇摇未定也。然《公羊传》成于西汉,有曰:

春秋伐者为客,伐者为主。

何休注曰:

民族与古代中国史（外一种）

　　伐人者为客，读伐长言之，齐人语也。见伐者为主，
读伐短言之，齐人语也。

　　知此特质之存在早矣！何休以为齐人语者，非齐人造之，乃齐人承古未变耳。古者词句简，字中含此变化，后来表示语法作用之副词增多，如"见伐""所生""以告"之类，于是古汉语中此一特质逐渐消失，另以副词代此多项语法作用矣。

　　细审之，如此类者，不可以为一字有不类之两读，乃一词缘语法之作用，因其在句中之位置，而有两读。此两读者，乃一源而出之差异，或仅异其声调，或并微异其音质，或缘声调之异而微异其音质。颜说未彻，何例诚精，此固古汉语中之绝大问题，当俟语学家解决之也。

　　此类变化，所表者必为语法作用，可以无疑，其表示何种语法则未易理解。意者所表者乃多种之语法作用，不限一类，故其头绪不易寻也。如王之读去声（《孟子》"可以王"，《中庸》"王天下"之"王"），是一名用词、一动用词之差异也。伐之急言短言（此别必为声调的），是一主呼、一受呼之差异也。好恶之读去声，是一静用词（与名用本为一类）、一动用词之差异也。正字有征政二读（金文中三字不分），告字有入去二读，疑是一示动作、一示所动作之结果之差异也。如斯之例，求之于释文，当甚多矣。

　　今所论"生"与"性""令"与"命"之音的关系，当不出上列诸类之一。幸有《荀子》一节可以证明此事。

　　生之所以然者谓之生（传本作性，今改正，说见本卷

· 202 ·

第八章，以下同）。生之和所生，精合感应，不事而自然谓之生。……心虑而能为之动谓之为（传本作伪，据郝氏说改正）。……所以知之在人者谓之知，知有所合谓之知（传本作智，据卢改）。所以能之在人者谓之能，能有所合谓之能。

上"为"字平声（远支切），下"为"字读伪，去声（于伪切）。上"知"字平声，下"知"字读智，去声。上"能"字平声，下"能"字据杨注读耐，去声。（按《乐记》："故人不耐无乐，乐不耐无形，形而不为道，不耐无乱。"郑注曰："耐，古书能字也，后世变之，此独存焉。"）同样句法皆如此，"生"之一字当不异。"生"字本有平去两读，则此处上"生"字当为平，下"生"字当为去，其读去之"生"字即后世所谓"性"字也。"性"与"生"字之异读，除声调外，"性"字多一齐齿介音，此介音如何来，或受声调改变之影响，或受前加仆音，如西藏语此种变化（李方桂先生疑其或如此），当俟语言学家解决之矣。

若言其语法上差异，则上文生、为、知、能四字作平读者，动词之正格，表动作者也。下文同样四字作去读者，缘动词而成之名词，表动作之所成（resultative）者也。今可举其大齐简言之曰，"生（去读），所生（平读）也"，如以后代分化字体写之，则"性，所生也"。

古书中语法类此者甚多，如：

孔子对曰：君君、臣臣、父父、子子。公曰：善哉！信如君不君，臣不臣，父不父，子不子，虽有粟，吾得而食诸？（《论语·颜渊》）

老吾老，以及人之老，幼吾幼，以及人之幼。（《孟子·梁

惠王上》）

　　　信信，信也；疑疑，亦信也。贤贤，仁也；贱不肖，亦仁也。（《荀子·非十二子》）

　　似此之例，如辑类之，可至于无穷。在后世摹拟此种文句者，固不辨其读音依语法而变化，在古初自是语言中之一自然现象，有音差可征。因汉字记音不细密，此等微细处未尝有别，乃为后人所不识耳。

　　依"生"与"性"之关系，以察"令"与"命"之关系，两者为一类。"令"字古有平去二读，如上文所说，韵部又同，所差在纽及介音耳。"令"开口而"命"合口者，疑"命"字之介音或出于纽之影响，纽变为重唇，乃出合口之介音。此处纽之差别为来、明二母。来、明二母古本交错，如来之为麦，欒之为蛮，是其例也。故"令""命"两字之纽如此差异，本非不可想象者，然究缘何事有此差别，亦当虑及也。意者此一词两字之纽，古为复合仆音，或ml 或 bl，受音调变化之影响，一失其 m 而为后世读"令"之音，一失其 l 而为后世读"命"之音，或本为 l，因语法变化加 m 为前支，久而前支 m 成为纽之本身，原有之纽 l，变后混于介音中。凡此涉想，吾将俟语言学家理之。今可质言者，即"令""命"实为一词，因语法变化，虽为一词而有两读，古者"令""命"两体固为一词，亦各有 lm 两组，非"令"从 l "命"从 m，后来乃分化为断然不同之二音，复以二体分别表之耳。今依释"生"字之例，释"令""命"两字之关系曰：令作平声读者，动词之正格，表动作者也，作去声读者（后为命字），缘动词而成之名词，表动作之所成者也。举其大齐简言之，"令（去声），所令（平读）也"，以后代分化字体写之，"命，所令也"。

尚有一事须提及者，即"令""命"二字之收声在古必为n不为η，此可以"令""命"两字在《诗经》与"天""人"诸字为韵求之。此两字在古音中应居段氏第十二真部，王氏第七真部，江有诰氏第十二真部，不与阳、庚、蒸等部相涉也。

兹附假定之图以明此变。

	主动词 动词主格 平声	所成名词 因主动词所示之动作，而成就者，亦即动词受格之变为名词用者。去声
"生""性"一词	saη（平）	saη（去）siaη（去）
"令""命"一词	mlin（平） 或 blin（平）	mωin（去）

〔附志〕按：诸词之王音，其细密之分别与本节论旨无关，故仅用知其相近之音符书之，不必严格定之也。参看高本汉氏书。

三　字义

因形识字，因音识词，因一词之音之微变识词性之作用，因词性之作用可以辨字义矣。一词之众义，在枝蔓群生之后，似觉其离甚远，有时或并不觉其有关系，然由词性作用以求之，其关联多可通或皆可通也。"令""命"之本义为发号施令之动词，而所发之号、所出之令（或命）亦为令（或命）。凡在上位者皆可发号施令，故王令、天令在金文中语法无别也。殷世及周初人心中之天令（或作天命）固"谆谆然命之"也，凡人之哲、吉凶、历年，皆天命之也（见

· 205 ·

《召诰》）。犹人富贵荣辱皆王命之也。王命不常，天命亦不常；王命不易，天命亦不易（解见次卷）。故天命王命在语法上初无别，在宗教意义上则有差。天命一词既省作命，后来又加以前定及超于善恶之意，而亡其本为口语，此即后来孔子所言之命，墨子所非之命。从此天命一词含义复杂，晚周德运之说，汉世识谶书之本，皆与命之一义相涉矣。

"生"之本义为表示出生之动词，而所生之本，所赋之质亦谓之生（后来以"生"字书前者，以"性"字书后者）。物各有所生，故人有生，犬有生，牛有生，其生则一，其所以为生者则异。古初以为万物之生皆由于天，凡人与物生来之所赋，皆天生之也。故后人所谓"性"之一词，在昔仅表示一种具体动作所产之结果，孟、荀、吕子之言性，皆不脱生之本义。必确认此点，然后可论晚周之性说矣。

春秋时有天道人道之词，汉儒有天人之学，宋儒有性命之论。命自天降，而受之者人，性自天降，而赋之者人，故先秦之性命说即当时之天人论。至于汉儒天人之学，宋儒性命之论，其哲思有异同，其名号不一致，然其问题之对象，即所谓天人之关系者，则并非二事也。

中卷　释义

第一章　周初人之"帝""天"

在论周人"上帝""皇天"之观念以前，宜先识太古之"帝""天"为何如之物。

上古中国人之"上帝""皇天"观念何自来乎？如何起源？如何演进？此一问题极大，非本书所能悉论。其专属于历史或古代民族学者，当于他处论之（此类文稿多写成于六七年以前，以后分期在本所集刊登载），其与周人天道观有涉各事，则于此章说之。此类问题待说者有三：一、抽象之"帝""天"何自演出？二、殷人之"帝"是人王抑是天神？三、周初之"帝""天"是否袭自商人？此三问题中，以第三题为本章之基础，为解答此题，第一第二两题亦不可无说。

抽象之"上帝""皇天"决不是原始时代之天神观念。早年之图腾标识，自然物与自然力，以及祖先，乃是初民崇拜之对象，从此演进，经若干步程，方有群神之主宰，方有抽象之皇天，方有普照之上帝。由宗神进为上帝，由不相干之群神进为皇天之系统，必经过甚多政治的、社会的、思想的变化，方可到达。此种发展之步程，可于印度、美索布达米、埃及、希腊、以色列各地古宗教史征之。就中国论，古来一切称帝之神王皆是宗神（tribal gods），每一部落有其特殊之宗神，因部落之混合，成为宗神之混合，后来复以大一统思想之发达，成为普遍的混合。《尧典》所载尧廷中诸人，舜、四岳、禹、弃、契、皋陶、垂、益、伯夷、夔、龙，以及殳斨、伯与、朱虎、熊罴，《左传》文十八年所载苍舒、隤敳、梼戭、大临、龙降、庭坚、仲容、叔达、伯奋、仲堪、叔献、季仲、伯虎、仲熊、虎豹、季狸，以及帝鸿、少皞、颛顼、缙云，其来源皆是宗神，即部落之崇拜。后来或置之于一堂，或列之于多系，其混合方式要不出于战伐的、文化的、思想的。两民族或两部落攻战之后，一败一胜，征服人者之宗神固易为被征服者所采用，有时被征服者之宗神，亦可为征服人者所采用。文化高者之宗神固可为文化低者因文化接触而采用，有时亦可相反。本非一系一族之部落，各有其宗神，后来奉大一统思想者，亦可强为安置，使成亲属。此等实例累百累千，世界各地之古史皆有之，不以中国为限矣。今举三例以明其变化之大。古者中国南方有拜火教，诸部落奉此教者之宗神，以象物言之曰祝融（后称炎帝），以象功言之曰神农（"农""融"古当为一词）。此一崇拜，其祠祀中心，原在江汉衡湘，后来秦岭山脉中姜姓部落（即上古之羌），奉此祠祀，于是有炎帝神农氏之混合号，于是神农为姜姓之祖矣（说别详）。又如鲧、禹平水土之创世论本为居处西土诸夏部落所奉信，后来以诸夏文化之声威远被，百越奉此祠祀，匈奴受此传说，于是勾践、冒顿皆祖夏禹，而胡、越一家矣。又如耶和华一神本是以色列诸部之一宗神，浸假而为以色列全族之宗神，复以犹太教耶稣教之抽象思想进展，耶和华一神，在后来全失其地域性，在今日为世上一切奉耶稣教各派者之普遍天父矣。

殷周人之帝天，其观念之演变及信奉之流传，自亦不免走此一路。余在《新获卜辞写本后记跋》中论此事较详（载《安阳发掘报告》

第二期，民国十九年出版），兹移录其数段于下：

（周人）在这样的接受殷化中最重要的一件事，是竟自把殷人的祖宗也认成自己的祖宗了。周人认娘舅的祖宗本有明例。如："厥初生民，实为姜嫄。"这是认了太王的妻的祖宗。至于认商的始祖，尤其是中国人宗教信仰之进化上一个大关键。这话说来好像奇怪，但看其中的情形，当知此说大体是不误的。

初民的帝天，总是带个部落性的。旧约的耶和华，本是一个犹太部落的宗神。从这宗神演进成圣约翰福音中的上帝，真正费了好多的事，决不是一蹴而成的。商代的帝必是个宗族性的，这可以历来传说商禘帝喾为直证，并可以商之宗祀系统中以帝俊（即帝喾）为高祖为旁证。周朝的上帝，依然和人一样，有爱眷，有暴怒（见《诗·皇矣》），然而已经不是活灵活现的嫡亲祖宗，不过是"践迹"而生。且将在此一事上商周的不同观念作一比较：

商"有娀方将，帝立子生商"。这是说，商为帝之子，即契为喾之子。

周"履帝武敏歆。攸介攸止。载震载夙，载生载育，时维后稷。诞弥厥月，先生如达。不坼不副，无菑无害，以赫厥灵。上帝不宁，不康禋祀，居然生子"。这是说：稷为姜嫄之子，而与上帝之关系是较含糊的。

这样看来，虽说殷周的上帝都与宗姓有关系，然而周的上帝确是从东方搬到西土的，也有诗为证：

皇矣上帝，临下有赫。监观四方，求民之莫。维此二国,其政不获。维彼四国,爰究爰度。上帝耆之,憎其式廓。乃眷西顾,此维与宅。

把这话翻译成后代的话,大致便是:

大哉上帝,明白的向下看着。监看四方的国家,求知道人民的疾苦。把这两国看,看得政治是不对的。把那四方之国再都一看,看来看去,考量了又考量,上帝觉得他们那样子真讨厌。于是转东西看,看中了意,便住在这里了。

这个上帝虽在周住下所谓"此维与宅",然而是从东方来的(二国,《毛传》以为夏殷,当不误)。这话已经明说周人之帝是借自东土的了。进一步问,这个上帝有姓有名不呢?曰,有,便是帝喾。何以证之?曰,第一层,"履帝武敏歆",《毛传》曰:"帝,高辛氏之帝也。"因为我们不能尽信《毛传》,这话还不算一个确证。第二层,《鲁语》上:"商人禘喾而祖契,郊冥而宗汤。周人禘喾而郊稷,祖文王而宗武王。……上甲微,能帅契者也,商人报焉,高圉,大王,能帅稷者也,周人报焉。"这句话着实奇怪,照这话岂不是殷周同祖吗?然殷周同祖之说,全不可信,因其除禘(帝)喾以外全无同处。且周人斥殷,动曰"戎商""戎殷",其不同族更可知。然《鲁语》这一段话,又一定是可靠的,因为所说既与一切记载合,而商之禘喾,上甲之受报祭,皆可由殷虚卜辞证明。一个全套而单纯的东西,其中一部分既确切不移,则其他部分也应可信。那么,这个矛盾的现象,如何解释呢?惟一的可能,足以不与此两个都可信的事实矛盾者,即是:商人的上帝是帝喾,周人向商人借了帝喾为他们的上帝,所以虽种族不同,至于所禘者，则是一神。帝者，即所禘者之号而已。第三层，《世本》《史记》各书皆以为殷周同祖帝喾。这个佐证若无《左传》《国语》中的明确的记载，我们或者不相信的。但一有《国语》中那个已有若干部分直接证明了的记载，而我们又可以为这记载作一个不矛盾的解释，则《世本》《史记》的旁证，也可引来张目了。

禘、帝是一个字，殷虚文字彝器刻词皆这样。帝郊祖宗报五者，人称、礼号，皆同字，所在地或亦然。帝之礼曰禘（帝），禘（帝）时所享之神为帝。祀土之礼曰土（社），祀土之所在曰土（社），所祀之人亦曰土，即相土。殷之宗教，据今人研究卜辞所得者统计之，除去若干自然现象崇拜以外，大体是一个祖先教，而在这祖先教的全神堂（Pantheon）中，总该有一个加于一切之上的。这一个加于一切之上的，总不免有些超于宗族的意义。所以由宗神的帝喾，变为全民的上帝，在殷商时代当已有相当的发展，而这上帝失去宗神性最好的机会，是在民族变迁中。乙民族用了甲民族的上帝，必不承认这上帝只是甲民族的上帝。《周语》《周诗》是专好讲上帝三心二意的，先爱上了夏，后来爱上了殷，现在又爱上了周了。这样的上帝自然要抽象，要超于部落民族，然而毕竟《周诗》的作者，不是《约翰福音》的作者，也不是圣奥古斯丁，还只是说上帝是"谆谆然命之"的。

古经籍中之帝喾即甲骨卜辞中之夋（或曰"高祖夋"），而甲骨文中之夋，即《山海经》之帝俊，王国维已确证之（《观堂集林》九），在今日已成定论矣。试一统计甲骨卜辞中"帝"之出现数，尤觉殷

中卷　释义

人之单称"帝"者，必为其所奉为祖宗者之一，以其对此单称帝者并无祭祀也。据孙氏海波《甲骨文编》，共收"帝"字六十四，除重出者一条外，凡得六十三，其中单称"帝"者二十六：

今二月帝不令雨。（藏一二三，一）

庚子卜，□贞：帝令□（雨）。（戬二一七，四）

贞：帝令雨，弗其足年。（前一，五十，一）

帝令雨足年。（同上）

壬子卜，㱿□（贞）：自今至□（于）丙□，帝□（令）雨王□（受）□（又）。（前六，二十，二）

庚戌□（卜）㱿贞：□（不）雨，帝不我。……（藏三五，三）

□□□（卜）□贞：今三日，帝令多雨。（前三，十八，五）

□丑卜，贞：不雨，帝隹堇（馑）我。（甲一，二五，十三）

……曰帝……堇我。（一五九，三）

庚戌卜，贞：帝其降堇。（前三，二四，四）

□□卜，贞……帝……降□（堇）。（前四，十七，六）

我其巳（祀）宾，乍（则）帝降若。（前七，三八，一）

我勿巳宾，乍（则）帝降不若。（同上）

丙子卜，㱿贞：帝弗若。（藏六一，四）

帝弗若。（后下十四，四）

· 213 ·

民族与古代中国史（外一种）

　　贞王乍（作）邑，帝若。（藏二二〇，三）

　　贞王乍（作）邑，帝若。（后下十六，十七）

　　贞勿伐🌑，帝不我其受又（祐）。（前六，
五八，四）

　　……伐🌑方，帝受（授）我又。（甲一，十一，十三）

帝弗☐于王。（藏一九一，四）

贞帝弗其奠王。（后下二四，十二）

贞帝于令。（前三，二四，六）

庚戌卜，贞：☐☐佳帝令☐。（前五，二五，一）

贞帝弗☐☐☐。（前七，十五，二）

戊寅卜，宾贞：帝……（同上）

甲午卜，敝贞：帝……（菁十，八）

其用为动词即后来之"禘"字者十七：

贞帝于王亥。（后上十九，一）

戊戌☐（卜）帝黄☐二犬。（前六，二一，二）

帝黄☐三犬。（同上）

戊戌卜，帝于☐☐。（甲一，十一，六）

甲辰卜，宾贞：帝于……（后上二六，五）

辛酉卜，亘贞：方帝，卯一牛，☐南。（前七，一，一）

方帝。（甲一，十一，一）

勿方帝。（同上）

丁巳卜，贞：帝☐（夋）。（前四，十七，五）

贞帝☐三羊三豕三犬。（同上）

癸酉贞：帝五丰，其三牢。（后上二六，十五）

丙戌卜，贞：叀犬☐豕帝。（前七，一，二）

· 214 ·

……帝既……于……豕二羊。（藏一七八，四）

帝隹癸其雨不（否）……（前三，二一，三）

……𢆶丁不隹帝曰……（藏二，一　戬三二，五）贞帝。（甲一，十一，十八）

往隹帝。（甲一，二九，十一）

其用为先王之名号者六：

□□卜，贞：大……王其又……文武帝（即文武丁，即文丁）……王受又。（前一，二二，二）

乙丑卜，□（贞）：其又久□□（文）武帝……三牢正□（王）□（受又。（前四，十七，四）

……文武帝……（甲二，二五，三）

……王……久……帝……又。（前四，二七，三）

己卯卜，𡧊贞：帝甲（即祖甲）𢆶……其眔且丁……（后上四，十六）

□酉卜，𡧊□（贞）：帝甲丁……其牢。（戬五，十三）

其词残缺或其义不详者十四：

隹帝……昌西：（藏八七，四）

……帝……（藏八九，三）

壬□卜，宾贞：帝……（藏一〇九，三）

贞帝……（藏二五七，三）

丁亥□（卜），㱿贞：□隹帝……（藏二六七，一）

隹帝臣令。（余七，二）

民族与古代中国史（外一种）

　　　　壬午卜，察土从🕀帝乎……（拾一，一）
　　　　……帝……✿（前一，三一，一）
　　　　□子卜，贞：✿□帝……（前五，三八，七）
　　　　……帝于🕀□帝……（前六，三十，三）
　　　　贞……立……帝……（后下九，六）
　　　　……帝🕀🕀🕀……（后下三十，二）
　　　　□子卜……帝……（甲二，二五，五）
　　　　□□卜，贞……王其：帝……（后下三二，十五）
　　　又有孙书收入合文之一片，关系重要，并列于此。
　　　　……兄……上帝……出……（后上，二十八）

　　依此统计（各条由同事胡福林君为我检出，谨志感谢。又，《甲骨文编》未收最近出版者及王氏襄书，故此统计不可谓备，然诸家著录之甲骨文多杂具各时代，皆非所谓"选择标样"，故在统计学的意义上，此一"非选择的标样"之代表性甚大。后来如广为搜罗，数量诚增加，若范畴之分配，则必无大异于此矣），知商人禘祭之对象有彼所认为高祖者，如王亥；有图腾，如✿（此以字形知其为图腾）。其称先王为帝者，有祖甲，有文丁，皆殷商晚世之名王，虽无帝乙，帝乙之名必与此为同类也（当由纣时卜辞不在洹上之故）。先王不皆受禘祭，受禘祭者不皆为先王，先王不皆号帝，号帝者不皆为先王，知禘礼独尊，帝号特异，专所以祠威显、报功烈者矣。其第一类不著名号之帝，出现最多，知此"不冠字将军"，乃是帝之一观念之主要对象。既祈雨求年于此帝，此帝更能降馑，降若，授祐，此帝之必为上天主宰甚明。其他以帝为号者，无论其为神怪或先王，要皆为次等之帝，所谓"在帝左右""配天""郊祀"者

· 216 ·

也。意者最初仅有此不冠字之帝,后来得配天而受禘祭者,乃冠帝字。冠帝字者既有,然后加"上"字于不冠字之主宰帝上,而有"上帝"一名。此名虽仅一见于甲骨卜辞,载此之片,仅余一小块,"上帝"之上下文皆阙,然此上帝必即上文第一类不冠字之帝,亦必即周人之上帝,见于《周诰》《雅》《颂》大丰敦宗周钟者,按之情理,不容有别解也。此上帝之必为帝喾,即帝俊者。有一事足以助成此想:如此重要之上帝,卜辞中并无专祀合祀之记载,是此帝虽有至上之神权,却似不受人间之享祀者然,固绝无此理也。然则今日所以不见祀此不冠字帝之记载者,必此不冠字之帝即在商人祭祀系统中,祀时著其本名,不关祀事者乃但称帝(或依时期而变易)。此"上帝"既应于殷商祭祀系统中求其名称,自非帝俊无以当之,此帝俊固为商人称作"高祖",亦固即经典中之帝喾也(商人祀典,自上甲以下,始有次序可考。此外称高祖者二,一为夋,一为亥。明知其非祖先者二,一曰河〔旧释妣乙〕,一曰岳〔即四岳之岳〕。此外每作动物形,此类似皆为自图腾演化而出之宗神,然其相互之关系则不易考也)。

周人袭用殷商之文化,则并其宗教亦袭用之,并其宗神系统中之最上一位曰"上帝"者亦袭用之。上帝经此一番转移,更失其宗神性,而为普遍之上帝。于是周人以为"无党无偏",以为"其命无常"矣。今日读《诗》《书》,心知其意者,或觉其酷似《旧约》矣。

一位治汉学之美国人语余曰,天之观念疑自周起,天子之称,疑自周人入主中夏始。按:周之文化袭自殷商,其宗教亦然,不当于此最高点反是固有者。且天之一字在甲骨文虽仅用于"天邑商"一词中,其字之存在则无可疑。既有如许众多之神,又有其上帝,支配一切自然力及祸福,自当有"天"之一观念,以为一切上神先王之综合名。且卜辞之用,仅以若干场所为限,并非记当时一切话言之物。《卜辞》非议论之书如《周诰》者,理无需此达名,今日不当执所不见以为不曾有也。《召诰》曰,"皇天上帝,改厥元子,兹大国殷之命",此虽周人之语,然当是彼时一般人共喻之情况,足征人王以上天为父之思想,至迟在殷商已流行矣。夫生称"天君",死以"配天"之故乃称帝,是晚殷之骄泰也;生称天子,死不称帝,是兴周之兢兢也(天子之称,虽周初亦少见。今日可征者,仅周公敦中有天子一词,而作册大方鼎称王曰"皇天尹〔君〕",其余称王但曰王。自西周中叶以后,天子之称始普遍,知称天以况王辟,必周初人承受之于殷商者也。然则天子之一思想,必不始于周人,其称谓如此,则虽周初亦未普遍也)。

第二章　周初之"天命无常"论

一　《周诰》《大雅》之坠命受命论及其民监说人道主义之黎明

《周诰》之可信诸篇中，发挥殷丧天命、周受天命之说最详，盖周王受命说即是周公、召公、成王施政教民告后嗣之中央思想，其他议论皆用此思想为之主宰也。此思想之表见大致可分为反正两面，在反面则畅述殷王何以能保天之命，其末王何以失之，在正面则申说文王何以集大命于厥身。以此说说殷遗，将以使其忘其兴复之思想，而为周王之荩臣也；以此说说周人，将以使其深知受命保命之不易，勿荒逸以从殷之覆辙也；以此说训后世，将以使其知先人创业之艰难，后王守成之不易，应善其人事，不可徒依天怙天以为生也。虽出词之轻重有异，其主旨则一也。《周诰》诸篇及《大雅》若干篇皆反复申明此义者，今引数节以明之，读者可就《周诰》反复诵思，以识其详焉（西周金文中亦言"受命""坠命"，引见上篇第一章，虽所说与《周诰》《大雅》所说者为一事，而鲜有发挥，故今所举但以《周诰》《大雅》为限)。

其论殷之坠命曰:

> 我闻惟曰,在昔殷先哲王,迪畏天,显小民,经德秉哲,自成汤咸至于帝乙。成王畏(从孙诒让读。疑畏下脱天字。)相惟御事厥棐(《周诰》中,棐字皆应作非或匪,孙说)。有恭(共)。不敢自暇自逸,矧曰其敢崇饮?……我闻亦惟曰,在今后嗣王酗身,厥命罔显,于民祇保(两句并从孙诒让读),越怨不易。诞惟厥纵淫佚于非彝,用燕丧威仪,民罔不尽伤心,惟荒腆于酒。不惟自息,乃逸,厥心疾很不克畏死,辜在商邑,越殷国灭无罹。弗惟德馨香祀登闻于天,诞惟民怨庶群自酒腥闻在上。故天降丧于殷,罔爱于殷,惟逸。天非虐,惟民自速辜。
>
> 王曰,封,予不惟若兹多诰,古人有言曰,人无于水监,当于民监。今惟殷坠厥命,我其可不大监抚于时。(以上《酒诰》)
>
> 周公曰:呜呼!我闻曰:昔在殷王中宗,严恭寅畏天命,自度,治民祇惧,不敢荒宁。肆中宗之享国七十有五年。其在高宗,时旧劳于外,爰暨小人。作其即位,乃或亮阴,三年不言。其惟不言,言乃雍。不敢荒宁,嘉靖殷邦,至于小大,无时或怨。肆高宗之享国五十有九年。其在祖甲,不义惟王,旧为小人。作其即位,爰知小人之依,能保惠于庶民,不敢侮鳏寡。肆祖甲之享国卅有三年。自时厥后,立王生则逸。生则逸,不知稼穑之艰难,不闻小人之劳,惟耽乐之从。自时厥后,亦罔或克寿,或十年,或七八年,

或五六年，或四三年。(《无逸》。此处汉石经在宋世犹存一块，洪氏据之，谓："独阙祖甲，计其字当在中宗之上。"段懋堂《尚书撰异》云："是《今文尚书》与《古文尚书》大异。……此条今文实胜古文。"此言诚是，然《隶释》所载仅一小块，无从据之恢复原文，兹仍用开成本。)

凡此皆谓殷之先王勤民毋逸，故足以负荷天命，及其末王，不述祖德，荒于政事，从于安乐，乃丧天命。

其论周之受命曰：

昔我丕显考文王，克明德慎罚，不敢侮鳏寡，庸庸，祇祇畏威(今本作威威，据汉儒遗说改，即《诗》之"畏天之威"也。)显民，用肇造我区夏(周人每自称夏，除此处自称区夏以外，《立政篇》亦言"伻我有夏，式商受命"，《诗》亦言"我求懿德，肆于时夏"，"无此疆尔界，陈常于时夏"。说详拙著《夷夏东西说》)，越我一二邦以修我西土。惟时怙冒闻于上帝，帝休，天乃大命文王殪戎殷，诞受厥命。(《康诰》)

周公曰：呜呼！厥亦惟我周大王王季克自抑畏。文王卑服，即康功田功，徽柔懿共，怀保小人，惠于矜寡。(以上三句中字，据汉石经残片改。)自朝至于日中昃，不遑暇食，用咸和万民。文王不敢盘于游田，以庶邦维正之共。文王受命惟中身，厥享国五十年。(《无逸》)

昔君文王、武王，宣重光，奠丽陈教，则肄肄不违，用克达(挞也《诗·商颂》"挞彼殷武")殷集大命。(《顾命》)

> 惟此文王，小心翼翼，昭事上帝，聿怀多福。厥德不回，以受方国。（方，西方。国，四国。《大雅·大明》）

凡此皆谓文王之所以受天大命者，畏天，恤民，勤政，节俭，以致之也。

其告嗣王以敬保天命之义（周公告成王）曰：

> 旦曰：……节性（生），惟日其迈，王敬作所不可不敬德。我不可不监于有夏，亦不可不监于有殷。我不敢知曰，有夏服天命惟有历年，我不敢知曰，不其延。惟不敬厥德，乃早坠厥命。我不敢知曰，有殷受天命惟有历年，我不敢知曰，不其延。惟不敬厥德，乃早坠厥命。今王嗣受厥命，我亦惟兹二国命嗣若功。王乃初服。呜呼！若生子，罔不在厥初生，自贻哲命。今天其命哲，命吉凶，命历年。今我初服，宅新邑，肆惟王其疾敬德。王其德之用祈天永命。

此谓应以明德为永命之基，后王不可徒恃先王之受天命而不小心翼翼以将守之也。

其告亡国臣民以服事有周之理由曰：

> 王若曰：尔殷遗多士！弗吊旻天（吊，淑，古一字）。大降丧于殷。我有周佑命，将天明威致王罚，敕殷命终于帝。肆尔多士！非我小国敢弋（孙以弋为翼，本之《释文》，并以为训教。按：如训敬，文义难通。疑即代字。代字古当为入声，以从代之忒为入声也。高本汉说）殷命，惟天

不畀允罔固（从孙读），乱弼我，我其敢求位？惟帝不畀，惟我下民秉为，惟天明畏。我闻曰，上帝引逸。有夏不适逸则，惟帝降格响于时。夏弗克庸帝，大淫佚有辞。惟时天罔念闻，厥惟废元帝，降至罚。乃命尔先祖成汤革夏，俊民，甸四方。自成汤至于帝乙，罔不明德恤祀。亦惟天丕建，保乂有殷。殷王亦罔敢失帝，罔不配天其泽。在今后嗣王，诞罔显于天，矧曰其有听念于先王勤家？诞淫厥泆，罔顾于天，显民祗。惟时上帝不保，降若兹大丧。惟天不畀不明厥德，凡四方小大邦丧，罔非有辞于罚。（上文乱字，率之讹也。）

王若曰，尔殷多士！今惟我周王丕灵承帝事，有命曰，割殷，告敕于帝。惟我事不贰适，惟尔王家我适。予其曰，惟尔洪无度，我不尔动自乃邑。予亦念天，即于殷大戾肆不征。王曰，猷告尔多士！予惟时其迁居西尔。非我一人奉德不康宁，时惟天命。（以上《多士》。《多方》辞大同，旨无异。）

穆穆文王，于缉熙敬政。假哉天命，有商孙子。商之孙子，其丽不亿，上帝既命，侯于周服。

侯服于周，天命靡常。殷士肤敏，祼将于京。厥作祼将，常服黼冔。王之荩臣，无念尔祖。

无念尔祖，聿修厥德。永言配命，自求多福。殷之未丧师，克配上帝。宜鉴于殷，峻命不易。（《大雅·文王》。胡适之先生谓"王之荩臣，无念尔祖"云云，皆对殷遗士言，勉此辈服事新朝，无怀祖宗荣光之想，但求应天之新命，自求多福耳。其说甚当。）

此以革命之解告示殷遗，谓昔者殷先王能尽人事，故能膺天命，今既以淫佚遭天之罚，天既改其大命，命周以王业矣，尔辈不当犹恋恋前王之烈也。凡此革命之解，以人事为天命之基础，以夏殷丧邦为有应得之咎者，果仅周公对殷逸之词，用以慑服之，用以信喻之耶？抑此本是周公之一贯思想耶？按之前所引《无逸》诸篇及《诗经·大雅》《周颂》之"峻命不易"论，当知周公对自己，对亡国，虽词有重轻，乃义无二说。设若殷多士中有人起而问曰，"准公所言，若周之后王不能畏天显民，亦将臣服他姓乎"？周公如舍其征服者尊严之不可犯，必将应之曰"然"。如此则类似清汗雍正与曾静之辩论矣。此等辩论究不可常见，此辈殷多士中似鲜忠烈之人，方救死之不暇，不特不敢作此问，恐亦无心作此想。然而周公以此语告其同姓同僚矣。《君奭篇》云：

周公若曰，君奭！弗吊天降丧于殷，殷既坠厥命，我有周既受。我不敢知曰，厥基永孚于休？若天棐（非之借字也，孙诒让说，见《骈枝》及《述林》）忱〔诚也，"天非忱（或作谌）"，"天难谌斯"皆谓天不可信其必然也〕，我亦不敢知曰，其终出于不祥？呜呼！君已曰时我，我亦不敢宁（安也）于上帝命，弗永远念天威越（与也，孙说）我民。罔尤违，惟人。在我后嗣子孙，大弗克共上下，遏佚前人光，在家，不知天命不易，天难谌（难谌即棐忱也），乃其坠命，弗克经历嗣前人共明德（作一句读，孙说。余疑此十字应在"在家"下），在今予小子旦，非克有正，迪惟前人光施于我冲子。又曰天不可信（又曰有曰也，有人曰天不可信。孙说），我迪（原作道，迪之误字也。据

中卷　释义

王引之说改）惟宁（文之误字）王德延，天不庸释于文王受命。

此论现身说法，明切之至。此辞之作，盖当周公将归政于成王，勉召公以勤辅弼之，故下文历陈前代及周初之贤辅，而结以"祗若兹往，敬用治"也。伪书序以为"召公不悦，周公作《君奭》"，真闭眼胡说矣。

寻周公此论之旨，可以归纳于"天命靡常"一句中，所谓"峻命不易"，"其命匪谌"，亦皆此语之变化也。"天命靡常"者，谓天命不常与一姓一王也。"峻命不易"者，言固保天命之难也。〔按：《郑笺》云"天之大命不可改易"，《大诰》有"尔亦不知天命不易"句，《莽诰》作"岂亦不知命之不易乎"，师古曰："言不知天命不可改易。"今寻释《诗》《书》中此类词句之上下文，知此解非是。《周颂·敬之章》）曰："敬之敬之，天维显思，命不易哉！无曰高高在上，陟降厥士（疑本作土），日监在兹。"岂可以不易为不可改易乎？朱传，"不易，言其难也"，此用论语"为君难为臣不易"之训以解此。朱传超越毛郑者多矣，此其一事也。（按：朱从《释文》。）〕"天命匪谌"者（《大诰》"天棐忱辞"，《大明》"天难谌斯"，皆与此同义。孙说），言天命时依人事而变易，不可常赖，故曰"靡不有初，鲜克有终"也。周公将归政时，天下事既大定矣，周公犹不能信周之果能常保天眷也，而致其疑辞曰，殷既坠命，周既受命，果周基之可永耶？周其亦将出于不祥如殷商夏后之末世耶？复自答此问曰：我不敢安于上天之命，嗣王其永念天威，以民为监，毋尤人，毋违命，凡事皆在乎人为耳。设若我之后嗣子孙不能协恭上下，反遏失前王之光烈，而不知保固天命之不易，不知天命之难恃，则必丧其天命矣。凡此所云，可用求己勿尤人，民监即天监两语归纳之。如是之"人定胜天"说，必在世间智慧甚发达之后，足征周虽小邦，却并非野蛮部落也。

一切固保天命之方案，皆明言在人事之中。凡求固守天命者，在敬，在明明德，在保乂民，在慎刑，在勤治，在无忘前人艰难，在有贤辅，在远憸人，在秉遗训，在察有司，毋康逸，毋酗于酒。事事托命于天，而无一事舍人事而言天，"祈天永命"，而以为"惟德之用"。如是之天道即人道论，其周公之创作耶？抑当时人本有此论耶？由前一解，可以《周诰》为思想转变一大枢纽；由后一解，周公所言特是人道黎明中之一段记载，前此及同时相等之论不幸失其传耳。今有两证，足明后解之近实。

　　古人有言曰："人无于水监，当于民监。"《酒诰》
　　有曰"天不可信"，我迪惟宁（文）王德延。(《君奭》。
　　孙曰："谓有是言曰，犹云有言曰。")

据此，知民监而上天难恃之说，既闻于当时，更传自先世，其渊源长矣，周公特在实际政治上发挥之耳。至于此古人为何时之人，谓"天不可信"者为何人，今固不可考，要以所谓商代老成人者为近是。商代发迹渤海，奄有东土，（说详拙著《东北史纲》卷一，及《夷夏东西说》载《历史语言研究所集刊》外编第一），臣服诸夏，载祀六百。其本身之来源固为北鄙杀伐之族，其内服外服中，则不少四方多识多闻之士。《多士》所谓"夏迪简在王庭，有服在百僚"者，其一类也。此辈饱经世变，熟识兴亡，非封建制度下之奴隶，而为守册守典之人，故有自用其思想之机会。不负实际政治之责任，故不必对任何朝代族姓有其恶欲。统治阶级不能改换思想，被统治阶级不能负任何思想之责任，赖他人启之，方成力量。凡思想之演变，其发端皆起于中流，世界史供给我辈以无数实例矣。殷墟记载所表示之思想系统乃当时王家之正统思想，虽凭借之地位至高，却不必为当时最进展之思想，且必较一部分王臣之思想为守旧。世已变矣，而统治者不能变其心也。变其心者，新兴之族，新兴之众，皆易为之，而旧日之宗主为难。按之历史，此理至显也。

虽然，周之兴也，亦有其特征焉。惟此特征决不在物质文明，亦未必在宗法制度耳。何以言之？中央研究院发掘殷墟之工作已历八年，于累经毁损之墓中获见不少殷商遗物，其冶金之术，琢玉之工，犹使今人为之惊佩。其品物形色之富，器用制作之精，兵器种类之众，亦未发掘前所不能预料者也。以此与世上已知之周初遗物，及中央研究院所发掘者比，知周之代商，绝不代表物质文化之进展。凡周初所有者，商人无不有之，且或因易代之际，战事孔炽，文化沉沦不少，凡商人所有者，周初人未必尽有之，或有之而未若商人之精也。从此之后，一切疑殷商文化不及周初之见解，应一扫而空。故曰，殷周之际，文化变转之特征，决不能在物质文明也。至于宗法制度，后人皆以为商人兄终弟及，周人长子承统矣。夷考其实，商末康祖丁、武乙、文武丁、帝乙、帝辛五世，皆传子，无所谓兄终弟及也。周初太王舍太伯而立王季，武王之兄伯邑考不得为大宗，周公且称王，则亦兄终弟及，仅立冲子为储有后来授政之诺言耳（如鲁隐公所说）。且武王之卒，已登大耄，其长子成王乃仅在冲龄，亦似非近情之说。晋公盦云：

晋公云，我皇祖唐公，□受大令，左右武王，□□百蛮，

民族与古代中国史（外一种）

广嗣四方，至于大廷，莫不事□。（王）命唐公，□它京师。

唐公相传为成王之小弱弟，成王在武王殂落时尚在冲龄，则其小弱弟唐公必不能左右武王，征伐百蛮矣。唐公既能左右武王，则武王殂落时，唐公年岁至少在二十以上矣。然周公称王时成王实在冲龄，有《周诰》可证。是则唐公非成王之弟，乃成王之兄也（《召诰》："有王虽小，元子哉。"此即同篇"皇天上帝改厥元子兹大邦殷之命"之元子，谓天之元子，非谓武王之元子也。观上下文自明）。唐公之上尚有封于邗者（见《左传》），足征成王之立，容为立嫡，决非立长，或周公不免有所作用于其间，于是管蔡哗然，联武庚以变耳。从此可知周人传长子之法，是后人心中之一理想标准，周初并未如此实行，而周公之称王，大有商人遗风焉。故曰，殷周之际大变化，未必在宗法制度也。既不在物质文明，又不在宗法制度，其转变之特征究何在？曰，在人道主义之黎明。

年来殷墟发掘团在清理历代翻毁之殷商墓葬群中所得最深刻之印象，为其杀人殉葬或祭祀之多。如此大规模之人殉，诚非始料所及，盖人殉本是历史上之常事，不足怪，所可怪者，其人殉人祭之规模如此广大耳。人殉之习，在西洋用之极长，不特埃及、美索不达米、小亚细亚等地行之，即至中世纪末，北欧洲犹存此俗。在中国则秦后不闻，而明初偶行之，明太祖诸妃皆殉，此习至英宗始革者，以承元之后，受胡化也（见《朝鲜实录》等）。清初未入关时亦行此制。人祭则久亡矣。殷商时期人殉人祭犹如此盛行，而后此三四百年《左传》所记，凡偶一用此，必大受责难。秦染于西戎之俗，始用此制，中国遂以夷狄遇之（据《史记》，秦武公卒，初以人从死，献公元年，止从死）。宋哀公偶以人祭，公子目夷乃曰，"得死为幸"。下至孔子，时代非遥,然《孟子》述孔子之言曰:"'始作俑者,其无后乎?'为其象人而用之也!"是春秋晚期已似完全忘却五六百年前有此广溥之习俗,虽博闻如孔子者,犹不得于此处征殷礼也。数百年中,如此善忘,其变化大矣,其变化之意义尤大。吾疑此一变化之关键在于周之代商,其说如下。

按之殷人以人殉、以人祭之习,其用政用刑必极严峻,虽疆土广漠(北至渤海区域,西至渭水流域,南至淮水流域,说详《夷夏东西说》),政治组织弘大("越在外服,侯田男卫邦伯,越在内服,百僚庶尹"),其维系之道,乃几全在武力,大约能伐叛而未必能柔服,能立威而未必能亲民。故及其盛世,天下莫之违,一朝瓦解,立成不可收拾之势。返观周初,创业艰难,"笃公刘,匪居匪康……乃裹糇粮……爰方启行……于胥斯原,(胥地名,胡适之先生说)……于豳斯馆,涉渭为乱"。"古公亶父,陶复陶穴,未有家室。……率西水浒,至于岐下。爰及姜女,聿来胥宇。"至于文王,"小心翼翼,昭事上帝","克明德慎罚,不敢侮鳏寡,庸庸祗祗,畏威显民"。综合数代言之,自"大王王季,克自抑畏,文王卑服,即康功田功,徽柔懿共,怀保小人,惠于矜寡"。如此微薄起家,诚合于所谓"旧为小人,作其即位,爰知小人之依,能保惠于庶民"者。盖周之创业,不由巨大之凭借,其先世当是诸夏之一小部,为猃狁压迫,流亡岐周,作西南夷中姜姓部落之赘婿,"险阻艰难,备尝之矣。民之情伪,尽知之矣"。一而固能整齐师旅,一而亦能收揽人心,于是"柔弱胜刚强",斗力亦斗智,西自阻共,南被江汉,所有西南山中之部落"庸、蜀、羌、髳、微、庐、彭、濮人"皆为所用。东向戡黎,而殷王室恐矣。矢于牧野,无贰厥心,虽"殷商之旅,其会如林",亦无济于事矣。此其所谓"善政(政古与征为一字,含戡定之义)

不如善教之得民"耶？此其所谓"纣有亿兆人，离心离德，予有率（乱）臣十人，同心同德"者耶？凡此恤民而用之；慎刑以服之，其作用固为乎自己。此中是否有良心的发展，抑仅是政治的手腕，今亦不可考知。然既走此一方向，将数世积成之习惯，作为宝训，谆谆命之于子孙，则已启人道主义之路，已至良心之黎明，已将百僚庶民之地位增高。于是商人仲虺"侮亡"之诰，易之以周人史佚"勿犯众怒"之册。为善与为恶一般，无论最初居心何在，一开其端。虽假亦可成真，此亦所谓"久假而不归，恶知其非有也"？

此路既开，经数百年，承学之大儒孔丘、孟轲，竟似不知古有人殉人祭之事！

二 敬畏上帝之证据

或曰，如君所言，是周初之帝天观仅成一空壳，虽事事称天而道之，然既以为万事皆在人为而天命不可恃，其称天亦仅口头禅耳，其心中之天不过口中之一符号，实际等于零矣。其然，岂其然乎？

吾将申吾说曰，决无此事也。以为既信人力即不必信天力者，逻辑上本无此必要，且人类并非逻辑的动物，古代人类尤非逻辑的动物。周初人能认识人定胜天定之道理，是其思想敏锐处，是由于世间知识饱满之故，若以为因此必遽然丧其畏天敬天之心，必遽然以为帝天并无作用，则非特无此必然性，且无此可然性，盖古代人自信每等于信天，信天每即是自信，一面知识发达，一面存心虔敬，信人是其心知，信天是其血气，心知充者，血气亦每旺也。如苏格拉底，柏拉图，其智慧何如？其虔敬又何如？如牛顿，如戴嘉，其智慧何如？其虔敬又何如？后代哲人尚如此，遑论上古之皇王侯辟？遍观中国史，凡新兴之质粗部落几无不信天称天者，此适足以坚其自信，而为成功之一因也。所有关于匈奴、蒙古、满洲信天之记载今犹班班可考，今举饶有意味者一事。徐霆《黑鞑事略》云：

其卜筮则灼羊之枚子骨，验其文理之逆顺，而辨其吉凶。天弃天予，一决于此，信之甚笃，谓之烧琵琶。事无纤粟不占，占不再四不已。（原注，霆随一行使命至草地，鞑主数次烧琵琶，以卜使命去留。想是琵琶中当归，故得遣归。烧琵琶，即爇龟也。）其常谈必曰："托着长生天的气力，皇帝的福荫。"彼所欲为之事，则曰"天教恁地"；人所已为之事，则曰"天识着"。无一事不归之天，自鞑主至其民无不然。

又云：

其行军……则先烧琵琶，决择一人统诸部。

此所说者，蒙古建国时之俗。玩其辞意，乃令人恍惚如在殷周之际。

《大雅》所载周王之虔敬帝天，事神，重卜，上帝皇天俨然"如在其上，如在其左右"者，今引数章以为证。其关于上帝"改厥元子大邦殷之命"，命周绍治下民者，如下：

皇矣上帝，临下有赫。监观四方，求民之莫（瘼）。维此二国，其政不获。维彼四国，爰究爰度。上帝耆之，憎其式廓。乃眷西顾，此维与宅。

……帝迁明德，串夷载路。天立厥配，受命既固。帝省其由，柞棫斯拔，松柏斯兑。帝作邦作对，自太王王季。

……帝谓文王，无然畔援，无然歆羡，诞先登于岸。

……帝谓文王，予怀明德。不大声以色，不长夏以革，不识不知，顺帝之则。

帝谓文王，询尔仇方，同尔兄弟，以尔钩援，与尔临冲，以伐崇墉。(《皇矣》)

此真所谓"谆谆然命之矣"。似文王日日与上帝接谈者然，事无巨细，一听天语，使读者如读《旧约》，或读《启示录》，或读《太平洪王诏书》一般。其言上帝赫赫下监者则云：

明明在下，赫赫在上。天难忱斯，不易维王。天位殷适，使不挟四方。（"天难忱斯"，论天，"不易维王"，论人，正接上文之"在下""在上"。谓天不可恃其必为已，王业之创守并非易事，天位自殷他适，使其不复制四方也。）

……天监在下，有命既集。(《大明》)

其言文王翼翼、上承天命者则云：

维此文王，小心翼翼。昭事上帝，聿怀多福。厥德不回，以受方国。

殷商之旅，其会如林。矢于牧野，维予侯兴。上帝临女，无贰尔心！(《大明》)

此即金文所谓"严在上,翼在下",言上令而下承也。其言先王在天在帝左右者则云:

文王在上,於昭于天。周虽旧邦,其命维新。有周不显,帝命不时。文王陟降,在帝左右。(《文王》)

下武维周,世有哲王。三后在天,王配于京。(《下武》)

其祈福之词则云:

昭兹来许,绳其祖武。于万斯年,受天之祜。(《下武》。《周诰》中多祈天降福辞,不遍举。)

其用卜之辞则云:

爰始爰谋,爰契我龟。(《绵》)

考卜维王,宅是镐京。维龟正之,武王成之。武王烝哉!(《文王有声》)

其言"天命匪谌"者,则有《大明》之首章(引见前),《荡》之首章。

荡荡上帝,下民之辟。疾威上帝,其命多辟。天生烝民,其命匪谌,靡不有初,鲜克有终。(按:此为周初诗,下文皆载文王斥商之词,绝无西周晚期痕迹。荡荡即《洪範》"王道荡荡"之荡荡,亦即《诗》"汶水汤汤"之汤汤,

· 233 ·

言其浩大也。上辟字训君，《诗》《书》之辟字多此训。下辟字训法，即"如何昊天，辟言不信"之辟。后世刑辟之辟，亦即此训所出。此章言：此广大之上帝，是下民之君也，此严威之上帝，其命多峻厉也。天之生斯民也，其命未尝固定。初曾眷顾者，后来皆弃之，夏殷是也。称上帝之严威，为下文斥商之张本；称天命匪谌，为下文殷鉴在于夏后之基论。"靡不有初，鲜克有终"二句，正以释"其命匪谌"者。如此解之，本章文义固顺，与下文尤顺，乃《毛传》《郑笺》固执诗之次序，以为此诗既在《民劳》《板》之后，必为西周晚年刺诗，于是改下辟字之音以为邪僻字。于是谓全篇之"文王曰咨"为设辞，以上帝为厉王，可谓"道在迩而求诸远，事在易而求诸难"矣。）

其言固守天眷之不易者，则有《周颂·敬之》：

敬之敬之，天维显思，命不易哉！无曰高高在上，陟降厥土，日监在兹。

所有天命匪谌，峻命不易，皆与《周诰》陈说之义全合。《雅》《颂》中此若干篇与周公之《周诰》，论其世则为同时（此举大齐言），论其事则皆言殷周易命，故相应如此。其详略不同者，《周诰》为论政之书，《大雅》为庙堂之乐章，既以论政为限，故人事之说多；

既以享祀为用，故宗教之情殷。若必强为分别，则《大雅》此若干篇，其时代有稍后于周公诰书之可能，决无先之之可能，岂有帝天已成空壳，忽又活灵活现之理乎？推此意而广之，吾辈今日亦不能据殷商卜辞认为殷人思想全在其中，以为殷无人谋，只有卜谋也。殷人"有册有典"，此典册若今日可得见者，当多人谋之词，而不与卜辞尽同其题质，亦因文书之作用不同，故话言有类别也。然则今日若遽作结论曰，殷商全在神权时代中，有神谋而无人谋，自属不可通。以不见不知为不存不在，逻辑上之大病也。

周初人之敬畏帝天，其情至笃，已如上所证矣。其心中之上帝，无异人王，有喜悦，有暴怒，忽眷顾，忽遗弃，降福降祸，命之讫之，此种之"人生化上帝观"本是一切早期宗教所具有，其认定惟有修人事者方足以永天命，自足以证其智慧之开拓，却不足以证其信仰之坠落。就《大诰》所载论之，周公违反众议，必欲东征，其所持之理由凡二，其一为周后嗣王必完成文王所受之天命，其二为东征之谋曾得吉卜，故不可违。其言曰：

已予惟小子不敢僭（不信也，又废也）上帝命。天休于宁（文）王，兴我小邦周，宁（文）王惟卜用，克绥受兹命。今天其相民，矧亦惟卜用。……天命不僭，卜陈惟若兹！

是则周公之大举东征，固用人谋，亦称天道（《周语》引《大誓》云，"朕梦协朕卜，袭于休祥，戎商必克"，与此同义），所以坚人之信，壮士之气，周公诰书中仅《大诰》一篇表显浓厚之宗教性，盖此为成功以前表示决心之话言，其他乃既成功之后，谋所以安固周宗之思虑也。然"尔亦不知天命不易"正在《大诰》中，天鉴下民以定厥命之旨在《大雅》《周颂》《周诰》中弥往而不遇。参互考之，知敬畏上帝乃周初人之基本思想，而其对于上帝之认识，则以为上帝乃时时向下方观察着，凡勤民恤功者，必得上帝之宠眷，凡荒逸废事者，必遭上帝之捐弃。周代殷命，即此理之证据，宜鉴于殷，知所戒惧，必敬德勤民，然后可以祈祷皇天，求其永命不改也。必自身无暇，民心归附，然后可以永命灵终也。《大学》引《康诰》"惟命不于常"，而释其义曰，"道善则得之，不善则失之矣"，可谓一语道破。夫自我言之，则曰"峻命不易"，就天言之，则曰"天命靡常"，盖亟畏上天，熟察人事，两个元素化合而成如是之天人论。此诚兴国之气象，亦东周诸家思想所导源，亦宋代以来新儒学中政论之立基点也。（明代之宝训有四事，敬天，法祖，勤政，爱民，此种政本的"成文宪法"，非明太祖所能为，乃是宋元以来儒家政治论之结晶，亦即《周诰》之总括语也。）

三 本章结语

总括上文所论，今日犹可推知周初统治阶级中之天道观为何如者。

此时此辈人之天道观，仍在宗教的范畴内，徒以人事知识之开展，故以极显著的理性论色彩笼罩之，以为天人相应，上下一理，求天必先求己，欲知天命所归，必先知人心所归。此即欧洲谚语所谓"欲上帝助尔，尔宜先自助"者也。此说有一必然之附旨，即天命无常是也。惟天命之无常，故人事之必修。此一天人论可称之曰"畏天威、重人事之天命无常论"。（下文引此论时，简称"命无常论"。）

此一命无常论是否为周宗统治阶级所独具，抑为当时一般上中社会所共信，今不可知。准以周之百僚多士，来源复杂，或为懿亲，或为姻娅，或为亡国之臣，其文化之背景不同，其社会之地位悬绝，自不易有同一思想。然金文所载祈福之词，每作"永令（命）灵终"者，人必信命之不易永，然后祈永命；人之不易灵终，然后乞灵终（即善终）。设永命灵终为当然之事，则无所用其祈祷矣。既用此为祈祷语，足征命无常论之流行广矣。

第三章　诸子天人论导源

　　古史者，劫灰中之烬余也。据此烬余，若干轮廓有时可以推知，然其不可知者亦多矣。以不知为不有，以或然为必然，既违逻辑之戒律，又蔽事实之概观，诚不可以为术也。今日固当据可知者尽力推至逻辑所容许之极度，然若以或然为必然，则自陷矣。即以殷商史料言之，假如洹上之迹深埋地下，文字器物不出土中，则十年前流行之说，如"殷文化甚低""尚在游牧时代""或不脱石器时代""《殷本纪》世系为虚造"等见解，在今日容犹在畅行中，持论者虽无以自明，反对者亦无术在正面指示其非是。差幸今日可略知"周因于殷礼"者如何，则"殷因于夏礼"者，不特不能断其必无，且更当以殷之可借考古学自"神话"中入于历史为例，设定其为必有矣。夏代之政治社会已演进至如何阶段，非本文所能试论，然夏后氏一代之必然存在，其文化必颇高，而为殷人所承之诸系文化最要一脉，则可就殷商文化之高度而推知之。殷商文化今日可据遗物遗文推知者，不特不得谓之原始，且不得谓之单纯，乃集合若干文化系以成者，故其前必有甚广甚久之背景可知也。即以文字论，中国古文字之最早发端容许不在中土，然能自初步符号进至甲骨文字中之六书具备系统，而适应于诸夏语言之用，决非二三百年所能达也。以铜器论，

中卷　释义

青铜器制造之最早发端固无理由加之中土,然制作程度与数量能如殷墟所表见者,必在中国境内有长期之演进,然后大量铜锡矿石来源之路线得以开发,资料得以积聚,技术及本地色彩得以演进,此又非短期所能至也。此两者最易为人觉其导源西方,犹且如是,然则殷墟文化之前身,必在中国东西地方发展若干世纪,始能有此大观,可以无疑。因其事事物物皆表见明确的中国色彩,绝不与西方者混淆,知其在神州土上演化长久矣。

殷墟文化系之发现与分析,足征殷商以前在中国必有不止一个之高级文化,经若干世纪之演进而为殷商文化吸收之。殷墟时代二百余年中,其文字与器物与墓葬之结构,均无显然变易之痕迹,大体上可谓为静止时代。前此固应有急遽变转之时代,亦应有静止之时代。以由殷商至春秋演进之速度比拟之,殷商时代以前(本书中言"殷商"者,指在殷之商而言,即商代之后半也。上下文均如此),黄河流域及其邻近地带中,不止一系之高级文化,必有若干世纪之历史,纵逾千年,亦非怪事也。(或以为夏代器物今日无一事可指实者。然夏代都邑,今日固未遇见,亦未为有系统之搜求。即如殷商之前身蒙亳,本所亦曾试求之于曹县、商丘间,所见皆茫茫冲积地,至今未得丝毫线索。然其必有,必为殷商直接承受者,则无可疑也。殷墟之发见,亦因其地势较高,未遭冲埋,既非大平原中之低地,亦非山原中之低谷,故易出现。本所调查之遗址虽有数百处,若以北方全体论之,则亦太山之一丘垤也。又,古文字之用处,未必各处各时各阶级一致。设若殷人不用其文字于甲骨铜器上,而但用于易于销毁之资料上,则今日徒闻"殷人有册有典"一语耳。)且就组成殷商文化之分子言之,或者殷商统治阶级之固有文化乃是各分子中最低者之一,其先进于礼乐者,转为商人征服,落在政治

· 239 ·

中下层（说见《夷夏东西说》《新获卜辞写本后记跋》等）。商代统治者，以其武力鞭策宇内，而失其政治独立之先进人士，则负荷文化事业于百僚众庶之间。《多士》云"殷革夏命……夏迪简在王庭，有服在百僚"，斯此解之明证矣。周革殷命，殷多士集于大邑东国雒，此中"商之孙子"固不少，亦当有其他族类，本为商朝所臣服者，周朝若无此一套官僚臣工，即无以继承殷代王朝之体统，维持政治之结构。此辈人士介于奴隶与自由人之间，其幸运者可为统治阶级之助手，其不幸者则夷入皂隶之等，既不与周王室同其立场，自不必与之同其信仰。周初王公固以为周得天命有应得之道，殷丧天命亦有其应失之道，在此辈则吾恐多数不如此想，否则周公无须如彼哓哓也。此辈在周之鼎盛，安分慑服，骏臣新主而已。然既熟闻治乱之故实，备尝人生之滋味，一方不负政治之责任，一方不为贵族之厮养，潜伏则能思，忧患乃多虑，其文化程度固比统治者为先进，其鉴观兴亡祸福之思想，自比周室王公为多也。先于孔子之闻人为史佚，春秋时人之视史佚，犹战国时之视孔子。史佚之家世虽不可详，要当为此一辈人，决非周之懿亲。其时代当为成王时，不当为文王时，则以《洛诰》知之。《洛诰》之"作册逸"，必即史佚，作册固为众史中一要职，逸、佚则古通用。《左传》及他书称史佚语，今固不可尽信其为史佚书，然后人既以识兴亡祸福之道称之，以治事立身之雅辞归之，其声望俨如孔子，其书式俨如五千文之格言体，其哲学则皆是世事智慧，其命义则为后世自宋国出之墨家所宗，则此君自是西周"知识阶级"之代表，彼时如有可称为"知识阶级"者，必即为"士"中之一类无疑也。（按：史佚之书〔其中大多当为托名史佚者〕引于《左传》《国语》《墨子》者甚多，皆无以征其年代，可征年代者仅《洛诰》一事。《逸周书》克殷世俘两篇记史佚

〔亦作史逸〕躬与杀纣之役,似为文武时之大臣。夫在文武时为大臣,在成王成年反为周公之作册〔当时之作册职略如今之秘书〕,无是理也。《逸周书》此数篇虽每为后人所引,其言辞实荒诞之至,至早亦不过战国时人据传说以成之书,不得以此掩《洛诰》。至于大小《戴记》所言〔《保傅篇》《曾子问篇》〕,乃汉人书,更不足凭矣。《论语·微子篇》,孔子称逸民,以夷逸与伯夷、叔齐、虞仲、朱张、柳下惠、少连并举。意者夷逸即史佚,柳下惠非不仕者,故史佚虽仕为周公之作册,仍是不在其位之人,犹得称逸士也。孔子谓"虞仲夷逸隐居放言,身中清,废中权",果此夷逸即史佚,则史佚当是在作册后未尝复进,终乃退身隐居,后人传其话言甚多,其言旨又放达,不同习见也。"身中清"者,立身不失其为清,孟子之所以称伯夷也,"废中权"者,废,法也。"法中权"犹云论法则以权衡折中之,盖依时势之变为权衡也。凡此情景,皆与《左传》《国语》所引史佚之词合。果史逸即夷逸一说不误。则史佚当为出于东夷之人,或者周公东征,得之以佐文献之掌,后乃复废,而名满天下,遂为东周谈掌故、论治道者所祖述焉。)

当西周之盛,王庭中潜伏此一种人,上承虞夏商殷文化之统,下为后来文化转变思想发展之种子。然其在王业赫赫之日,此辈人固无任何开新风气之作用,平日不过为王朝守文备献,至多为王朝增助文华而已。迨王纲不振,此辈人之地位乃渐渐提高。暨宗周既灭,此辈乃散往列国,"辛有入晋,司马适秦,史角在鲁"(汪容父语),皆其例也。于是昔日之伏而不出,潜而不用者,乃得发扬之机会,而异说纷纭矣。天人论之歧出,其一大端也。

东周之天命说,大略有下列五种趋势,其源似多为西周所有,庄子所谓"古之道术有在于是者"也。若其词说之丰长,陈义之蔓衍,自为后人之事。今固不当以一义之既展与其立说之胎质作为一事,亦不便徒见后来之发展,遂以为古者并其本根亦无之。凡此五种趋势一曰命定论,二曰命正论,三曰俟命论,四曰命运论,五曰非命论,分疏如下。

命定论者,以天命为固定,不可改易者也。此等理解,在民间能成牢固不可破之信念,在学人目中实不易为之辩护。逮炎汉既兴,民智复昧,诸子襄息,迷信盛行,然后此说盛传于文籍中。春秋时最足以代表此说者,如《左传》宣三年王孙满对楚子语:

成王定鼎于郏鄏,卜世三十,卜年七百,天所命也。
周德虽衰,天命未改。鼎之轻重,未可问也。

此说之根源自在人民信念中,后世所谓《商书·西伯戡黎篇》载王纣语曰:"呜呼!我生不有,命在天。"此虽非真商书,此说则当是自昔流传者。《周诰》中力辟者,即此天命不改易之说。此说如不在当时盛行,而为商人思恋故国之助,则周公无所用其如是之喋喋也。

命正论者,谓天眷无常,依人之行事以降祸福,《周诰》中周公、召公所谆谆言之者,皆此义也。此说既为周朝立国之宝训,在后世自当得承信之人。《左传》《国语》多记此派思想之词,举例如下:

季梁……对曰:"夫民,神之主也,是以圣王先成民而后致力于神。"(桓六年)

宫之奇……对曰:"臣闻之,鬼神非人实亲,惟德是依。故《周书》曰:'皇天无亲,惟德是辅。'又曰:'黍稷非馨,明德惟馨。'又曰:'民不易物,惟德繄物。'如是,则非德,民不和,神不享矣。神所凭依,将在德矣。"(僖五年)

是阴阳之事，非吉凶所生也。吉凶由人。（僖十六年）

惟有嘉功以命姓受祀，迄于天下。及其失之也，必有慆淫之心间之，故亡其氏姓。……夫亡者岂殴无宠？皆黄炎之后也。惟不帅天地之度，不顺四时之序，不度民神之义，不仪生物之则，以殄灭无胤，至于今不祀。及其得之也，必有忠信之心间之，度于天地，而顺于时动，和于民神，而仪于物则。……其兴者必有夏吕之功焉，其废者必有共鲧之败焉。（《周语》下）

举此以例其他，谓此为周人正统思想可也。此说固为人本思想之开明，亦足为人生行事之劝勉，然其"兑现能力"究如何，在静思者心中必生问题。其所谓贤者必得福耶，则孝已伯夷何如？其所谓恶者必得祸耶，则瞽瞍、弟象何如？奉此正统思想者，固可将一切考终命、得禄位者说成贤善之人，古人历史思想不发达，可听其铺张颠倒，然谓贤者必能寿考福禄，则虽辩者亦难乎其为辞矣。《墨子》诸篇曾试为此说，甚费力，甚智辩，终未足以信人也。于是俟命之说缘此思想而起焉。

俟命论者，谓上天之意在大体上是福善而祸淫，然亦有不齐者焉，贤者不必寿，不仁者不必不禄也。夫论其大齐，天志可征；举其一事，吉凶未必。君子惟有敬德以祈天之永命（语见《召诰》），修身以俟天命之至也（语见《孟子》）。此为儒家思想之核心，亦为非宗教的道德思想所必趋。

命运论者，自命定论出，为命定论作繁复而整齐之系统者也。其所以异于命定者，则以命定论仍有"谆谆命之"之形色，命运论则以为命之转移在潜行默换中有其必然之公式。运，迁也。孟子所谓"一治一乱",所谓"五百年必有王者兴,其间必有名世者",即此思想之踪迹。《左传》所载论天命之思想多有在此议范围中者,如宋司马子鱼云:"天之弃商久矣。君将兴之,弗可赦也已。"(僖二十二)谓一姓之命既讫不可复兴也。又如秦缪公云:"吾闻唐叔之封也,箕子曰,其后必大,晋其庸可冀乎?"此谓命未终者,人不得而终之也。此一思想实根基于民间迷信,故其来源必古,逮邹衍创为五德终始之论,此思想乃成为复杂之组织,入汉弥盛,主宰中国后代思想者至大焉。

非命论者,《墨子》书为其明切之代表,其说亦自命正论出,乃变本加厉,并命之一词亦否认之。然墨子所非之命,指前定而不可变者言,《周诰》中之命以不常为义,故墨子说在大体上及实质上无所多异于周公也。

以上五种趋势,颇难以人为别,尤不易以学派为类,即如儒家,前四者之义兼有所取,而俟命之彩色最重。今标此五名者,用以示天人观念之演变可有此五者,且实有此五者错然杂然见于诸子,而皆导源于古昔也。兹为图以明五者之相关如下:

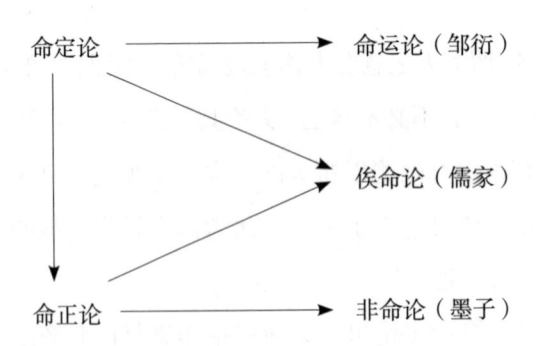

```
命定论 ————————→ 命运论(邹衍)
  │    ╲
  │     ╲
  │      ╲
  ↓       ↘
  命正论 ————————→ 非命论(墨子)
          ↗
         ╱
    俟命论(儒家)
```

(相反以横矢表之,直承以直矢表之,从出而有变化以斜矢表之。)

第四章　自类别的人性观至普遍的人性观

以上三章论西周及其后来之天命观，本章所说，乃西周及东周开始时之人性观。

《墨子》曰："名，达、类、私。"三者之中，私名最为原始，次乃有类名、达名之生，待人智进步方有之矣。即如"人"之一普遍概念，在后代固为极寻常之理解，在初民则难有之。野蛮时代，但知有尔我，知有其自己之族姓与某某异族，普遍之人类一概念，未易有也。其实此现状何必以古为限，于今日犹可征之。在白人之殖民地中，日与土人接触者，每不觉土人与己同类也。忆英国诡趣文人且斯特有云："工人欲组织国际集合，殊不知英国工人只觉其自己为工人，只觉德国工人为德国人。"此虽言之过甚，然亦颇有此理也。岂特知识不广之工人如此，今日英国不犹有信其贵族为蓝血者乎？从此可知无上下之差等，无方土种姓之类别，遍用"人"之一概念，以为圆颅方趾之达名者，必为人类知觉进步以后之事矣。

性之观念依人之观念以变化。古者以为上下异方之人不同，故其所以为人者不同；后世以为上下异方之人大同，故其所以为人者大同。以为人之所以为人者同，东周哲人之贡献也，前乎此者，虽当久有此动机，然如《墨子》《孟子》明析肯定立论则未见也。盖必舍却"非我族类,其心必异"之思想,然后可有适用于一切人之性说也。今先述古初之类别的人观,以明人道主义之产生与演进盖非一蹴而至者焉。

古者本无"人"之一个普遍概念,可以两事征之。第一,征之于名号。"人""黎""民"在初皆为部落之类名,非人类之达名也。

人者,以字形论,其原始当为像人形者如商代之"人乍父己卣"(攈二之一十叶)作ƒ形,"人作父戊卣"作ƒƒ二形(同十一叶),二器同时同类,而前者末笔似屈,后者则申,似后来以不屈者为人,以屈者为尸(夷)之分别,然在此两器则不当有异解也。又甲骨文字中有人方,为殷王施其征伐之对象,经典中不见人方,而夷为习见之词,意者此一人方固应释作夷方欤?最近发见可解决此事。本年春(民国二十六年),安阳发掘出见甲文甚多,在一未动之坑中多为整版,按之董作宾先生五期分类法,此一批董氏定为第一期,其中有一辞云:"贞王惠侯告从正……ƒ。"又一辞云:"……正ƒ……"(此虽皆作反形,然甲骨文中之人字亦皆正反互用。盖当时此等字何者为正,何者为反,尚未约定。故此二字必即后人认为尸〔夷〕字者无疑也。此二版乃胡福林君示我,于此志谢)。此二辞中之"尸"(夷)虽皆下文残阙,然当与习见之"人方"为一事,因时期不同,而书有异形耳。然则此足为人方当释作夷方之证矣。人方亦见金文。般甗"王圉ƒ方"(攈二之二,叶八六)。小臣艅尊,"佳王来正ƒ方"(攈十三,叶十)。前者近于夷,后者则为人字(此乃商器)。此亦足征人方、尸方可自由写也。据此各节,可知"人""尸"(夷)二字,在最早可见之文字中固无严界,皆像人形,一踞而一立,踞者后人以为尸(夷)字,立者后人以为人字,在其原始则无别也。其有别者,至西周中叶诸器始然,师西毁其例也。人夷二词,字本

中卷　释义

作同形，音亦为邻近，其在太初为一事明矣。（参看吴大澂《夷字说》。又古籍中每有以夷字误为人或仁者，如《山海经》"非仁羿莫能上"，此亦"夷羿"之误，盖原作尸耳。《山海经》中他处习见"夷羿"一词，不见"仁羿"）。意者此一词先为东方族落之号，种姓蕃衍，蔚然大部，后来多数为人所征服（当即夏商），降为下民之列，又以文化独为先进，遂渐为圆颅方趾者之标准的普遍的名称耳（古籍中每以东夷为贵。《说文》《后汉书·东夷传》皆然）。

黎之一词，初亦为族类之名，后来乃以为"老百姓"之称。《书·秦誓》云，"以保我子孙黎民"，后人托古之尧典云，"黎民于变时雍"，此处所谓"黎民"，等于今人所谓"老百姓"。然黎为地名，春秋时犹有黎国。《卫风·式微》相传为黎庄公失国，其大夫所作（见《列女传》）。杜预以为黎在上党壶关县，是则与殷卫仅一太行山脉之隔耳。书序以为"殷咎周，周人乘黎，祖伊恐，奔告于王"。意者黎之初域尚及上党之西耶？据《郑语》，黎为祝融系之北支，其南支为重（即董姓），果黎之一词为一切奉祀祝融之北方部族之通称，则其分布广矣（参看《新获卜辞写本后记跋》）。此族后来历为人所征服，成为社会之最下阶级，故相沿呼下人为黎民耳。

"民"之一词亦疑其亦本为族类之名。民、蛮、闽、苗诸字皆双声，似是一名之分化。《国语》，"百姓、千官、亿丑、兆民"。民最多，亦最下。

以上三词，由部落之类名成为人类之达名者，盖有同一之经历焉。其始为广漠之部族，曰人、曰黎、曰民，似皆为丁口众多之种类，及其丧师，夷为下贱，新兴者口少而居上。旧有者口多而居下，于是人也黎也民也皆成为社会阶级之名，即社会中之下层也。最后则黎民二字亦失其阶级性而为广泛的众庶之称，人乃更为溥被，成

247

民族与古代中国史（外一种）

为圆颅方趾者之达名矣。自部落名变为阶级名，自阶级名变为达名，此足征时代之前进矣。

古者并无人之普遍概念，除征之于名号外，更可据典籍所载古昔论人诸说征之。盖古者以为圆颅方趾之辈，非同类同心者，乃异类异心者，下文所引《国语》《左传》足为证也。

> 昔少典娶于有蛴氏，生黄帝炎帝。黄帝以姬水成，炎帝以姜水成。成而异德。故黄帝为姬，炎帝为姜。二帝用师以相济也，异德之故也。异姓则异德，异德则异类，异类虽近，男女相及，以生民也。同姓则同德，同德则同心，同心则同志，同志虽远，男女不相及，畏黩敬也。（《晋语》四）

> 史佚之志有之，曰："非我族类，其心必异。"（成四，此语又见僖十）

> 神不歆非类，民不祀非族。（僖十）

> 卫迁于帝丘。……卫成公梦康叔曰："相夺予享。"公命祀相。宁武子曰："不可，鬼神非其族类，不歆其祀。"（僖三十一）

> 富辰谏曰："……耳不听五音之和为聋，目不别五色之章为昧，心不则德义之经为顽，口不道忠信之言为嚚。狄皆则之。"（僖二十四）

据此，知《左传》《国语》时代犹以此类别的人性论为流行见解也。《左传》中亦有与此相反之制，然春秋是一大矛盾时代，《左传》是一部大矛盾书，上所举之一说固当为当时通俗之论。盖用此说说人者，以为人因种族而异其类，异其类乃异其心，异其心乃异其行事，

中卷　释义

不特戎狄与华夏不同，即同为诸夏亦以异类而异心也。太古之图腾时代，以一大物之下为一类（物之始义即为图腾，说见《跋陈槃君》文，载《历史语言研究所集刊》第七本第二分），以为其为类不同者，其为人也亦不同。春秋时人道主义固已发达，此遗传观念仍自有力，亦彼时夷夏之辨，上下之等，有以维持之。若怪此等观念何以下至春秋尚存，则曷不观乎今日中欧之桀纣，其议论有过于此图腾制下之思想者乎？

讨论至此，有一事可注意者，即经典中"姓""性"二字，依上文所说，既知其本是一字，且识其本为一词也。经典中所谓姓者，表种族者也，词指为血统。所谓性者，表禀赋者也，词指为质材，不相混也。然而其音则一也（两字在《广韵》同切），其字形又一也（两字在金文皆作生），其原始必为一词明矣。本书上篇释生性二字之关系曰，性，所生也，今益之曰，姓，所由生也。后来"姓""性"二字，在古皆为生之一词之文法变化，生为主动词，姓则自主动词而出之成由格名词（ablative），性则自主动词而出之成就格名词（resultative）。后来以此三字表三义，古则以此一词兼三事。后来以为血胤与禀赋非一事，古则以为本是一物之两面而已。

以上所说，似足证明古者本无人之普遍观念，但有人之类别观念。至于如何由此阶段进为墨子、孟子之普遍的人论，必非一蹴而至，其步步形态今已不可知矣。至其助成此一进化者，大体犹有下列三事可说。第一，自周初以来，既以爱民保民为政治口号矣，而所谓民者包括一切杂姓，其种类虽异，其阶级为一，积以时日，则同阶级者大混合。第二，当时王公贵族既用严格之外婚制，则所有母系，皆所谓"异类"也，如是混合，久则不易见其何谓"异类则异心"也。第三，当时负荷文化遗传者，并非新兴之姬姜，此辈乃暴发户，文化之熏染不深,而应为夏殷之遗士,此辈在当时居中间阶级,担当文物之运行(说见上章)。故孔子曰:"先进于礼乐,野人也;后进于礼乐,君子也。"先进者,谓先进于文化,在当时沦为田夫矣;后进者,谓后进于文化,在当时隆为统治者矣(说见《周东封与殷遗民》,载《集刊》第四本)。此辈虽不蔑视王朝,然亦必恶居下流,以为众民乃先代明德之胤,虽"湮替隶圉",要"皆黄炎之后也"(见《周语》下)。后来思想之发展,多眷自此等阶级中人出,宜乎其不为上天独眷之谈,而为斯民一类之论矣。中国人道主义之发达,大同思想之展布,在东周为独盛,其来虽未骤,其进实神速,必有其政治的社会的凭借,然后墨子之人类一家论,孟子之人性一般解,得以立根,得以舒张。学人诚有其自由,而其自由之范围仍为环境所定耳。

第五章　总叙以下数章

　　有思想改动在前，而政治改动随之者，有政治崩溃在前，思想因政治崩溃而改动者，历史无定例，天演非一途，故论史事宜乎不可必，不可固也。春秋时之思想，其若干趋势已与西周创业时期大不同，此可于《左传》所征引者证之。虽《左传》之编者仍为传统彩色所笼罩，然时代之变，粲然明白，正统派与若干非正统派并见于录，即正统派口中亦每自相矛盾。此变动自何时起乎？今以西周之文献不足，此事未易断言。西周晚期之钟鼎彝器文字虽多，足征此事者则甚少。虽《诗经》所记厉幽以来之辞，怨天尤人者居多，孔子亦言"不怨天不尤人"，似是针对当时怨天者而发，然此亦王政崩溃生命无所寄托时之自然现象，若谓西周晚期竟有怨天尤人之哲学，亦无征也。故本章所言不上于春秋之先，盖西周晚期只有政治史之材料遗于今日，此一小书所讨论者，却为思想史之一问题，既于此时代无所取材，则付之阙如耳。

　　虽然，西周王政之崩溃必影响及后来思想之分歧，则无疑者。当成周之盛，诸夏仅有一个政治中心，故亦仅有一个最高文化中心。及王政不逮，率土分崩，诸夏不仅有一个政治中心，自亦不仅有一个文化中心。即以物质事项论之,周代铜器,王室及王朝卿士大家之重器几尽在西周,而入春秋之后不闻焉(虢季子白盘,疑为平王时器,此周室大器之最后者。盖此器书手与曾伯霥簠之书手为一人,而曾伯簠又与晋姜鼎为同时,晋姜鼎可确知其为平王时器也。说别详)。列国宝器,时代可征者,绝多在宗周既灭之后,而属于西周鼎盛者甚少,此即物质文化之重心,由一元散为多元之证也。物质生活既如此,则凭借物质生活而延绪而启发之思想,自当同其变化。且王室益贫,王官四散,辛有入晋(《左传》昭十五),史角在鲁(《墨子·所染篇》),抱其遗训以适应于新环境,自不免依新环境而异其端趋。兼以列国分政,各有新兴之士族,各育新变之社会,于是春秋时代东西诸大国在文化上乃每有其相互殊异之处焉。今取地理之观点,以推论春秋末下逮战国时诸派思想所由生。

论儒墨法道四派,分起于鲁宋晋齐,因社会的政治的环境不同,而各异其天人论

晚周之显学,儒、墨、名、法、老子,似皆起于不同的社会政治环境。盖自大体言之,儒出于鲁,墨出于宋,名、法出于晋,托名老子之学则导衍于齐也。此义余将别写一文以论之,今先于此举其涯略,以征战国诸子言性与天道之不同者,盖有其地理的差别为之启导焉。

鲁与儒学

儒出于鲁一说，自来即无问题，在今日更可识其出于鲁之意义。鲁人之大体为殷商遗民，盖殷民六族，条氏、徐氏、萧氏、索氏、长勺氏、尾勺氏之后也。其统治者则为周之宗姓，其助治者则封建时所锡之祝宗卜史，即殷周时代之智识阶级也（《左传》定四年）。此种殷商遗民实为鲁国人民之本干，故《左传》记阳虎盟鲁"公及三垣于周社，盟国人于亳社"，明"国人"所奉之祠祀，仍是殷商之国祀也（此说及以下儒家来源说均详拙著《周东封与殷遗民》）。然而鲁为周公冢子伯禽受封之明都，在西周已为东邦之大藩，至东周尤为文化之重镇，丰镐沦陷，成周兵燹，于是"周礼尽在鲁"，于鲁可睹"周公之德，与周之所以王"，盖典册差存，本朝礼乐制度犹未尽失之谓也。

孔子之先，来自宋国，家传旧礼（见《鲁语》），自称殷人（见《檀弓》），故早期儒教中，殷遗色彩甚浓厚，尤以三年之丧一事为明显。所谓三年之丧，乃儒家宗教仪式中之最要义，而此制是殷俗，非周制也。然孔子非如宋襄公专寄托精诚于一姓再兴者，其少长所居，在邹鲁而不在宋，其对今朝之政治，盖充分承认其权能而衷心佩服之。故曰，"周监于二代，郁郁乎文哉，吾从周"。又曰，"甚矣吾衰也，久矣吾不复梦见周公"。夫未衰则梦见周公，将死则曰"丘殷人也"，是其文政以"东周"为目标，其宗教以殷商为归宿，此其受鲁国地域性之影响大矣。故早期儒教实以二代文政遗训之调合为立场，其为鲁国产品，乃必然者也。

宋与墨家

东周列国中,宋人最富于宗教性,亦最富于民族思想,当时称愚人者皆归之宋人(此义刘台拱、刘师培皆言之,前说见其《遗著》,后说见《国粹学报》)。东周诸子学说中,亦以墨家最富于宗教性,《墨子》书中虽对三代一视同仁,然其称宋亦偶过其量。(《备城门》篇,"禽滑厘问于子墨子曰:'由圣人之言,凤鸟之不出,诸侯畔殷周之国,甲兵方起于天下,大攻小,强执弱,吾欲守小国,为之奈何?'"此设论当时事也,而曰"诸侯畔殷周之国"者,盖宋自襄公而后以商道中兴自命,故曰"于周为客"〔见《左传》〕,是居然以周之匹偶自待矣。此一运动,似亦发生相当效力,《春秋》之书会盟,于鲁国王人伯主而外,宋人永居前列,盖当时列国亦间有以东方大统归之者也。称当时天下主为殷商之国,其为宋人语明矣。)今试绎墨子之教义,在若干事上,似与宋人传说直接矛盾者,如宋人宝贵其桑林万舞,而墨子非乐;宋人惟我独尊,而墨子兼爱天下;宋人仍以公族执政,而墨子尚贤,且反亲亲之论(《尚同》上:"今王公大人之刑政则反此,政以为便譬,宗于〔族字之误〕父兄故旧,以为左右,置以为正长。"是墨子显以当时公族执政为不当,与孟子同姓卿说及其故国世臣说全相反也)。然此正激之如此,墨子决非但知承袭之教徒,而是革命的宗教家,若不在宋之环境中,其反应不易如是之强烈深切也。故墨子一面发挥其极浓厚之宗教信仰,不悖宋人传统,一面尽反其当世之靡俗,不做任何调和。犹之《新约》书中所载耶稣及保罗之讲说,力排犹太教之末流,其自身之绪,无论变化如何,仍自犹太出耳。

晋与名法

时代入于春秋,政治社会之组织在若干地域上有强烈之变动焉,即早年之家族政治突变为军国政治是也。此事可征者,一见于齐桓之朝,异姓为列卿;再见于曲沃之后,桓庄之族尽戮,晋无公族矣。此种转变,在小国不易出现,在新兴之大国亦不易出现,前者无所兼并,则尚功之义不能发达,后者组织未腐,则转变之机不易舒发。惟旧邦大国,可以兵戎之兴成此转变。晋自翼曲沃分立之后,两门相争,垂数十年,及曲沃为君,翼宗尽夷,献公又以士蒍之助,尽杀桓庄群公子,"自是晋无公族",而献公朝中干城拓地之功臣皆为异氏矣(庄二十三至二十五)。文公不废此制,识却縠以尚德,登先轸于下军,自是诸公子尽仕于外,不得安居于国。成公时表面上复公族之制,实则公族缘此制更不存在矣。

> 初,丽姬之乱,诅无畜群公子,自是晋无公族。及成公即位,乃宦卿之適子而为之田,以为公族,又宦其余子,以为余子,其庶子为公行。晋于是乎有公族、余子、公行。赵盾请以(赵)括为公族。……(公)使屏季以其故族为公族大夫。(宣二)

公族、余子、公行之名号虽复,其中乃尽是列卿之族,并无公室之子,列卿之宗据公族之位一,而真正公族反须宦居于外。此一变动大矣。于是诗人讥之曰:

……彼其之子美无度。美无度,殊异乎公路。

……彼其之子美如英。美如英,殊异乎公行。

……彼其之子美如玉。美如玉,殊异乎公族。(《唐风·汾沮洳》)

盖以此辈"暴发户",虽外貌美秀,而行止无法度,绝非世家风范,徒有公路公行公族之名,其实则非也。

晋国之政治结构既如此大变,其维系此种结构之原则,自亦当随之大变,于是尊贤尚功之义进,亲亲之义退,于是周代封建制度之正形,即一族统治者,从兹陵替,而代以军国之制矣。在此社会变化中,晋为先进,用此变化,以成伯业,天下莫强焉。

且晋自随武子问礼于周室,"归乃讲聚三代之典礼,于是乎修执秩以为晋法"。公孙周自周入承侯位,修范武子士荐之法,用以复霸。盖当时列国中,法令之修,未有如晋邦者也。下至战国,名法之学皆出三晋,吴起仕魏,申子在韩,卫鞅居梁,韩非又韩之诸公子也。即如儒家之荀卿,其学杂于法家,其人则生于赵土。名法之学,出于晋国明矣。法家多以为天道不必谈,其人性观则以为可畏以威,而不可怀以德,无论明言性恶与否,要非性善之论也。此一派思想之发展,固有待于晋国新政新社会之环境者焉。

齐与道家

老子为何如人,《老子》五千文为何人何时之作,皆非本文所论,兹所揭举者,乃谓战国末汉初黄老之学实为齐学,此学与管子学为一脉，而管子学又纯为齐人之学也。今先论管子学之当出于齐。

齐之为国，民众而土不广，国富而兵不强，人习于文华，好为大言，而鲜晋人之军法训练，故欲争雄于列国之间，惟有"斗智不斗力"之一术耳。试遍观《管子》一书，绝无一语如《左传》《国语》所载之晋国武风，而多是奇巧谋略，操纵经济政策以制胜，利用地中富源以固国者，其中固颇有荒诞之辞，且间以阴阳禁忌，要其最特殊之义，则不出太史公所撮论者：

> 其为政也，善因祸而为福，转败而为功。贵轻重，慎权衡。……故曰："知'与之为取'政之宝也。"（《管晏列传》）

所谓"权衡""轻重"，皆计谋也。此与老子义固全合。《管子》书之释"与之为取"者，又云：

> 故刑罚不足以畏其意，杀戮不足以服其心。故刑罚繁而意不恐，则令不行矣；杀戮罪而心不服，则上位危矣。故从其四欲，则远者自亲；行其四恶，则近者叛之。故知"予之为取"者，政之宝也。

此正《老子》书中所谓"民不畏死，奈何惧之"者也。汉初，黄老之学盛极一时，其遗书自五千言外今鲜存者。然《管子》书中犹存若干当时奉持此学者之通义，曹相国孝文帝安民致富之术，皆有所取焉。《管子》在汉初为显学，故刘向所校"凡中外书五百六十四"，此中亦可识管老相邻，因而并盛之消息也。刘子政时，老学已变，管学已衰，刘氏犹识此派与申韩商君之不合，而列之道家，此亦足证此学之宗派也。后人乃竟以之列于法家,使与申韩商君并处,诚无识之极矣(《隋志》已然,《直斋书录解题》且谓管商用心同,直闭眼胡说也)。

且黄老之学中,不特托名《管子》之书出自齐地也,即老子学之本身在战国末汉初亦为齐学。《史记·乐毅列传》云:

> 而乐氏之族有乐瑕公、乐臣公。赵且为秦所灭,亡之齐高密。乐臣公善修黄帝、老子之言,显闻于齐,称贤师。乐臣公学黄帝、老子,其本师号曰河上丈人,不知其所出。河上丈人教安期生,安期生教毛翕公,毛翕公教乐瑕公,乐瑕公教乐臣公,乐臣公教盖公,盖公教于齐高密胶西,为曹相国师。

老子之天道说为自然论,管书老子之人性观,皆与三晋法家极度相反,此当于他处论之。

齐地出产此一大派思想之外,又出产一派极有影响于后世之《天道论》,即阴阳五行说是也。后一派之出于齐地,观汉《郊祀志》,知其亦非偶然。盖齐地之上层思想集合成一自然论,其下层信念混融成一天运说,此两派入汉朝皆极有势力,溶化一切方术家言者也。

> 初写此册时,欲并入道家阴阳家之天道论,故列此章。继以如是必将此书倍之,乃留待他日。此章所论,亦间与下文有关,遂不删也。
>
> 作者附记

第六章　春秋时代之矛盾性与孔子

春秋时代之为矛盾时代，是中国史中最明显之事实。盖前此之西周与后此之战国全为两个不同之世界，则介其间者二三百年之必为转变时期，虽无记载，亦可推想知之。况春秋时代记载之有涉政治社会者，较战国转为充富，《左传》一书，虽编定不出于当时，而取材实为春秋列国之语献，其书诚春秋时代之绝好证物也（《左传》今日所见之面目自有后人成分在内，然其内容之绝大部分必是战国初年所编，说别详）。春秋时代既为转变时代，自必为矛盾时代，凡转变时代皆矛盾时代也。

春秋时代之为矛盾，征之于《左传》《国语》者，无往不然，自政治以及社会，自宗教以及思想，弥漫皆是。其不与本文相涉者，不具述，述当时天人论中之矛盾。

春秋时代之天道观，在正统派自仍保持大量之神权性，又以其在《周诰》后数百年，自亦必有充分之人定论。试看《左氏》《国语》，几为鬼神灾祥占梦所充满，读者恍如置身殷商之际。彼自言"国之大事在祀与戎"，则正是殷商卜辞之内容也。此诚汪容甫所谓其失也巫矣。然亦偶记与此一般风气极端相反之说，其说固当时之新语，亦必为《左氏》《国语》作者所认为嘉话者也。举例如下：

季梁……对曰:"夫民,神之主也。"(桓六)

〔宫之奇〕对曰"……如是,则非德民不和,神不享矣。神所凭依,将在德矣。"(僖五)

及惠公在秦,曰:"先君若从史苏之占,吾不及此夫!"韩简侍曰:"……先君之败德,其可数乎?史苏是占,勿从何益?"(僖十五)

〔周内史叔兴父〕对曰:"……是阴阳之事,非吉凶所生也。吉凶由人。"(僖十六)

邾文公卜迁于绎。史曰:"利于民而不利于君。"邾子曰:"苟利于民,孤之利也。天生民而树之以君,以利之也。民既利矣,孤必与焉。"左右曰:"命可长也,君何弗为?"邾子曰:"命在养民。死之短长,时也。民苟利矣,迁也,吉莫如之!"遂迁于绎。五月,邾文公卒。君子曰:"知命。"(文十三)

晋侯问于士弱曰:"吾闻之,宋灾,于是乎知有天道,何故?"对曰:"……商人阅其祸败之衅,必始于火,是以曰知其有天道也。"公曰:"可必乎?"对曰:"在道,国乱无象,不可知也。"(襄九)

楚师伐郑……〔晋〕董叔曰:"天道多在西北,南师不时,必无功。"叔向曰:"在其君之德也。"(襄十九)

有星孛于大辰。……郑裨灶言于子产曰:"宋卫陈郑将同日火。若我用瓘斝玉瓒,郑必不火。"子产弗与。……戊寅,风甚。壬午,大甚。宋、卫、陈、郑皆火。……裨灶曰:"不用吾言,郑又将火。"郑人请用之,子产不可。子大叔曰:

"宝以保民也。若有火,国几亡。可以救亡,子何爱焉?"

子产曰:"天道远,人道迩,非所及也,何以知之?灶焉知天道?是亦多言矣,岂不或信?"遂不与,亦不复火。(昭十七年至十八)

此中所论固与周召之诰一线相承,然其断然抹杀占梦所示及当时之天道论,实比托词吉卜之《大诰》犹为更进一步。此等新说固与时人之一般行事不合,《左传》自身即足证明之矣。

春秋时代之人论,在一般人仍是依族类而生差别之说。《左氏》书既引史佚"非我族类其心必异"之语,又假郑小驷以喻之,以种言,则别夷狄华夏(富辰语,见僖二十四),以等言,则辨君子小人(阴饴甥语,见僖十五)。然"斯民同类"之意识,亦时时流露,既称晋文听舆人之诵,复美曹沫鄙肉食之言,对于庶民之观念已非如往昔之但以为"氓之蚩蚩"也。且其时族类间之界画已不甚严,"虽楚有才,晋实用之"。绛登狐氏,秦用由余。其于吴也,固贱其为断发之荆蛮,亦奉之为姬姓之长宗。其于秦也,犹未如魏邦既建田氏篡齐之时以夷狄遇之也。再就阶级言之。《周诰》之词,固已认人事胜天定,犹绝无君侯之设乃为庶民服务之说,然此说在《左传》则有之。师旷曰:"天之爱民甚矣,岂其使一人肆于民上?"宫之奇曰:"夫民,神之主也,是以圣王先成民而后致力于神。"邾文公曰:"命在养民。"由此前进一步,便是孟子民贵君轻之谈,其间可无任何过渡阶级矣。

括而言之,春秋时代,神鬼天道犹颇为人事之主宰,而纯正的人道论亦崭然出头。人之生也,犹辨夷夏之种类,上下之差别,而斯民同类说亦勃然以兴。此其所以为矛盾时代。生此时代之思想家,如不全仍旧贯，或全作新说，自必以调和为途径，所谓集大成者，即调和之别名也。

孔子

　　孔子一生大致当春秋最后三分之一，则春秋时代之政治社会变动自必反应于孔子思想之中。孔子生平无著述（作《春秋》赞《周易》之说，皆不可信）。其言语行事在后世杂说百出，今日大体可持为据者，仅《论语》《檀弓》两书耳。《檀弓》所记多属于宗教范围，故今日测探孔子之天人论应但以《论语》为证矣。试绎《论语》之义，诚觉孔子之于天人论在春秋时代为进步论者，其言与上文所引《左传》所载之新说嘉话相同，而其保持正统遗训亦极有力量。然则孔子并非特异之学派，而是春秋晚期开明进步论者之最大代表耳。孔子之宗教以商为统，孔子之政治以周为宗。以周为宗，故曰："如有用我者，吾其为东周乎。"其所谓"为东周"者，正以齐桓管仲为其具体典范。故如为孔子之政治论作一名号，应曰霸道，特此所谓霸道，远非孟子所界说者耳。

　　孔子之言性与天道，一如其政治论之为过渡的，转变的。《论语》记孔子言性与天道者不详，此似非《论语》取材有所简略，盖孔子实不详言也。子夏曰："夫子之文章可得而闻也，夫子之言性与天道不可得而闻也已。"（据倭本增"已"字）《论语》又曰："子罕言利，与命，与仁。"（宋儒或以为与命、与仁之与字应作动字解，犹言许命许仁也。此说文法上实不可通。与之为连续词毫无可疑。《晋语》言："杀晋君，与逐出之，与以归之，与复之，孰利？"此同时书中语法可征者也。）今统计《论语》诸章，诚哉其罕言，然亦非全不言也。列举如下：

子曰："……五十而知天命。"（《为政》）

子曰："不知命，无以为君子也。"（《尧曰》）

子曰："君子有三畏，畏天命，畏大人，畏圣人之言。小人不知天命而不畏也，狎大人，侮圣人之言。"（《季氏》）

子曰："道之将行也与，命也。道之将废也与，命也。公伯寮其如命何？"（《宪问》）

子曰："天生德于予，桓魋其如予何？"（《述而》）

子畏于匡，曰："文王既殁，文不在兹乎？天之将丧斯文也，后死者不得于斯文也。天之未丧斯文也，匡人其如予何？"（《子罕》）

子曰："凤鸟不至，河不出图，吾已矣夫！"（《子罕》）

颜渊死，子曰："噫，天丧予，天丧予！"（《先进》）

伯牛有疾，子问之，自牖执其手，曰："亡之，命矣夫！斯人也而有斯疾也，斯人也而有斯疾也！"（《雍也》）

子疾病，子路请祷，子曰："有诸？"子路对曰："有之。诔曰：'祷尔于上下神祇。'"子曰："丘之祷久矣。"（《述而》）

子夏曰："商闻之矣（此当是闻之孔子，故并引），'死生有命，富贵在天。'"（《颜渊》）

子曰："莫我知也夫！"子贡曰："何为其莫知子也？"子曰："不怨天，不尤人，下学而上达，知我者，其天乎？"（《宪问》）

子曰："予欲无言。"子贡曰："子如不言，则小子何述焉？"子曰："天何言哉？四时行焉，百物生焉。天何言哉？"（《阳货》）

子不语怪、力、乱、神。（《述而》）

理会以上所引，知孔子之天道观有三事可得言者：

其一事曰，孔子之天命观念，一如西周之传说，春秋之世俗，非有新界说在其中也。孔子所谓天命，指天之意志，决定人事之成败吉凶祸福者，其命定论之彩色不少。方其壮年，以为天生德于予，庶几其为东周也。及岁过中年，所如辄不合，乃深感天下事有不可以人力必成者，乃以知天命为君子之德。颜回、司马牛早逝，则归之于命；公伯寮、桓魋见谋，则归之于命；凤鸟不至，而西狩获麟，遂叹道之穷矣。在后人名之曰时，曰会合，在今人名之曰机会者，在孔子时尚不用此等自然名词，仍本之传统，名之曰天命。孔子之所谓天命，正与金文《周诰》之天令（或作天命）为同一名词，虽彼重言命之降，此重言命之不降，其所指固一物，即吉凶祸福成败也。

其二事曰，孔子之言天道，虽命定论之彩色不少，要非完全之命定论，而为命定论与命正论之调合。故曰："一日克己复礼，天下归仁焉。"又曰："知我者其天乎！"夫得失不系乎善恶而天命为前定者，极端命定论之说也。善则必得天眷，不善则必遭天殃，极端命正论之说也。后说孔子以为盖不尽信，前说孔子以为盖无可取，其归宿必至于俟命论。所谓俟命论者，谓修德以俟天命也。凡事求其在我，而不责其成败于天，故曰"不怨天"，尽人事而听天命焉，故曰"丘之祷久矣"。此义孟子发挥之甚为明切，其辞曰，"修身以俟之"，又曰，"顺受其正"，又曰，"尽其道而死者，正命也"。

此为儒家天人论之核心，阮芸台言之已详，今不具论。

其三事曰，孔子之言天道，盖在若隐若显之间，故罕言之，若有所避焉，此与孔子之宗教立场相应，正是脱离宗教之道德论之初步也。夫罕言天道，是《论语》所记，子贡所叹。或问禘之说，孔子应之曰："不知也，知其说则于天下犹运之掌。"是其于天也，犹极虔敬而尊崇，盖以天道为礼之本，政事为礼之用。然而不愿谆谆言之者，言之详则有时失之诬，言之详则人事之分量微，此皆孔子所不欲也。与其详言而事实无征，何如虔敬以寄托心志？故孔子之不详言，不可归之记录有阙，实有意如此耳。子不语"怪、力、乱、神"，然而"祭如在，祭神如神在"。又曰，"吾不与祭，如不祭"。其宗教之立场如此，其道德论之立场亦复一贯。孔子之道德观念，其最前假定仍为天道，并非自然论，亦未纯是全神论（Pantheism），惟孔子并不盘桓于宗教思想中，虽默然奉天以为大本，其详言之者，乃在他事不在此也。

如上所言，其第一事为古昔之达名，其二三两事亦当时贤智之通识，孔子诚是春秋时代之人，至少在天道论上未有以超越时代也。在彼时取此立场固可得暂时之和谐，然此立场果能稳定乎？时代既已急转，思想主宰既已动摇，一发之势不可复遏，则此半路之立场非可止之地。故墨子对此施其攻击，言天之明明，言命之昧昧，而孟子亦在儒家路线上更进一步，舍默尔而息之态，为深切著明之辞。孔子能将春秋时代之矛盾成一调和，却不能使此调和固定也。

孔子之天论立于中途之上，孔子之人论亦复如是。古者以为人生而异，族类不同而异，等差不同而异，是为特别论之人性说。后世之孟子以为人心有其同然，圣人先得人心之同然者也，是为普遍论之人性说，孔子则介乎二者之间。今引《论语》中孔子论人之生

民族与古代中国史（外一种）

质诸事。

> 子曰："性相近也，习相远也。"（《阳货》）
> 子曰："惟上智与下愚不移。"（《阳货》）
> 子曰："中人以上可以语上也，中人以下不可以语上也。"（《雍也》）
> 孔子曰："生而知之者上也，学而知之者次也，困而学之又其次也，困而不学，民斯为下矣。"（《季氏》）
> 子曰："民可使由之，不可使知之。"（《泰伯》）
> 子曰："惟女子与小人为难养也。近之则不逊，远之则怨。"（《阳货》）

孔子以为人之生也相近，因习染而相远，足征其走上普遍论的人性说已远矣，然犹未至其极也。故设上智下愚之例外，生而知，学而知，困而学之等差，犹以为氓氓众生，所生之凭借下，不足以语于智慧，女子小人未有中上之素修，乃为难养，此其与孟子之性善论迥不侔矣。

在人论上，遵孔子之道路以演进者，是荀卿而非孟子。孔子以为人之生也，大体不远，而等差亦见，故必济之以学，然后归于一路。孔子认为尽人皆须有此外工夫，否则虽有良才，无以成器，虽颜回亦不是例外，故以克己复礼教之。此决非如孟子所谓"万物皆备于我，反身而诚，乐莫大焉"者也。引《论语》如下：

> 子曰："我非生而知之者，好古敏以求之者也。"（《述而》）
> 子曰："……好仁不好学，其蔽也愚。好知不好学，其蔽也荡。好信不好学，其蔽也贼。好直不好学，其蔽也绞。

好勇不好学,其蔽也乱。好刚不好学,其蔽也狂。"(《阳货》)

孔子对曰:"有颜回者好学,不迁怒,不贰过。"(《雍也》)

颜渊问仁。子曰:"克己复礼为仁。一日克己复礼,天下归仁焉。为仁由己,而由人乎哉?"颜渊曰:"请问其目。"子曰:"非礼勿视,非礼勿听,非礼勿言,非礼勿动。"(《颜渊》)

颜渊喟然叹曰:"……夫子循循然善诱人,博我以文,约我以礼。"(《子罕》)

子贡问曰:"孔文子,何以谓之文也。"子曰:"敏而好学,不耻下问,是以谓之文也。"(《公冶长》)

孔子以为人之生也不齐,必学而后志于道。荀子以为人之生也恶,必学而后据于德。其人论虽有中性与极端之差,其济之之术则无异矣。兹将孔、孟、荀三氏之人性说图以明之。

	类　别	工　夫
孔子材差说 {	孟子性善说	以扩充内禀成之。
		以力学济之。
	荀子性善说	以力学矫之。

后人以尊德性、道问学分朱陆,其实此分辩颇适用于孟子、荀卿,毋若孔子,与其谓为尊德性,毋宁谓之为道问学耳。

孔子之地位,在一切事上为承前启后者,天人论其一焉。

第七章　墨子之非命论

　　《墨子》一书不可尽据，今本自《亲士》至《三辩》七篇宋人题作经者，虽《所染》与吕子合，《三辩》为《非乐》余义，《法仪》为《天志》余义，《七患》《辞过》为《节用》余义《皆孙仲容说》，大体实甚驳杂。《修身》一篇全是儒家语，《亲士》下半为《老子》作注解，盖汉人之书也。《经》上下、《经说》上下，自为一种学问，不关上说下教之义。《大取》至《公输》七篇，可称墨家杂篇，其多精义。壹如《庄子杂篇》之于《庄子》全书。若其教义大纲之所在，皆含于《尚贤》至《非儒》二十四篇中，据此可识墨义之宗宰矣。

　　读《墨子》书者，总觉其宗教彩色甚浓，此自是极确定之事实，然其辩证之口气，有时转比儒家更近于功利主义。墨子辩证之方式有所谓三表者，其词曰：

　　子墨子言曰："有本之者，有原之者，有用之者。于何本之？上本之于古者圣王之事。于何原之？下原察百姓耳目之实。于何用之？发以为刑政，观其中国家百姓人民之利。此所谓三表也。"（《非命》上）

"本之"即荀子所谓"持之有故","原之"即荀子所谓"言之成理",前者举传训以为证,后者举事理以为说。至于"用之",则纯是功利论之口气,谓如此如此乃是国家百姓万人之大利也。孔子以为自古皆有死,孟子以为舍生而取义,皆有宗教家行其所是之风度,墨子乃沾沾言利,言之不已,虽其所谓利非私利,而为万民之公利,然固不似孟子之劈头痛绝此一名词也。其尤甚者,墨子以为鬼纵无有,亦必须假定其有,然后万民得利焉。

虽使鬼神请(诚)无,此犹可以合欢聚众,取亲于乡里。(《明鬼》下)

此则俨然服而德氏之说,虽使上帝诚无,亦须假设一个上帝。此虽设辩之词,然严肃之宗教家不许如此也。甚矣中国人思想中功利主义之深固,虽墨家亦如此也。然此中亦有故,当时墨家务反孔子,而儒家自始标榜"君子喻于义,小人喻于利","喻犹晓也"。故墨子乃立小人之喻以为第三表,且于三表中辞说最多焉,墨子固以儒家此等言辞为伪善者也。孟子又务反墨说,乃并此一名词亦排斥之。此节虽小,足征晚周诸子务求相胜,甲曰日自东出,乙必曰日自西出,而为东西者作一新界说,或为方位作一新解,以成其论。识此则晚周诸子说如何相反相生,有时可得其隐微,而墨子之非命论与儒如何关系,亦可知焉。

又有一事,墨子极与孔子相反者,孔子"博学而无所成名","无可无不可",墨子则为晚周子籍中最有明白系统者。盖孔子依违调和于春秋之时代性中,墨子非儒,乃为断然的主张,积极的系统制作,其亦孔子后学激之使然耶?

民族与古代中国史（外一种）

墨子教义以宗教为主宰，其论人事虽以祸福利害为言，仍悉溯之于天，此与半取宗教之孔子固不同，与全舍宗教之荀子尤极端相反也。今试将墨子教义图以明之：

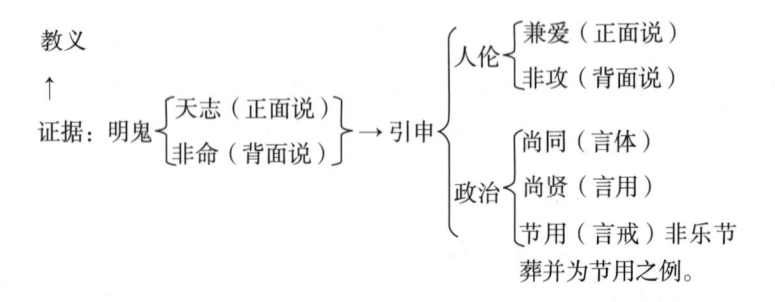

```
教义
 ↑
证据：明鬼 ┤天志（正面说）├→ 引申 ┤ 人伦 ┤兼爱（正面说）
          │非命（背面说）│      │      │非攻（背面说）
                                │
                                │ 政治 ┤尚同（言体）
                                        │尚贤（言用）
                                        │节用（言戒）非乐节
                                         葬并为节用之例。
```

《墨子·鲁问篇》云：

　　国家昏乱，则语之尚贤，尚同。国家贫，则语之节用，节葬。国家喜音耽湎，则语之非乐，非命。国家淫僻无礼，则语之尊天，事鬼。国家务夺侵凌，则语之兼爱，非攻。（《鲁问》）

此虽若对症下药，各自成方，而寻绎其义理，实一完固之系统，如上图所形容也。墨孟荀三氏之思想皆成系统，在此点上，三家与孔子不同，而墨子之系统为最严整矣。墨义之发达全在务反儒学之道路上。当时儒家对鬼之观念，立于信不信之半途，而作不信如信之姿势，且儒家本是相对的信命定论者，墨家对此乃根本修正之。今引其说：

　　儒以天为不明，以鬼为不神，天鬼不说（问禘，答曰不知,性与天道不可得闻,皆孔子不说或罕说天鬼之证也。说读如字)。此足以丧天下。……又以命为有,贫富,寿夭,治乱,安危,有极矣,不可损益也。为上者行之,必不听治矣,为下者行之,必不从事矣,此足以丧天下。(《公孟》)

公孟子曰:"无鬼神。"又曰:"君子必学祭祀。"(毕沅曰,祀当为礼)子墨子曰:"执无鬼而学祭礼,是犹无客而学客礼也,是犹无鱼而为鱼罟也。"(《公孟》)

立命而怠事,不可使守职。(《非儒》)

此皆难儒斥儒之词,既足以见墨义之宗旨,更足以证墨学之立场。儒家已渐将人伦与宗教离开,其天人说已渐入自然论,墨者乃一反其说,复以宗教为大本,而以其人事说为其宗教论之引申。墨家在甚多事上最富于革命性,与儒家不同,独其最本原之教义转似走上复古之道路,比之儒家,表面上为后于时代也。

然墨子之宗教的上天,虽抛弃儒家渐就自然论渐成全神论之趋势,而返于有意志有喜怒之人格化的上天,究非无所修正之复古与徒信帝力之大者所可比也。墨子之天实是善恶论之天神化,其上天乃一超于人力之圣人,非世俗之怪力乱神也。如许我以以色列教统相比拟,《旧约》中尚少此等完全道德化之帝天,四福音中始见此义耳。是则墨子虽以宗教意识之重,较儒家为复古,亦以其上天之充分人格化道德化,转比儒家之天道说富于创造性。盖墨子澈底检讨人伦与宗教之一切义,为之树立上下贯澈之新解,虽彼之环境使以宗教为大本,而彼之时代亦使彼为一革新的宗教家,将道德理智纳之于宗教范畴之下,其宗教之本身遂与传统者有别。墨子立论至明切,非含胡接受古昔者也。《天志》三篇为彼教义之中心,其所反复陈言者：一则以为天有志，天志为义，义自天出。二则以为天兼有天下之人，故兼爱天下之人。三则以为从天之意者必得赏，背天之意者必得罚，人为天之所欲，则天为人之所欲，人为天之所恶，则天为人之所恶。四则以为天为贵，天为智，自庶人至于天子，皆不得次已而为政，有天政之。据此，可知墨子之天，乃人格化道德化之极致，是圣人之有广大权能在苍苍上者，故与怪、力、乱、神不可同日语也。

兹将墨义系统如前图所示者再解说之，以明其条贯。墨子以为天非不言而运行四时者，乃有明明赫赫之意志者，人非义不生，而义"自天出"。天意者，"上尊天，中事鬼神，下爱人"。行如此则天降之福，行不如此则天降之祸。墨子又就此义之背面以立论，设为非命之辨，以为三代之兴亡，个人之祸福，皆由自身之行事，天无固定之爱憎，即无前定之命焉，果存命定之说，万人皆息其所务，"是覆天下之义"，而"灭天下之人矣"。今知天志非命为墨义系统中之主宰者，可取下引为证：

> 子墨子言曰："我有天志，譬如轮人之有规，匠人之有矩，轮匠执其规矩，以度天下之方圜，曰，中（读去声，下同）者是也，不中者非也。"（《天志上》）

> 故子墨子之有天之意也，上将以度天下之王公大人为刑政也，下将以量天下之万民为文学出言谈也。……故置此以为法，立此以为仪，将以量度天下之王公大人卿大夫之仁与不仁，譬之犹分黑白也。（《天志中》）

今又知墨子论人事诸义为天志非命之引申者，可取下引为证：

> 子墨子曰:"天之意不欲大国之攻小国也,大家之乱小家也,强之暴寡,诈之谋愚,贵之傲贱,此天之所不欲也。不止此而已,欲人之有力相营,有道相教,有财相分也。又欲上之强听治也,下之强从事也。"(《天志中》)
>
> 顺天之意者兼也,反天之意者别也。兼之为道也义正,别之为道也力正。曰:"义正者何若?"曰:"大不攻小也,强不侮弱也,众不贼寡也,诈不欺愚也,贵不傲贱也,富不骄贫也,壮不夺老也。是以天下之庶国莫以水火毒药兵刃以相害也。……"曰:"力正者何若?"曰:"大则攻小也,强则侮弱也,众则贼寡也,诈则欺愚也,贵则傲贱也,富则骄贫也,壮则夺老也。是以天下之庶国方以水火毒药兵刃以相贼害也。"(《天志下》)

据此,则兼爱非攻皆天之意向,墨子奉天以申其说。尚同则壹天下人之行事以从天志,虽尚贤亦称为天之意焉。其言曰:

> 故古圣王以审以尚贤便能为政,而取法于天。虽天亦不辩贫富、贵贱、远近、亲疏、贤者举而尚之,不肖者抑而废之。(《尚贤中》)

故天志非命为墨义系统之主宰,无可疑也。

墨子之天道观对儒家为反动者,已如上文所论,其对《周诰》中之大道论,则大体相同,虽口气有轻重,旨命则无殊也。此语骤看似不可通,盖《周诰》中历言天不可信,而墨子以天之昭昭为言;《周诰》以为修短由人，墨子以为志之在天。然疏解古籍者，应识其大义，不可墨守其名词。墨子所非之命，指命定之论而言，以祸福有前定而不可损益者也，此说亦《周诰》中所力排者也。墨子所主张之天志，乃作善天降祥，作不善天降殃之说，谓天明明昭昭，赏罚可必，皆因人之行事而定，而非于人之行事以外别有所爱憎，此说正《周诰》所力持者也。《非命篇》全是《周诰》中殷纣丧命汤武受命说之注脚，而《天志篇》虽口气有轻重，注意点有不同，其谓天赏劳动善行，罚荒佚暴政，则无异矣。《周诰》为政治论，墨义为宗教论，其作用原非一事，故词气不同，若其谓天命之祸福皆决之于人事，乃无异矣。（参看本篇第二章）

墨子之天道论固为周初以来（或不止于周初）正统天道论一脉中在东周时造成之极峰，其辞彩焕发，引喻明切，又为东周诸子所不及。（希腊罗马之散文体以演说为正宗，中国之古演说体仅存于《墨子》。其陈义明切，辩证严明，大而不遗细，守而能攻击，固非循循讷讷之孔子，强辞夺理之孟子所能比，即整严之荀子，深刻之韩子，亦非其匹，盖立义既高，而文词又胜也。）然亦有其缺陷，易为人攻陷者，即彼之福善祸淫论在证据上有时不能自完其说，其说乃"无征不信，不信民弗从"也。请证吾说。

　　有游于子墨子之门者，谓子墨子曰："先生以鬼神为明知（智），能为祸福（据王孙二氏校），为善者富之，为暴者祸之。今吾事先生久矣，而福不至，意者先生之言有不善乎？鬼神不明乎？我何故不得福也？"子墨子曰："虽子不得福，吾言何遽不善？而鬼神何遽不明？子亦闻乎匿徒有刑乎？"（从俞校）对曰："未之得闻也。"子墨子曰：

"今有人于此,什子,子能什誉之而一自誉乎?"对曰:"不能。""有人于此,百子,子能终身誉其善而子无一乎?"对曰:"不能。"子墨子曰:"匿一人者犹有罪,今子所匿者若此其多,将有厚罪者也,何福之求?"

子墨子有疾,跌鼻进而问曰:"先生以鬼神为明,能为祸福,为善者赏之,为不善者罚之。今先生圣人也,何故有疾?意者先生之言有不善乎?鬼神不明知(智)乎?"子墨子曰:"虽使我有病,(鬼神)何遽不明?人之所得于病者多方,有得之寒暑,有得之劳苦。百门而闭一门焉,则盗何遽无从入?"(《公孟》)

此真墨说之大缺陷矣。弟子不得福,则曰汝尚未善也,若墨子有其早死之颜回,则又何说?且勉人以善更求善,一般人之行善固有限度者,累善而终得祸,其说必为人疑矣。《旧约》记约百力行善,天降之祸,更善,更降之祸。虽以约百之善人,终不免于怨天焉。墨子自身有疾,则曰,病由寒暑劳苦也,此非得自天焉,且以一对百比天意与他故之分际,此真自降其说矣。不以天为全智全能,则天志之说决不易于动听也。夫耶稣教之颇似墨义,自清末以来多人言之,耶稣教有天堂地狱之说,谓祸福不可但论于此世,将以齐之于死后也。故善人得福在于天堂,恶人得祸在于地狱,恶人纵得间于生前,必正地火之刑于死后,至于世界末日,万类皆得平直焉。此固无可证其必有,亦无可证其必无之说,然立说如此乃成一完全之圆周,无所缺漏。如墨子之说,虽宗教意识极端发达,而不设身后荣辱说以调剂世间之不平,得意者固可风从,失意者固不肯信矣。墨家书传至现在者甚少,当年有无类于天堂地狱之说,今固不可确知，然按之墨子书，其反复陈说甚详，未尝及此也。其言明鬼，亦注重在鬼之干预世间事，未言鬼之生活也。墨子出身盖亦宋之公族（颉刚语我云，墨氏即墨夷氏，公子目夷之后。其说盖可信），后世迁居于鲁，与孔子全同，亦孔融所谓"圣人之后不得其位而亡于宋"者也。其说虽反儒家之尚学，其人实博极群书者，言必称三代，行乃载典籍，亦士大夫阶级之人也。其立教平等，舍亲亲尊尊之义，而惟才是尚，其教也无类，未有儒家"礼不下庶人"之恶习，故其教徒中所吸收者，甚多工匠及下层社会中人，而不限于士流，于是显然若与儒学有阶级之差异者。其人之立身自高于孔子甚远，然而其自身究是学问之士，兼为教训政治之人，非一纯粹之宗教家也。此其为人所奉信反不如张角者欤？

第八章　孟子之性善论及其性命一贯之见解

墨子亟言天志，于性则阙之，是亦有故。大凡以宗教为思想之主宰者，所隆者天也，而人为藐小，故可不论。务求脱去宗教色彩之哲学家，不得不立其大本，而人适为最便于作此大本者。此虽不可一概论，然趋向如是者多矣。墨学以宗教为本，其不作人论也，固可假设以书缺有间，然墨义原始要终，今具存其旨要，辩说所及，枝叶扶疏，独不及于人论者，绝不似天人之论失其一半，盖墨子既称天而示行，则无所用乎称人以载道也。

孟子一反墨家自儒反动之路，转向儒家之本而发展之，其立场比孔子更近于全神论及自然论，即比孔子更少宗教性。夫立于全神论，则虽称天而天实空；立于自然论，则天可归之冥冥矣。此孟子不亟言天而侈论性之故与？

孟子之言天道也，与孔子无殊，在此一界中，孟子对孔子，无所增损，此义赵岐已言之：

宋桓魋害孔子，孔子称"天生德于予"。鲁臧仓毁隔孟子，孟子曰："臧氏之子，焉能使余不遇哉？"旨意合同。若此者众。

其谓际合成败有待于天命者如此。虽然，孔子孟子之所谓天命，非阴阳家之天命，其中虽有命定之义，亦有命正之义焉，所谓"修身以俟之"，"尽其道而死者正命也"（《尽心》上）。此以义为命之说，自谓述之于孔子：

> 弥子谓子路曰："孔子主我，卫卿可得也。"子路以告。孔子曰"有命"。孔子进以礼，退以义，得之不得曰有命。而主痈疽与侍人瘠环，是无义无命也。（《万章》上）

且以为天命之降否纵一时有其不可知者，结局则必报善人：

> 苟为善，后世子孙必有王者矣。君子创业垂统，为可继也。若夫成功，则天也。君如彼何哉？强为善而已矣。（《梁惠王》下）

其命正论之趋向固如是明显，然命运论之最早见于载籍者亦在《孟子》中：

> 天下之生久矣，一治一乱。（《滕文公》下）
> 五百年必有王者兴，其间必有名世者。（《公孙丑》下）

此则微似邹衍矣。孟子固不自知其矛盾也。

今于说孟子性善论之前，先述孟子思想所发生之环境。墨翟之时，孔学鼎盛，"墨子学儒者之业，受孔子之术，以为其礼烦扰而不悦，厚葬靡财而贫民，久服伤生而害事，故背周道而用夏政"（《淮南·要略》)。盖务反儒者之所为也。孟轲之时,"杨朱墨翟之言盈天下,天下之言不归杨则归墨"。孟子以为杨朱之言性(生),徒纵口耳之欲,养其一体即忘其全也,遂恶养小以失大,且以为性中有命焉。今杨义不存,孟子言之激于杨氏而出者,不可尽知,然其激于墨氏而出者,则以墨义未亡,大体可考。墨子立万民之利以为第三表,孟子则闻利字若必洗耳然,以为此字一出乎心,其后患不可收拾。其务相反如此。墨子以为上天兼有世人,兼而食之,遂兼而爱之。孟子以为"人之于身也兼所爱,兼所爱则兼所养"。其受墨说影响之辞气又如此。此虽小节,然尤足证其影响之甚也。若夫孔子,以为杞宋不足征,周监于二代,乃从后王之政。墨子侈言远古,不信而征,复立仪范虞夏之义,以为第一表。孟子在墨子之后,乃不能上返之于孔子,而下迁就于墨说,从而侈谈洪荒,不自知其与彼"尽信书则不如无书"之义相违也。故孟子者,在性格,在言谈,在逻辑,皆非孔子之正传,且时与《论语》之义相背,彼虽以去圣为近,愿乐孔子,实则纯是战国风习中之人,墨学磅礴后激动以出之新儒学也。

在性论上,孟子全与孔子不同,此义宋儒明知之,而非宋儒所敢明言也。孔子之人性说,以大齐为断,以中性为解,又谓必济之以学而后可以致德行,其中绝无性善论之含义,且其劝学乃如荀子。孟子舍宗教而就伦理,罕言天志而侈言人性,墨子以为仁义自天出者,孟子皆以为自人出矣。墨孟皆道德论者,道德论者,必为道德立一大本,墨子之大本,天也,孟子之大本,人也,从天志以兼爱,与夫扩充性端以为仁义,其结构同也。是则孟子之性善说,亦反墨反宗教后应有之一种道学态度矣。

当孟子时,论人生所赋之质者不一其说,则孟子之亟言性也,亦时代之所尚,特其质言性善者是其创作耳。当时告子以为"性无善无不善",此邻于道家之说。又或以为"性可以为善,可以为不善,是故文武兴则民好善,幽厉兴则民好暴",此似同于孔子之本说。又或以为"有性善,有性不善,是故以尧为君而有象,以瞽瞍为父而有舜",此则孔子所指上智下愚不移之例外也(以上或说皆见《告子篇》上)。今孟子皆非之,与孔子迥不侔矣。

告子性超善恶之说,以为仁义自外习成,非生之所具,欲之仁义,必矫揉之然后可。孟子性善之说,以为仁义礼智皆出于内心,即皆生来之禀赋,故以性为善,其为恶者人为也,《孟子》书中立此义者多,引其辨析微妙者一章:

孟季子问于公都子曰:"何以为义内也?"曰:"行吾敬,故谓之内也。"

"乡人长于伯兄一岁。则谁敬?"曰:"敬兄。"

"酌则谁先?"曰:"酌乡人。"

"所敬在此,所长在彼,果在外,非由内也。"

公都子不能答,以告孟子。孟子曰:"敬叔父乎?敬弟乎?彼将曰敬叔父。曰,弟为尸则谁敬?彼将曰敬弟。子曰,恶在其敬叔父也。彼将曰,在位故也。子亦曰,在位故也。庸敬在兄,斯须之敬在乡人。"

季子闻之,曰:"敬叔父则敬,敬弟则敬,果在外,非由内也。"

公都子曰:"冬日则饮汤,夏日则饮水,然则饮食亦在外也"。

义者,是非之辩,所以论于行事者也,孟季子重言行事之本身,以为因外界之等差而异其义方,故认为义外;孟子重言其动机,以为虽外迹不齐,而其本自我,故认为义内。自今日视之,此等议论,皆字面之辩耳。虽然,欧洲哲学家免于字面之辩者又几人乎?

今更引《孟子》论性各章中最能代表其立说者之一章:

> 孟子曰:"乃若其情,则可以为善矣,乃所谓善也。若夫为不善,非才之罪也。"
>
> "恻隐之心,人皆有之;羞恶之心,人皆有之;恭敬之心,人皆有之;是非之心,人皆有之。恻隐之心,仁也;羞恶之心,义也;恭敬之心,礼也;是非之心,智也。仁、义、礼、智,非由外铄我也,我固有之也。弗思耳矣。故曰,求则得之,舍则失之,或相倍蓰而无算者,不能尽其材者也。"(《告子》上)

夫曰"可以为善",即等于说不必定为善也,其可以为善者,仁义礼智之端皆具于内,扩而充之,斯善矣。其不为善者,由于不知扩充本心,外物诱之,遂陷于不义,所谓不能尽其材也。此说以善为内,以恶为外,俨然后世心学一派之说,而与李习之复性之说至近矣。孟子既以人之为善之动机具于内,乃必有良知良能论:

> 孟子曰:"人之所不学而能者,其良能也,所不虑而知者,其良知也。孩提之童,无不知爱其亲也,及其长也,无不知敬其兄也。亲亲,仁也,敬长,义也。无他,达之天下也。"(《尽心》上)

而此良知良能又是尽人所有者,人之生性本无不同也。

  孟子曰:"富岁子弟多赖,凶岁子弟多暴,非天之降才尔殊也,其所以陷溺其心者然也。今夫𪊧麦,播种而耰之,其地同,树之时又同,勃然而生,至于日至之时皆熟矣。虽有不同,则地有肥硗,雨露之养,人事之不齐也。

  "故凡同类者举相似也,何独至于人而疑之?圣人与我同类者。故龙子曰,'不知足而为屦,我知其不为蒉也。'屦之相似,是天下之足同也。

  "故曰,口之于味也,有同耆焉,耳之于声也,有同听焉,目之于色也,有同美焉,于心独无所同然乎?心之所同然者何也?谓理也,义也。……故义理之悦我心,犹刍豢之悦我口。"(《告子》上)

既以为天下之人心同,又以为万物皆备于我。以为万物皆备于我,而孟子之性善论造最高峰矣。

  孟子曰:"万物皆备于我矣。返身而诚,乐莫大焉。强恕而行,求仁莫近焉。"(《尽心》上)

古无真字,后世所谓真,古人所谓诚也。
  至于为恶之端,孟子皆归之于外物:

  孟子曰:"牛山之木尝美矣,以其郊于大国也,斧斤伐之，可以为美乎？是其日夜之所息，雨露之所润，非无萌蘖之生焉，牛羊又从而牧之，是以若彼濯濯也。人见其濯濯也，以为未尝有材焉，此岂山之性也哉？虽存乎人者，岂无仁义之心哉？其所以放其良心者，亦犹斧斤之于木也。旦旦而伐之，可以为美乎？其日夜之所息，平旦之气，其好恶与人相近也者几希。则其旦昼之所为，有梏亡之矣。梏之反覆，则其夜气不足以存。夜气不足以存，则其违禽兽不远矣。人见其禽兽也，而以为未尝有才焉者，是岂人之情也哉？故苟得其养，无物不长，苟失其养，无物不消。孔子曰：'操则存，舍则亡，出入无时，莫知其乡。'惟心之谓与！"（《告子》上）

孟子既以善为内，以恶为外，故其教育论在乎养心放心，而不重视力学，其言学问亦仅谓"求其放心而已矣"。此亦性善说之所必至，犹之劝学为性恶论者之所必取也。

孟子之论性如此，自必有尽心之教育说，养生之社会论，民贵之政治论，此三事似不相干，实为一贯。盖有性善之假定，三义方可树立也。不观乎《厄米尔》之作者与《民约论》之作者在欧洲亦为一人乎？

孟子之性命一贯见解

依本书上卷字篇所求索，命字之古本训为天之所令，性字之古本训为天之所生。远古之人，宗教意识超过其他意识，故以天令为谆谆然命之，复以人之生为天实主之，故天命人性二观念，在其演进之初，本属同一范域。虽其后重言宗教者或寡言人性，求摆脱宗教神力者或重言人性，似二事不为一物然，然在不全弃宗教，而又走上全神论自然论之道路之儒家，如不求其思想成一条贯则已，如一求之，必将二事作为一系，此自然之理也。孟子以前书缺不可知，孟子之将二事合为一论者今犹可征也。

　　孟子曰："口之于味也，目之于色也，耳之于声也，鼻之于臭也，四肢之于安佚也，性也。有命焉，君子不谓性也。

　　"仁之于父子也，义之于君臣也，礼之于宾主也，知之于贤者也，圣人之于天道也，命也。有性焉，君子不谓命也。"（《尽心》）

此章明明以性命二字相对相连为言，故自始为说性理者所注意。然赵岐（《孟子注》）、朱子（《孟子章句》《或问》《语类》）、戴震（《孟子字义疏证》第二十八条）、程瑶田（《论学小记》）诸氏所解，虽亦或有精义，究不能使人感觉怡然理顺者，则以诸氏或不解或不注意此处之性字乃生字之本训，一如告子所谓"生之为性"之性（孟子在此一句上，并不驳告子，阮氏已详言之矣），此处之命字乃天令之引申义，一如《左传》所称郏子"知命"之命，故反复不得其解也。此一章之解，程、朱较是，而赵氏、戴震转误。程氏最近，又以不敢信孔孟性说之异，遂昧于宋儒分辩气质义理二性之故。兹疏此章之义如下。

　　孟子之亟言性善，非一人独提性之问题而谓之善，乃世人已侈谈此题，而孟子独谓之善以辟群说也。告子之说，盖亦当时流行性说之一也。其言以为"生之谓性"，孟子只可訾其无着落，不能谓此语之非是，此语固当时约定俗成之字义也（如墨子訾儒之"乐以为乐"，谓之说等于不说则可，谓之非是则不可）。故孟子之言性，亦每为生字之本训，荀子尤甚（参看本书上卷第七、八章）。

孟子之言命，字面固为天命，其内含则为义，为则，不尽为命定之训也。其为义者，"孔子进以礼，退以义，得之不得曰有命，而主痈疽与侍人瘠环，是无义无命也"。此虽联义与命言，亦正明其相关为一事也。其为则者，孟子引《诗》，"天生蒸民，有物有则"，而托孔子语以释之曰，"有物必有则"。孟子之物则二解皆非本训（物之本训为大物，今所谓图腾也。则之本训为法宪，今所谓威权也，说别详），然既以为天降物与则，是谓命中有则也，故谓"尽其道而死者，正命也"。

字义既定，今疏此一章曰，口之好美味，目之好好色，耳之乐音声，鼻之恶恶臭，四肢之欲安佚，皆生而具焉者也，告子所谓"食色，性也"。然此亦得之于天者。"天生蒸民，有物有则，民之秉彝，好是懿德"（均从孟子所解之义）。天命固有其正则焉，故君子不徒归口、耳等于生之禀赋中，故不言"食色，性也"。仁者得以恩爱施于父子，义者得以义理施于君臣，好礼者得以礼敬施于宾主，圣者得以智慧明于天道，此固世所谓天命之正则也，然世人之能行此也，亦必由于生而有此禀，否则何所本而行此？"仁、义、礼、智，非由外铄我也，我固有之也"。故君子不取义外之说，不徒言"义自天出"（墨义），而忘其亦自人出也。

故此一章亦是孟子与墨家及告子及他人争论中之要义，而非凭空掉换字而以成玄渺之说。识性命二字之本训，合《孟子》他章而观之，其义至显矣。此处孟子合言性命，而示其一贯，无异乎谓性中有命，命中有性，犹言天道人道一也，内外之辩妄也。（孟子云"尽其心者，知其性也，知其性则知天矣。存其心，养其性，所以事天也。夭寿不贰，修身以俟之，所以立命也。"亦言天道人道为一物一事之义者。口之于味一章既识其义，此章可不解而明矣。）西汉博士所著之《中庸》云，"天命之谓性"，盖孟子后儒家合言天人者已多，而西京儒学于此为盛焉。

古宗教立天以制人，墨子之进步的宗教，则将人所谓义者归之于天，再称天以制人。孟子之全神论的、半自然论的人本主义，复以人道解天道，而谓其为一物一则一体，儒家之思想进至此一步，人本之论成矣。

附论赵岐注

赵岐解此章，阮芸台盛称之，然赵氏释命字作命定之义，遂全不可通。赵云：

> ……此（口耳等）皆人性之所欲也。得居此乐者，有命禄，人不能皆如其愿也。凡人则触情从欲而求可乐，君子之道则以仁义为先，礼节为制，不以性欲而苟求之也。故君子不谓之性也。

> ……此（仁义等）皆命禄，遭遇乃得居而行之，不遇者不得施行。然亦才性有之，故可用也（按此语不误）。凡人则归之命禄，任天而已，不复治性，以君子之道，则修仁、行义、修礼、学知、庶几圣人，亹亹不倦，不但坐而听命。故曰君子不谓命也。

〔章指〕尊德乐道，不任佚性。治性勤礼，不专委命。君子所能，小人所病。

此真汉儒之陋说，于孟子所用性命二字全昧其义。至以性为"性欲"，且曰，"治性"，"佚性"，岂孟子道性善者之义乎？汉儒纯以其时代的陋解解古籍，其性论之本全在性善情恶之二元论（详下卷）。而阮氏以为古训如此，门户之见存也。

第九章　荀子之性恶论及其天道观

以荀卿、韩非之言为证，孟子之言，彼时盖盈天下矣。荀子起于诸儒间，争儒氏正统，在战国风尚中，非有新义不足以上说下教，自易于务反孟子之论，以立其说。若返之于孔子之旧谊，尽弃孟氏之新说，在理为直截之路，然荀子去孔子数百年，时代之变已大，有不可以尽返者。且荀卿赵人，诸儒名家，自子游而外，大略为邹鲁之士，其为齐卫人者不多见，若三晋，则自昔有其独立之学风（魏在三晋中，较能接受东方学风），乃法家之宗邦，而非儒术之灵土。荀卿生长于是邦，曾西游秦，南仕楚，皆非儒术炽盛之地，其游学于齐，年已五十，虽其响慕儒学必有直接或间接之邹鲁师承，而其早岁环境之影响终不能无所显露。今观荀子陈义，其最引人注意者为援法入儒。荀氏以隆礼为立身施政之第一要义，彼所谓礼实包括法家所谓法（《修身篇》："礼者，法之大分，类之纪纲也。"如此界说礼字，在儒家全为新说。）彼所取术亦综核名实，其道肃然，欲一天下于一政权一思想也。其弟子有韩非李斯之伦者，是应然，非偶然。今知荀子之学，一面直返于孔子之旧，一面援法而入以成儒家之新，则于荀子之天人论，可观其窍妙矣。荀子以性恶论著闻，昔人以不解荀子所谓"人性恶，其为善者伪也"之字义，遂多所误会。关于"伪"

字者，清代汉学家已矫正杨注之失，郝懿行以为即是为字，其说无以易矣，而《性恶》《天论》两篇中之性字应是生字，前人尚无言之者，故荀子所以对言性伪之故犹不显，其语意犹未澈也。今将两篇中之性字一齐作生字读，则义理顺而显矣。（参看上卷第八章）

　　荀子以为人之生也本恶，其能为善者，人为之功也，从人生来所禀赋，则为恶，法圣王之制作以矫揉生质，则为善。其言曰：（文中一切性字皆应读如生字，一切伪字皆应读如为字，荀子原本必如此。）

　　　人之性（生）恶，其善者伪（为）也。今人之性（生），生而有好利焉，顺是，故争夺生而辞让亡焉。生而有疾恶焉，顺是，故残贼生而忠信亡焉。生而有耳目之欲，好声色焉（好上原衍"生"字，据王先谦说删），顺是，故淫乱生而礼义文理亡焉。然则从人之性（生），顺人之情，必出于争夺，合于犯分乱理而归于暴。故必将有师法之化，礼义之道，然后出于辞让，合于文理而归于治。用此观之，然则人之性（生）恶明矣，其善者伪（为）也。故枸木必将待隐括烝矫然后直，钝金必将待砻厉然后利。今人之性（生）恶，必将待师法然后正，得礼义然后治。

　　　孟子曰："人之学者其性（生）善。"曰：是不然，是不及知人之性（生），而不察乎人之性（生）伪（为）之分者也。凡性（生）者，天之就也，不可学，不可事。礼义者，圣人之所生也，人之所学而能，所事而成者也。不可学，不可事，而在人者，谓之性（生）；可学而能，可事而成之在人者，谓之伪（为）；是性（生）伪（为）之分也。……问者曰："人之性（生）恶，则礼义恶生？"

应之曰：凡礼义者，是生于圣人之伪（为），非故生于人之性（生）也。故陶人埏埴而为器，然则器生于工人之伪（为），非故生于陶（据王念孙说补"陶"字）人之性（生）也。故工人斫木而成器，然则器生于工人之伪（为），非故生于工（据王念孙说补"工"字）人之性（生）也。圣人积思虑，习伪（为）故，以生礼义，而起法度，然则礼义法度者，是生于圣人之伪（为），非故生于人之性（生）也。若夫目好色，耳好声，口好味，心好利，骨体理肤好愉佚，是皆生于人之情性（生）者也，感而自然，不待事而后生之者也。夫感而不能然，必且待事而后然者，谓之（之下"生于"二字据王说删）伪（为）。是性（生）伪（为）之所生，其不同之征也。故圣人化性（生）而起伪（为）。伪（为）起而生礼义，礼义生而制法度。然则礼义法度者，是圣人之所生也。故圣人之所以同于众，其不异于众者，性（生）也，所以异而过众者，伪（为）也。……凡人之欲为善者为性（生）恶也。……故性（生）善则去圣王，息礼义矣，性（生）恶，则与圣王，贵礼义矣。故隐栝之生，为枸木也，绳墨之起，为不直也，立君上，明礼义，为性（生）恶也。……（《性恶篇》篇中若干性字尽读为生字，固似勉强，然若一律作名词看，则无不可矣。说详上卷）

既知《荀子》书中之性字本写作生字，其伪字本写作为字，则其性恶论所发挥者，义显而理充。如荀子之说，人之生也其本质为恶，故必待人工始可就于礼义，如以为人之生也善，则可不待人工而自善，犹之乎木不待矫揉而自直，不需乎圣王之制礼义，不取乎学问以修身也，固无是理也。无是理，则生来本恶明矣。彼以"生""为"为对待，以恶归之天生，以善归之人为。若以后代语言达其意，则荀子盖以为人之所以为善者，人工之力，历代圣人之积累，以学问得之，以力行致之，若从其本生之自然，则但可趋于恶而不能趋于善也。此义有其实理，在西方若干宗教若干哲学有与此近似之大假定。近代论人之学，或分自然与文化为二个范畴（此为德国之习用名词），其以文化为扩充自然者，近于放性主义，其以文化为克服自然者，近于制性主义也。

孟子曰："乃若其情，则可以为善矣，若夫为不善，非才之罪也。"如反其词以质孟子曰："乃若其情，则可以为恶矣，若夫不为恶，非才之功也。"孟子将何以答之乎？夫曰"可以"，则等于说"非定"，谓"定"则事实无证，谓"非定"，则性善之论自摇矣。此等语气，皆孟子之逻辑工夫远不如荀子处。孟子之词，放而无律，今若为卢前王后之班，则孟子之词，宜在淳于髡之上，荀卿之下也。

其实荀子之说，今日观之亦有其过度处。设若诘荀子云，人之生质中若无为善之可能，则虽有充分之人工又焉能为善？木固待矫揉然后可以为直，金固待冶者然后可以为兵，然而木固有其可以矫揉以成直之性，金固有其可以冶锻以成利器之性，木虽矫揉不能成利器，金虽有良冶不能成珠玉也。夫以为性善，是忘其可以为恶，以为性恶，是忘其可以为善矣。吾不知荀子如何答此难也。荀子之致此缺陷，亦有其故，荀子掊击之对象，孟子之性善说，非性无善无不善之说也。设如荀子与道家辩论，或变其战争之焦点，而稍修改其词，亦未可知也。此亦论生于反之例也。（《礼论篇》云："性者本始材朴也，伪者文理隆盛。无性则伪之无所加，无伪则性不能自美。……性伪合而天下治。"已与性恶论微不同。）自今日论之，生质者，自然界之事实，善恶者，人伦中之取舍也。自然在先，人伦在后，今以人之伦义倒名自然事实，是以后事定前事矣。人为人之需要而别善恶，天不为人之需要而生人，故善恶非所以名生质者也。且善恶因时因地因等因人而变，人性之变则非如此之速而无定也。虽然，自自然人变为文化人，需要累世之积业，无限之努力，多方之影响，故放心之事少，克己之端多，以大体言，荀说自近于实在，今人固不当泥执当时之词名而忽其大义也。

有荀子之性恶论，自必有荀子之劝学说。性善则"求其放心"，斯为学问之全道，性恶则非有外工克服一身之自然趋势不可也。孟荀二氏之性论为极端相反者，其修身论遂亦极端相反，其学问之对象遂亦极端相反。此皆系统哲学家所必然，不然，则为自身矛盾矣。

寻荀子之教育说，皆在用外功克服生质，其书即以劝学为首（此虽后人编定，亦缘后人知荀学之首重在此）。

此《劝学》之一篇在荀书中最有严整组织，首尾历陈四义。其一义曰，善假于物而慎其所立：

> 干越夷貉之子，生而同声，长而异俗，教使之然也……吾尝终日而思矣，不如须臾之所学也（此述孔子语）。吾尝跂而望矣，不如登高之博见也。登高而招，臂非加长也，而见者远；顺风而呼，声非加疾也，而闻者彰。假舆马者，非利足也，而致千里；假舟楫者，非能水也，而绝江河。君子生非异也，善假于物也。（《性恶篇》云："尧舜之与桀跖，其性一也，君子之与小人，其性一也。"）……西方有木焉，名曰射干，茎长四寸，生于高山之上，而临百仞之渊，木茎非能长也，所立者然也。……故君子居必

择乡（《论语》："里仁为美。"），游必就士（此亦孔子损友益友之说），所以防邪僻而近中正也。……平地若一，水就湿也，草木畴生，禽兽群焉，物各从其类也。……君子慎其所立乎？

此言必凭借往事之成绩，方可后来居上，必立身于良好之环境，方可就善远恶。其二义曰，用心必专一，此言治学之方也。

  锲而舍之，朽木不折；锲而不舍，金石可镂。蚓无爪牙之利，筋骨之强，上食埃土，下饮黄泉，用心一也；蟹六跪而二螯，非蛇蟺之穴无可寄托者，用心躁也。是故无冥冥之志者，无昭昭之明；无惛惛之道者，无赫赫之功。……目不能两视而明，耳不能两听而聪。……故君子结于一也。

其三义曰隆礼，此言治学之对象也。

  学恶乎始？恶乎终？曰：其数则始乎诵经，终乎读礼，其义则始乎为士，终乎为圣人。真积力久则入学，至乎没而后止也。……礼者，法之大分，类之纲纪也，学至乎礼而止矣。……将原先王，本仁义，则礼正其经纬蹊径也。……不道（王念孙曰："道者由也。"）礼宪，以诗书为之，譬之犹以指测河也，以戈舂黍也，以锥飧壶也，不可以得之矣。故隆礼虽未明，法士也，不隆礼虽察辩，散儒也。

其四义曰贵全，贵全者，谓不为一曲之儒，且必一贯以求其无矛盾，

· 293 ·

此言所以示大儒之标准也。

> 君子知夫不全不粹之不足以为美也,故诵数以贯之,思索以通之,为其人以处之,除其害者以持养之。使目非是无欲见也,使耳非是无欲闻也,使口非是无欲言也,使心非是无欲虑也。……是故权利不能倾也,群众不能移也,天下不能荡也。生由乎是,死由乎是,夫是之谓德操。德操然后能定,能定然后能应,能定能应,夫是之谓成人。天见其明,地见其光,君子贵其全也。

此虽仅示大儒之标准,其词义乃为约律主义所充满,足征荀子之教育论,乃全为外物主义,绝不取内心论者任何一端以为说。

荀子既言学不可以已,非外功不足以成善人,此与尽心率性之说已极相反,至于所学之对象,孟子以为求其放心,荀子则以为隆礼,亦极端相反。荀子所谓礼者兼括当时人所谓法(《修身》篇曰:"故学也者,礼法也。"又曰:"故非礼是无法也。"),凡先圣之遗训,后王之明教,人事之条理,事节之平正,皆荀子所谓礼也(参见《修身》《正名》《礼论》各篇)。故荀子之学礼,外学而非内也,节目之学而非笼统之义也。孟子"反身而观,乐莫大焉",荀子乃逐物而一一求其情理平直,成为一贯,以为学问之资(在此义上,程、朱之格物说与荀子为近)。至其论学问之用于身也,无处不见约律主义,无处不是"克己复礼"之气象,与孟子诚如冰炭矣。

荀子之论学,虽与孟子相违,然并非超脱于儒家之外,而实为孔子之正传,盖孟子别走新路,荀子又返其本源也(参见本书下卷)。自孔子"克己复礼"之说引申之到极端,必有以性伪分善恶之论。自"非生而知之，好古敏以求之"之说发挥之，其义将如《劝学》之篇。颜渊曰，"夫子博我以文，约我以礼"，此固荀子言学之方也（参见《劝学》《修身》等篇）。若夫"非礼勿视，非礼勿听，非礼勿言，非礼勿动"，以及好仁不好学其蔽也愚，好知不好学其蔽也荡等语，皆是荀学之根本。孟子尊孔子为集大成，然引其说者盖鲜，其义尤多不相干，若荀子，则为《论语》注脚者多篇矣。虽荀子严肃庄厉之气象非如孔子之和易，其立说之本质则一系相承者颇多耳。

言学言教，孔荀所同，言性则孔荀表面上颇似不类。若考其实在，二者有不相干，无相违也。孔子以为性相近，而习相远，此亦荀子所具言也。孔子别上智下愚，中人而上，中人而下，此非谓生质有善恶也，言其材有差别也。盖孔子时尚无性善性不善之问题，孔子之学论固重人事工夫，其设教之本仍立天道之范畴，以义归之于天，斯无需乎以善归之于性，故孔子时当无此一争端也。迨宗教之义既衰，学者乃舍天道而争人性，不得不为义之为物言其本源，不能不为善之为体标其所出，于是乃有性善性恶之争。言性善则孟子以义以善归于人之生质，言性恶则荀子以义以善归之先王后圣之明表。孔子时既无此题，其立说亦无设此题之需要。故孔荀在此一事上是不相干而不可谓相违也。若其克己复礼之说，极度引申可到性恶论，则亦甚有联系矣。

荀子之天道观

荀子之性论，舍孟子之新路而返孔子之旧域，已如上文所述，其天道论则直向新径，不守孔丘孟轲之故步，盖启战国诸子中积极

民族与古代中国史（外一种）

人生观者最新派之天道论，已走尽全神论之道路，直入于无神论矣。请证吾说。早年儒家者，于天道半信半疑者也，已入纯伦理学之异域，犹不肯舍其宗教外壳者也。孔子信天较笃，其论事则不脱人间之世，盖其心中之天道已渐如后世所谓"象"者，非谆谆然之天命也。孟子更罕言天，然其决意扫尽一切功用主义，舍利害生死之系念，一以是非为正而毫无犹疑，尤见其宗教的涵养，彼或不自知，而事实如此。自孟子至于荀子，中经半世纪，其时适为各派方术家备极发展之世。儒家之外，如老子、庄周，后世强合为一，称之曰道家者，其天道论之发展乃在自然论之道路上疾行剧趋。老子宗天曰自然，庄子更归天于茫茫冥冥。荀子后起，不免感之而变，激之而厉，于是荀子之天道论大异于早年儒家矣。其言曰：

> 天行有常，不为尧存，不为桀亡。应之以治则吉，应之以乱则凶。强本而节用，则天不能贫；养备而动时，则天不能病；循道而不二，则天不能祸。故水旱不能使之饥渴，寒暑不能使之疾，妖怪不能使之凶。本荒而用侈，则天不能使之富；养略而动罕，则天不能使之全；倍道而妄行，则天不能使之吉。……惟圣人为不求知天。……

> 故君子敬其在己者而不慕其在天者，小人错其在己者而慕其在天者。君子敬其在己者而不慕其在天者，是以日进也。小人错其在己者而慕其在天者，是以日退也。……

> 雩而雨，何也？曰：无何也，犹不雩而雨也。日月食而救之，天旱而雩，卜筮然后决大事，非以为得求也，以文之也。故君子以为文，而百姓以为神。以为文则吉，以为神则凶也。……

> 大天而思之，孰与物畜而裁之？从天而颂之，孰与制天命而用之？望时而待之，孰与应时而使之？（《天论》）

读此论，使人觉荀子心中所信当是无神论，夫老子犹曰"天道好还"，"天道无亲，常与善人"，此所言比之老子更为贬损天道矣。

虽然，荀子固儒家之后劲，以法孔子自命，若于天道一字不提，口号殊有不便，于是尽去其实而犹存其名，以为天与人分职，复立天情、天君、天官、天养、天政等名词。此所谓天，皆自然现象也。荀子竟以自然界事实为天，天之为天者乃一扫而空矣。

《荀子·天道论》立说既如此，斯遭遇甚大之困难。夫荀子者，犹是积极道德论中人，在庄子"舍是与非"，固可乐其冥冥之天，在荀子则既将天之威灵一笔勾销矣，所谓礼义者又何所出乎？凡积极道德论者，不能不为善之一谊定其所自，墨子以为善自天出，孟子以为善自人之生质出，荀子既堕天而恶性，何以为善立其大本乎？

于是荀子立先王之遗训，圣人之典型，以为善之大本，其教育法即是学圣人以克服己躬之恶。如以近代词调形容之，荀子盖以为人类之所以自草昧而进于开明，自恶而进于善者，乃历代圣人之合力，古今明王之积功，德义之成，纯由人事之层累。故遗训自尧舜，典型在后圣，后圣行迹具存，其仪范粲然明白而不诬也。（耶稣教亦性恶论者之一种，其称道"先天孽"，是性恶论之极致。然耶教信天帝，归善于天帝，故无荀子所遭逢之困难也。）

第十章　本卷结语

　　以上九章,具述先秦儒家性命说之来源、演成及变化,而墨家之天道观以类附焉。此一线外,犹有阴阳一派,老庄一流,今不详说者,以其与古儒家虽有关系,终非一物,非本书范围所应具也(参看本书叙语)。

　　先秦儒家较纯一,荀子虽援法家精义以入儒术,其本体仍是儒术,非杂学也。孟子虽为儒术中之心学,亦非杂学也。荀子訾孟子以造作五行之说,然《孟子》书中虽有天运之说(如其"一治一乱"及"五百年必有王者兴"诸语),终与五行论相去差远。《孟子》书辞遗传至今日者,在战国诸子中最为完纯无伪托,如造作五行,不容无所流露,然则五行是阴阳家托名子思、孟轲者耳。纵使孟子有世运之论,究非五德终结之说,五德论始于孟子后,太史公明言为邹衍一流人所创作也。

　　自阴阳家、儒家相混而有《易·系词》,易学非儒家所固有也。今本《论语》有"五十以学易,可以无大过矣"之语,乃所谓古文将鲁论之亦字改作易字而变其句读者,文理遂不可通(见《经典释文·论语篇》,此一改字,盖据太史公语而发,《史记·孔子世家》:"孔子晚而喜《易》,韦编三绝,曰,假我数年,若是我于《易》

则彬彬矣。"然若史迁所见之《论语》作易字，何遽不引，转作此摹仿语耶？又《儒林传》所记易家传授年代地理皆不可通，盖田何伪造也）。孟子绝无一语及《易》，荀子偶道之，亦缘荀子博学多方，然所引既无关弘旨，而卜筮又荀子所弃斥，斯可不论也。吾疑儒与阴阳之混合，始于阴阳而非始于儒，儒家本自迷信天道中步步解放出来，其立学之动机先与阴阳家根本违异，不容先离后合也。阴阳家之援儒而入，于史有证。《始皇本纪》记坑儒士，所坑乃阴阳神仙之士，而谓之坑儒，太子扶苏曰，诸生皆诵法孔子。据此可知战国末阴阳杂说之士以儒者自称也。自秦燔六经，卜筮不禁，儒者或亦不得已而杂入于阴阳。汉兴，儒术弛禁，而阴阳之感化已深。世或有不杂儒学之阴阳家，乃鲜有不杂阴阳之儒学，此类杂儒学亦著书立说，其成就者第一为《易·系》，第二为《中庸》（《中庸》一篇，自"子曰中庸之为德"，至"父母其顺矣乎"，当为先秦遗文，其"天命之为性"一段导语，及下篇大言炎炎之词，皆西京之作也。至于《大学》，虽成书或在汉武帝时，实祖述孟子一派者。以上各说，皆详余十年前致顾颉刚书中，见《中山大学语言历史学周刊》），其含义多非先秦儒家所固有。故汉武名为罢黜百家，实则定于阴阳家之一尊。西汉学人自贾谊以来，亦无一不是杂家也。于是自迷信中奋斗而出之儒道两派天道观，急遽退化，再沦于一般民众之信仰中，人固有其司命之神而朝代兴亡亦有符命天数。故西汉之儒学实为阴阳化之儒学，其天道论多为民间信仰传自远古未经古儒家之净化者。清代汉学家知周邵易说之不古，缘何不明汉代易学之非儒耶？（孙星衍之说性命，即用此等汉儒杂说。）

道家一名，亦汉代所立，循名责实，老子之学盖有不同之三期。其一曰关老，《庄子·天下篇》所述，盖老学之本体，道德之正宗，与庄周非一物者也。其二曰黄老，周末汉初权谋之士所宗奉。用世之学，君相南面之术也。其教则每忘五千文之积极方面（如"天道好还""佳兵不祥"等），力求发挥其消极方面（如"欲取姑与""守如处女"等），此以老子释黄帝也。（道与法本不相通，老子云"太上不知有之，其次亲而誉之，其次畏之"，此岂韩非之旨耶。然在汉世则两派连合矣。）其三曰庄老，尽舍五千文中用世之义，而为看破一切、与时俯仰之人生观也。此以老子释庄周，魏晋之风习也（干宝《晋纪·总论》"学者以庄老为宗"，明庄在老前）。五千言中之天道观，徘徊于仁不仁善不善之间，虽任自然，亦并不抹杀德义，惟以世儒为泥守不达耳（"上德不德，是以有德，下德不失德，是以无德"，是犹以有德为祈向耳）。庄子则逍遥于德义之外，为极端之自然论，二者之天道说，亦大有不同处也。

西汉杂儒学与晚周儒学之天人论不同，而"性命古训"应以早年儒学为域，故本篇所论止于荀卿，荀卿而后，政治挟学术以变矣。（凡先秦诸子，立说皆有问题，出辞多具对象，非文人铺排之文，而是思想家辩证之文也。西汉则反是，磅礴其词，立意恍惚，不自觉其矛盾。自董仲舒以下，每有此现象，故其天人论虽言之谆谆，而听之者当觉其谬乱不一贯耳。）

下卷　释绪

第一章　汉代性之二元说

先汉儒家之言性命也,皆分别言之:命谓天道,天道谓吉凶祸福也(钱竹汀曰:"经典言天道者,皆以吉凶祸福言。"〔《潜研堂文集》卷九〕此言其初义狭义)。性(无此一独立之性字,后人分生写之。说见上卷)谓人禀,人禀谓善恶材质也。孟子虽言其相联,言其合,未遽以为一名词也。以性命为一词而表一事者,始见于汉儒之书。《乐记》云:

　　方以类聚,物以群分,则性命不同矣。

如言品物之生,所禀各有别,言材质而非言祸福也,言性(生)而非言命也。在先秦以一字表之,或曰性(生),或曰材(才),或曰情者,此处以性命二字表之,其实一也。《中庸》亦云(《中庸》之时代,说见前):

　　天命之谓性,率性之谓道,修道之谓教。

"天命之谓性"者,谓人所禀赋乃受之于天,此以天命释性,明著其为一事，此解近于古训，古训性即生也，然亦有违于古训处，此所谓命非谓吉凶祸福也。"率性之谓道"者，率，循也，遵也（经典古注多用此训），言遵性而行者谓之道，此解差近于孟氏。"修道之谓教"者，修，治也（《中庸》郑注），夫言道之待治，治之在教，则又近于荀子矣。孔子所谓中庸者，取乎两端之中也，汉儒所谓中庸者，执两端而熔于一炉，强谓之为中和也。汉儒好制作系统，合不相干甚且相反者以为一贯，此其一例也。

汉人吉凶祸福之天道说虽为宗教思想史上一大问题，然与后来性命之学差少相干。后来所谓性命者，乃但谓性之一义，其中虽间联以不涉吉凶祸福之天体论，然主旨与其谓是论天，不如谓是论人。本卷拟为宋学探其原，故不论汉儒之言天道（此为整理纬学中事，盖汉人之天道说，乃以阴阳家言为主者也），姑以讨论性说为限焉。

汉儒性说之特点为其善恶二元论，此义今可征者，最早之书有《春秋繁露》（按《淮南子》一书中，所言性情皆是道家任自然之论，此二元论之性说尚不可见。其语性则曰"全性""率性""便性""返性""通性""守性""存性""乐性"等，且曰"太上曰我其性与"，复比性于斗极。其语情则曰"适情"而已，未尝以恶归之。此所谓情与《孟子》书中所谓情一也。故今以《春秋繁露》为具此说之最早者）。《深察名号篇》云：

> 今世暗于性，言之者不同，胡不试反性之名？性之名非生与？如其生之自然之资谓之性，性者质也。诘性之质于善之名，能中之与？既不能中矣，而尚谓之质善，何哉？……栣众恶于内，弗使得发于外者，心也，故心之为名，

椎也。人之受气苟无恶者,心何椎哉? 吾以心之名得人之诚。人之诚有贪有仁,仁贪之气两在于身。身之名取诸天,天两有阴阳之施,身亦两,有贪仁之性。天有阴阳禁,身有情欲椎,与天道一也。……

必知天性不乘于教,终不能椎(苏舆以荀子解此义,是也)。察实以为名,无教之时性何遽若是? 故性比于禾,善比于米。米出禾中,而禾未可全为米也。善出性中,而性未可全为善也。善与米,人之所继天而成于外,非在天所为之内也。天之所为有所至而止,止之内谓之天性,止之外谓之人事。事在性外,而性不得不成德。

民之号取之瞑也,使性而已善,则何故以瞑为号? 以覽者言,弗扶将则颠陷猖狂,安能善? 性有似目。目卧幽而瞑,待觉而后见。当其未觉,可谓有见质而不可谓见。今万民之性,有其质而未能觉,譬如瞑者待觉教之然后善,当其未觉,可谓有善质而不可谓善,与目之瞑而觉一概之比也(此是修正荀子义)。静心徐察之,其言可见矣。性而瞑之未觉,天所为也。效天所为为之起号,故谓之民,民之为言固犹瞑也。随其名号以入其理则得之矣。是正名号者于天地。天地之所生谓之性情,性情相与为一瞑,情亦性也。谓性已善,奈其情何? 故圣人莫谓性善。累其名也,身之有性情也,若天之有阴阳也。言人之质而无其情,犹言天之阳而无其阴也。……

天生民性有善质而未能善。于是为之立王以善之。此天意也。民受未能善之性于天,而退受成性之教于王,王承天意以成民之性为任者也(董子以为王承天,人兼爱,亦受墨学影响者也）。……今万民之性待外教然后能善，善当与教不当与性。与性则多累而不精，自成功而无贤圣（此全是荀义。《实性篇》词义大同，不具引）。

董子此论有两事可注意，其一为探字原以明义训，于是差若返于告子之说。然用此法以为史的研究则可，以为义之当然则不可。文字孳乳而变，思想引伸而长，后起之说，不得以古训诂灭之。深察名号者，可以为语言历史之学，不足以立内圣外王之论。性善性恶之说皆有其所故，不寻其故而执字训以抹杀哲人之论，董子之蔽也。其第二事大体取自荀义，而反复以驳孟子（驳孟子文未引）。然孟子之言性善，为善立其本也，今不为善立本，而言性未即善。若董子之立点为超于善恶也，则足以自完其说矣，若犹未超于善恶，而以善为祈向，则董子虽立阴阳善恶之二本，乃实无本矣。于是在彼之善之必然论中又援他义以入。《玉杯篇》云：

> 人受命于天，有善善恶恶之性，可养而不可改，可豫而不可去，若形体之可肥，而不可得革也。

此则颇邻于孟子，甚远于荀义矣。夫孟、荀二氏之极端主张，其是非姑不论，其系统则皆为逻辑的、坚固的。孟子以为善自性出，其教在于扩内，荀子以为善自圣人出，其教在于治外。孟子以为恶在外，荀子以为恶在内。今董子虽大体从荀，然又不专于荀，盖荀氏犹是儒家之正传，董子则以阴阳家之二元说为其天道论，将善恶皆本于天也（两汉儒学义之不关阴阳者，多出自荀子，少出自孟子。即如《礼运》云："何谓人情？喜、怒、哀、乐、爱、恶、欲七者，弗学而能。何谓人义？父慈，子孝，兄良，弟弟，夫义，妇听，长惠，幼顺，君仁，臣忠，十者谓之义。讲信修睦，谓之人利。争夺相杀，谓之人患。故圣人所以治七情，修十义，讲信修睦，尚辞让，去争夺，舍礼何以治之？"此亦荀子义也）。

董子之阴阳善恶二元论，上文所引足以明之，夫曰："人亦两，有贪仁之性。"谓性中兼具善恶也。曰："天两，有阴阳之施。"谓天道兼具两相反义也。谓人之必象天，则董子一切立论之本也。谓天人一贯，人有善恶犹天之有阴阳，则此篇中固明言其"与天道一也"。

汉代性二元说之流行，参看后于董子之文籍乃大明。许慎《说文》曰：

> 性，人之阳气，性善者也（按"性善"之性字，当为生字，谓人之阳气所以出善者也。传写既误，而段氏欲于性下断句，"阳气性"殊不解），情、人之阴气有欲者。

郑玄《毛诗笺》云：

> 天之生众民，其性有物象，谓五行仁义礼知信也。其情有所法，谓喜怒哀乐好恶也。（《烝民笺》）

《白虎通德论·情性篇》云：

> 情性者，何谓也？性者阳之施，情者阴之化也。人禀阴阳气而生，故内怀五性六情。情者静也，性者生也，此

人所禀六气以生者也。

　　故《钩命决》曰："情生于阴，欲以时念也。性生于阳，以就理也。阳气者仁，阴气者贪，故情有利欲，性有仁也。"

　　五性者何谓？仁义礼智信也。……六情者何谓也？喜怒哀乐爱恶谓六情，所以扶成五性。性所以五，情所以六何？本含六律五行之气而生，故内有五脏六腑，此性情之所由出入也。乐动声仪曰："官有六府，人有五脏。"

以上经师之说也，再看《纬书》。《纬书》在东汉与经师之说相互为证者也。

　　《孝经·援神契》云：

　　情者魂之使，性者魄之王。情生于阴以计念，性生于阳以理契（《御览·妖异部》二引。《〈诗·烝民〉正义》引作"性生于阳以理执，情生于阴以系念"。又《孝经·钩命决》所云与此大同，已见引《白虎通》一节中）。性者，生之质，命者，人所禀受也。情者，阴之数，精内附着生流通也。（《〈诗·烝民〉正义》引）

进而检讨鸿儒之论。王充《论衡》云（《论衡·率性篇》《初禀篇》《本性篇》，皆论性道，多属陈言，辞亦拙劣，今但引其有承前启后之用者）：

　　周人世硕以为人性有善有恶，举人之善性养而致之，

则善长。性恶养而致之，则恶长，如此则性各有阴阳善恶，在所养焉。故世子作《养书》一篇。（世硕《书佚》）

宓子贱、漆雕开、公孙尼子之徒亦论情性，与世子相出入，皆言性有善有恶。（《书佚》）

孟子作性善之篇，以为人性皆善，及其不善，物乱之也。谓人生于天地，皆禀善性，长大与物交接者，放纵悖乱，不善日以生矣。……

告子与孟子同时，其论性无善恶之分，譬之湍水，决之东则东，决之西则西。夫水无分于东西，犹人无分于善恶也。……

孙卿有反孟子，作《性恶》之篇，以为人性恶，其善者伪也。性恶者，以为人生皆得恶性也，伪者，长大之后勉使为善者也。……刘子政非之曰："如此，则天无气也，阴阳善恶不相当，则人之为善安从生。"

陆贾曰："天地生人也以礼义之性，人能察己所以受命则顺，顺之谓道。"（《书佚》）

董仲舒览孙孟之书，作情性之说，曰："天之大经，一阴一阳。人之大经，一情一性。性生于阳，情生于阴。阴气鄙，阳气仁。曰性善者，是见其阳也，谓恶者，是见其阴也。……"（今存《繁露》诸篇中无此语）

刘子政曰："性、生而然者也，在于身而不发。情、接于物而然者也，出形于外。形外则谓之阳，不发者则谓之阴。……"（原书不可考）

自孟子以下，至刘子政，鸿儒博生闻见多矣。然而论情性竟无定是，惟世硕儒公孙尼子之徒颇得其正。……实者，人性有善有恶，犹人才有高有下也。高不可下，下不可高，谓性无善恶，是谓人才无高下也。禀性受命，同一实也。命有贵贱，性有善恶，谓性无善恶，是谓人命无贵贱也。九州田土之性，善恶不均，故有黄赤黑之别，上中下之差。水潦不同，故有清浊之流，东西南北之趋。人禀天地之性，怀五常之气，或仁或义，性术乖也。动作趋翔，或重或轻，性识诡也。面色或白或黑，身形或长或短，至老极死不可变易，天性然也。余因以孟轲言人性善者，中人以上者也，孙卿言人性恶者，中人以下者也，扬雄言人性善恶混者，中人也。若反经合道，则可以为教，尽性之理则未也。

荀悦《申鉴》云：

> 或问天命人事。曰："有三品焉，上下不移，其中则人事存焉尔。命相近也，事相远也，则吉凶殊矣。故曰，穷理尽性以至于命。"（此以三品说命，取孔子说性者以说命也）。

> 孟子称性善。荀卿称性恶。公孙子曰"性无善恶"（见《孟子》）。扬雄曰："人之性善恶浑。"（《法言·修身篇》云："人之性也善恶混，修其善则为善人，修其恶则为恶人，气也者，所以适善恶之马也欤。"）刘向曰："性情相应，性不独善，情不独恶。"（说无考）曰："问其理。"曰："性善则无四凶，性恶则无三仁。人（应作性）无善恶，文王之教一也，则无周公管蔡。性善情恶，是桀纣无性而尧舜

无情也。性善恶皆浑，是上智怀惠，而下愚挟善也，理也未究矣。惟向言为然。"或曰："仁义，性也，好恶，情也，仁义常善而好恶或有恶。故有情恶也。"曰：不然。好恶者，性之取舍也。实见于外，故谓之情耳，必本乎性矣。仁义者，善之诚者也，何嫌其常善？好恶者，善恶未有所分也，何怪其有恶？凡言神者，莫近于气。有气斯有形，有神斯有好恶喜怒之情矣。故人有情，由气之有形也。气有白黑，神有善恶，形与白黑偕，情与善恶偕。故气黑非形之咎，情恶非情之罪也。

……有人于此，嗜酒嗜肉，肉胜则食焉，酒胜则饮焉。此二者相与争，胜者行矣。非情欲得酒、性欲得肉也。有人于此，好利好义，义胜则义取焉，利胜则利取焉。此二者相与争，胜者行矣，非情欲得利、性欲得义也。其可兼取者则兼取之，其不可兼者，则只取重焉。若苟只好而已，虽（疑是难字）可兼取矣。若二好钧平，无分轻重，则一俯一仰，乍进乍退（按：此解所以辩性情善恶二元说之不当，最为精辟）。

……昆虫草木皆有性焉，不尽善也。天地圣人皆称情焉，不主恶也。……

或曰："善恶皆性也，则法教何施？"曰："性虽善，待教而成；性虽恶，待法而消。惟上智下愚不移。其次善恶交争，于是教扶其善，法抑其恶。得施之九品，从教者半，畏刑者四分之三，其不移大数九分之一也。一分之中又有微移者矣。然则法教之于化民也，几尽之矣。及法教之失也，其为乱亦如之。"

或曰："法教得则诒，法教失则乱，若无得无失，纵民之情，则治乱其中乎？"曰："凡阳性升，阴性降，升难而降易。善，阳也，恶，阴也，故善难而恶易，纵民之情使自由之，则降于下者多矣。"（此驳道家）

相干之资料既已排比，则汉儒性说之分野粲然明白。分性情为二元，以善归之于性，以恶归之于情，简言之虽可以性包情，故亦谓性有善恶犹天之有阴阳，析言之则性情为二事，一为善之本，一为恶所出者，乃是西汉一贯之大宗，经师累世所奉承，世俗所公认，纬书所发扬，可称为汉代性论之正宗说者也。此说始于何人，今不可确知，然既以二元为论，似当在荀卿反孟之后，秦代挟策为禁，宜非秦代所能作，董子反复言之，若其发明之义，或竟为董子所创，亦未可知，不然，则汉初阴阳家之所为。是说至汉末犹为经师所遵守者，有许叔重、郑康成为证。是说与纬书相应者，纬学乃阴阳家后学假托儒术者，两汉经师皆深化于阴阳家，而东汉之纬学尤极一时之盛，故群儒议定五经同异于白虎观，采其说为性论之通义焉。今揭此说之源，并明其在两汉之地位者，缘此说之影响甚大，与宋儒之造为气质之性者，亦不无关系也。

此说虽磅礴一世者四百年，成为汉家一代之学。通人硕儒稽古籍而考事情，则亦不能无疑，故刘向之性情相应说，扬雄之善恶混说，王充之三品说，荀悦之性情相应兼三品说，皆对此正统说施其批评，献其异议。彼虽差异于正统说，然既皆以此说为其讨论之对象，则此说之必为当时风行者可知矣。

汉代硕儒之反此说者，大体有同归焉，即皆返于孟荀分道之前也。《论衡》诸篇所反复陈说者，谓人性有差别，一如命运之前定，上贤下恶皆不移，中人则皆因习待教以别善恶者也。荀悦所论者，谓未可尽以善恶分性情，而人性一如天命，有三品之不同。王荀二氏虽词气有不同，轻重或别异，其祈求以孔子品差的性论代汉代之二元的性论则一也，其认上智下愚不移，中人待教而化则一也。论性之风气，在东汉如此变转者，亦有故。持善恶以论性之群说，左之右之皆备矣，若超于善恶以为言，犹有可以翻新其说者，然超于善恶乃道家之途，非儒学所能至，变极则反，孔子固儒者之宗也。故王充曰："孔子道德之祖，诸子之中最尊者也，而曰上智下愚不移，故知告子之言未得实也。"群说势穷，则反其朔以从至上之权威，亦思想演流之一式也。

括则言之，自晚周至魏晋之思想有三世。在晚周，学者认事明切，运思严密，各奋其才以尽其极，可谓为分驰之时代，性善性恶之异论皆此时生。在西汉以至东汉之初，百家合流，而不觉其矛盾，糅杂排合而不觉其难通，诸家皆成杂家，诸学皆成杂学，名曰尊诸孔子，实则统于阴阳。此时可谓为综合之时代，性情二元论此时为盛。自东汉下逮魏晋，人智复明，拘说迂论以渐荡扫，桓谭、张衡奋其始，何晏、王弼成其风，不特道家自愚妄中解放，即儒言亦自拘禁荒诞中脱离。此时可谓为净化之时代，在儒家，三品之性说以渐代二元之性说。

此后三品之性说乃为儒者之习言。《颜氏家训·教子篇》云："上智不教而成，下愚虽教无益，中庸之人不教不知也。"此虽述孔子之旧文，亦缘王、荀之说在汉晋间已占上风，性论资以复古，历传至于梁隋也。至韩昌黎始用三品之名于其《原性》一文中。韩氏此文直是《论衡·本性篇》之节要约旨（韩昌黎受王充影响颇深，见其后汉三贤传），乃沾沾以新异自居者，唐代佛老盛行，韩氏复古者，转似创作。后人不寻其所自出，亦以为新说，陋矣（韩氏此文，今日犹可逐句以汉儒说注其来源）。

第二章　理学之地位

　　理学者，世以名宋元明之新儒学，其中程朱一派，后人认为宋学正统者也。正统之右不一家，而永嘉之派最露文华；正统之左不一人，而陆王之派最能名世。陆王之派，世所谓心学也，其前则有上蔡，渊源程门，其后则有泰州龙溪，肆为狂荡，公认为野禅矣。程朱深谈性理，以为"如有物焉，得于天而具于心"（戴震讥词），然其立说实为内外二本，其教则兼"尊德性"与"道问学"，尤以后者为重，故心学对朱氏备致不满之词，王文成竟以朱子为其学问才气著作所累，复妄造朱子晚年悔悟之说（见《传习录》）。然则清代汉学家自戴震以降攻击理学者，其最大对象应为心学，不应为程朱。然戴氏之舍去陆王力诋程朱则亦有故。王学在明亡后已为世人所共厌弃，程朱之学在新朝仍为官学之正宗，王学虽与清代汉学家义极端相反，然宗派式微，可以存而不论，朱学虽在两端之间，既为一时上下所宗，故辩难之对象在于此也。虽然，理学心学果于周汉儒学中无所本源，如戴氏所说者欤？

　　凡言德义事理自内发者，皆心学之一式也。今如寻绎自《孟子》迨《易·系》《乐记》《中庸》诸书之说，则知心学之原，上溯孟氏，而《乐记》《中庸》之陈义亦无可疑。夫性理之学，为得为失，非本文所论,然戴氏既斥程朱矣,《孟子》以及《易·系》《乐记》《中庸》之作者,又岂能免乎? 如必求其"罪人斯得",则"作俑"者孟子耳。有《孟子》,而后有《乐记》《中庸》之内本论;有《乐记》《中庸》之内本论,而后有李翱,有陆王,有二程,虽或青出于蓝,冰寒于水,其为一线上之发展则无疑也。孟子以为"万物皆备于我矣,反身而诚,乐莫大焉"。又以为"人之所不学而能者,其良能也,所不虑而知者,其良知也"。又以为"仁义礼智非由外铄我也,我固有之也","操则存,舍则亡,凡相倍蓰而无算者,不能尽其才者也",又以为"学问之道无他,求其放心而已矣",又以为"存其心养其性,所以事天也"(凡此类者不悉引)。凡此皆明言仁义自内而发,天理自心而出,以染外而沦落,不以务外而进德,其纯然为心学,陆王比之差近,虽高谈性理之程朱犹不及此,程叔子以为孟子不可学者此也。戴氏名其书曰《孟子字义疏证》,乃无一语涉及《孟子》字义,复全将孟子之思想史上地位认错,所攻击者,正是孟子之传,犹去孟子之泰甚者也,不亦颠乎?

设为程朱性气之论寻其本根,不可不先探汉儒心学之源。自孟子创心学之宗,汉儒不能不受其影响,今以书缺有间,踪迹难详,然其纲略犹可证也。《乐记》云(按《乐记》为汉儒之作,可以其抄袭《荀子》诸书为证):

> 人生而静,天之性也。感于物而动,性之欲也。物至知知,然后好恶形焉。好恶无节于内,知诱于外,不能反躬,天理灭矣。夫物之感人无穷,而人之好恶无节,则是物至而人化物也,人化物也者,灭天理而穷人欲者也。

夫理者，以其本义言之，固所谓"分理，肌理，腠理，文理，条理"也（参看《孟子字义疏证》第一条）。然表德之词皆起于表质，抽象之词皆缘于具体，以语学之则律论之，不能因理字有此实义遂不能更为玄义（玄字之本义亦为细微，然《老子》书中之玄字，则不能但以细微为训）。既曰天理，且对人欲为言，则其必为抽象之训，而超于分理条理之训矣。必为"以为如有物焉"，而非但谓散在万物之别异矣。故程朱之用理字，与《乐记》相较，虽词有繁简，义无殊也（郑氏注"天理"云，"理犹性也"，康成汉儒戴氏所淑，亦未以理为"分理"也）。夫曰不能反躬则天理灭，明天理之在内也。以为人生而静天之性，人化物者灭天理，明义理之皆具于心，而非可散在外物中求之者也。《乐记》所言，明明以天理属之内，亦以修道之功夫（所谓反躬）属之内也。

《中庸》云（按《中庸》一篇非一时所作，其首尾当为汉儒手笔，说见前）：

> 喜怒哀乐之未发，谓之中；发而皆中节，谓之和。中也者，天下之大本也，和也者；天下之达道也。致中和，天地位焉，万物育焉。

夫喜怒哀乐之未发，是何物乎？未有物焉，何所谓中乎？设若《中庸》云，"发而皆中节谓之中"，乃无内学之嫌疑。今乃高标其义于喜怒哀乐未发之前，其"探之茫茫索之冥冥"，下视宋儒为何如乎？心学色彩如此浓厚，程叔子不取也，更未尝以为天地位万物育于此也。《遗书》记其答门人云：

下卷　释绪

苏季明问："喜怒哀乐未发之前求中，可否？"曰："不可，既思于喜怒哀乐未发之前求之，又却是思也，既思即是已发。才发便谓之和，不可谓之中也。"又问："吕学士言，当求于喜怒哀乐未发之前，如何？"曰："若言存养于喜怒哀乐未发之前则可，若言求中于喜怒哀乐未发之前，则不可。"又问："学者于喜怒哀乐发时，固当勉强裁抑，于未发之前，当如何用功？"曰："于喜怒哀乐未发之前更怎生求？只平日涵养便是。涵养久，则喜怒哀乐发自中节。"曰："当中之时，耳无闻目无见否？"曰："虽耳无闻目无见，然见闻之理在始得，贤且说静时如何？"曰："谓之无物则不可，然自有知觉处。"曰："既有知觉，却是动也，怎生言静？人说'复'其见天地之心，皆以为至静能见天地之心，非也。'复'之卦下面一画，便是动也。安得谓之静？"或曰："莫是于动上求静否？"曰："固是，然最难。释氏多言定，圣人便言止。如为人君止于仁，为人臣止于敬之类是也。《易》之'艮'言止之义曰：艮其止，止其所也。人多不能止。盖人，万物皆备，遇事时各因其心之所重者，更互而出，才见得这事重便有这事出，若能物各付物，便不出来也。"或曰："先生于喜怒哀乐未发之前，下动字，下静字？"曰："谓之静则可，然静中须有物始得，这里便是难处，学者莫若且先理会得敬，能敬则知此矣。"或曰："敬何以用功？"曰："莫若主一。"季明曰："昞尝患思虑不定，或思一事未了，他事如麻又生，如何？"曰："不可，此不诚之本也。须是习，习能专一时便好。不拘思虑与应事，皆要求一。"

此段最足表示程子之立点,程子虽非专主以物为学者,然其以心为学之分际则远不如《中庸》此说为重,盖《中庸》在心学道路上走百步,程子又退回五十步也。程子此言,明明觉得《中庸》之说不安,似解释之,实修正之。彼固以为喜怒哀乐未发之前,无中之可求,其用功处,广言之,则平日涵养,狭言之,则主敬致一,此与今日所谓"心理卫生"者微相近,绝非心本之学,尤绝非侈谈喜怒哀乐未发之前者,所可奉为宗也。

《中庸》章末极言诚。所谓诚,固孟子所谓反身而诚之训,然《中庸》言之侈甚矣。

> 诚者,天之道也,诚之者,人之道也。诚者,不勉而中,不思而得,从容中道,圣人也。诚之者,择善而固执之者也。……
> 自诚明,谓之性,自明诚,谓之教,诚则明矣,明则诚矣。
> 惟天下至诚为能尽其性,能尽其性则能尽人之性,能尽人之性则能尽物之性,能尽物之性则可以赞天地之化育,可以赞天地之化育则可以与天地参矣。

《中庸》成书远在《孟子》之后,其首尾大畅玄风,虽兼采外物内我两派之说,终以内我派之立点为上风,是盖由于孟子之后,反对之说有力,而汉儒好混合两极端以为系统也。其曰"诚者天之道",犹云上乘也,曰"诚之者人之道",犹云下乘也。曰"诚则明明则诚",犹云殊途而同归也,曰"自诚明谓之性,自明诚谓之教",亦示上下床之别也。其曰"天下之至诚"也,由己性以及人性,由人性以及物性，其自内而外之涂术可知矣。故如以此言论宋儒，则程叔子、朱文公之学皆"自明诚谓之教"者也。此义可于朱子补《大学·格物章》识之。

朱子之补《大学·格物章》，宋代以来经学中之大问题也。自今日思之，朱子所补似非作《大学》者之本心。然程朱之言远于心学而近于物学，比《孟子》《乐记》《中庸》更可免于戴氏之讥者，转可于错误中见之。《大学》原文云："……欲诚其意者先致其知，致知在格物，物格而后知至，知至而后意诚……"郑注云："格，来也。物，犹事也。其知于善深，则来善物，其知于恶深，则来恶物，言事缘人所好来也。"此解虽若上下文义不贯通，然实是格字之正为训。《诗》所谓"神之格思"，《书》所谓"格于上下"，皆此训也。格又以正为训，《论语》所谓"有耻且格"，《孟子》所谓"格其君心之非"，皆谓能正之也。从前一义，则格物应为致物，从后一义，则格物应为感物（王文成所用即此说）。若朱子所补者，周汉遗籍中无此一训。上文有"物有本末，事有终始，知所先后，则近道矣"一言，似朱子所补皆敷陈此义者，然此语与格字不相涉，《大学》作者心中所谓格物究竟与此语有涉否，未可知也。汉儒著论好铺陈，一如其作词赋，后人以逻辑之严义格之，自有不易解处。程朱致误之由来在于此。朱子将此语移之下方，复补其说云：

> 右传之五章，盖释格物致知之义，而今亡矣。间尝窃取程子之意以补之曰：
> 所谓致知在格物者，言欲致吾之知，在即物而穷其理也。盖人心之灵莫不有知，而天下之物莫不有理，惟于理有未穷，故其知有不尽也。是以《大学》始教，必使学者即凡

天下之物莫不因其已知之理而益穷之，以求至乎其极。至于用力之久而一旦豁然贯通焉，则众物之表里精粗无不到，而吾心之全体大用无不明矣。此谓物格，此谓知之至也。

试看格物致知在《大学》之道之系统中居诚意正心之前，即等于谓是修道之发轫。朱子将此根本之地说得如此，则准以王学称心学之例，朱学称"物学"自无不可（朱子之究心训诂，名物，礼数，一如清代朴学家，"物学"之彩色极重。朱子门人及其支裔诚多舍此但讲性命者。然东发深宁竟为清代朴学之远祖。此不磨之事实也。清代朴学家之最大贡献，语学耳〔兼训诂音声〕，至于经学中之大题，每得自宋儒，伪古文《尚书》其一也，其对于《诗经》一书之理解乃远不如宋人。五十年后，人之量衡两大部经解者，或觉其可传者，未必如通志堂之多也）。朱子如此解格物，自非孟子之正传，聪明之王文成岂肯将其放过？（见《传习录》）然而朱子之误释古籍，正由其乐乎"即物而穷其理"，而非求涂路于"喜怒哀乐未发之前"也。清代朴学家之立场，岂非去朱子为近，去孟子为远乎？

程朱之学兼受陆王及戴氏之正面攻击者，为其二层性说。是说也，按之《孟子》之义，诚相去远矣，若求其思想史上之地位，则是绝伟大之贡献，上承孔子而详其说，下括诸子而避其矛盾。盖程朱一派之宗教观及道德论皆以此点为之基也。程伯子曰（《遗书》卷一）：

"生之谓性"，性即气，气即性，生之谓也。人生气禀，理有善恶，然不是性中元有此两物相对而生也。有自幼而善，有自幼而恶，是气禀自然也。善固性也，然恶亦不可不谓之性也。盖"生之谓性","人生而静"以上不容说,才说性时便已不是性也。凡人说性,只是说"继之者善也",孟子言人性善是也。夫所谓继之者善也者,犹水流而就下也。皆水也,有流而至海,终无所污,此何烦人力之为也?有流而未远固已渐浊,有出而甚远,方有所浊,有浊之多者,有浊之少者,清浊虽不同,然不可以浊者不为水也。如此则人不可以不加澄治之功。故用力敏勇则疾清,用力缓怠则迟清,及其清也,则却只是元初水也。亦不是将清来换却浊,亦不是取出浊来置在一隅也。水之清则性善之谓也。故不是善与恶在性中为两物相对,各自出来。此理,天命也。顺而循之,则道也。循此而修之,各得其分,则教也。自天命以至于教,我无加损焉,此舜有天下而不与焉者也。

性出于天,才出于气。气清则才清,气浊则才浊。才则有善有不善,性则无不善。

朱子于此义复发明之云(《语类》四):

孟子言性。只说得本然底,论才亦然。荀子只见得不好底,杨子又见得半上半下底。韩子所言却是说得稍近。盖荀杨说既不是,韩子看来,端的见有如此不同,故有三品之说,然惜其言之不尽,少得一个气字耳。程子曰:"论性不论气,不备,论气不论性,不明。"盖谓此也。

孟子未尝说气质之性,程子论性,所以有功于名教者,以其发明气质之性也。以气质论,则凡言性不同者,皆冰释矣。退之言性亦好，亦不知气质之性耳。

道夫问："气质之说始于何人？"曰："此起于张程。某以为极有功于圣门，有补于后学，读之使人深有感于张程，前此未曾有人说到此。如韩退之《原性》中说三品，说得也是，但不曾分明说是气质之性耳。性那里有三品来？孟子说性善，但说得本源处，下面却不曾说得气质之性，所以亦费分疏。诸子说性恶，与善恶混。使张程之说早出，则这许多说话自不用纷争。故张程之说立，则诸子之说泯矣。因举横渠'形而后有气质之性，善反之，则天地之性存焉。故气质之性，君子有弗性者焉'，又举明道云，'论性不论气不备，论气不论性不明'，二之则不是。且如只说个仁义礼智是性，世间却有生出来便无状底是如何？只是气禀如此。若不论那气，这道理便不周匝，所以不备。若只论气禀，这个善，这个恶，却不论那一原处只是这个道理，又却不明。此自孔子、曾子、子思、孟子理会得后，都无人说这道理。"

程朱是说也，合孟轲韩愈以为论，旁参汉晋之性情二元说，以求适于孔子所谓"性相近习相远"，"惟上智与下愚不移"者也。孟子者，宗教的意气甚强大，宗教的形迹至微弱之思想家也。惟其宗教的意气甚强大，故抹杀一切功利论，凡事尽以其所信为是非善恶者为断。惟其宗教的形迹至微弱，故不明明以善归之天，而明明以善归之人，义内之辨，所以异于墨子之"义自天出"者也。故孟子之性善说，谓人之生质本善也，孟子之所谓才（例如"非才之罪也"之才字），与所谓情（例如"乃若其情则可以为善矣"之情字），皆性之别称也。当时生性二词未全然分立，孟子偶用比性（生）字更具体之各词以喻其说，故或曰才，或曰情，其实皆性（生）之一而之称也（关于此点，戴氏辩程朱与孟氏异者，不易之说也）。故程朱之将气禀自性中分出，或名曰"气质之性"（参看《论语集注》），或竟名之曰"才"（程伯子语），以为兼具善恶，与"性之本""皆善"者不同，诚不可以为即是孟子之正传，朱子于此点亦未尝讳言之。然则程朱之"性之本"果何物乎？

程朱之"性之本"，盖所谓"天命之谓性"也。程朱学之宗教的色彩虽与古儒家大致相同，即属于全神论的宗教观，而非活灵活现之鬼神论，然比之孟子，宗教之气息为重矣（程朱之主敬即为其宗教的工夫）。故程朱之天亦有颇异于孟子之天者也。孟子之天，孟子未尝质言其为全仁也。且明言其"未欲平治天下"，而使其不遇鲁侯也，程朱之天则全仁也，全理也，故天命之性，必为全善者也（详见《语类》卷四）。然则程朱复为善之一物立其大本于天，而名之曰"本性"，又曰"性即理也"。在此点上，程朱之立场恰当墨孟之中途，不过墨子言之极具体，程朱言之极抽象耳。且墨子未尝以义字连贯天人，程朱则以理字连贯天人物（墨子虽言义自天出，人应以天志为志，然其口气是命令的，所指示为应然的，未尝言天人一贯之理，如程朱之说理字也）。故程朱之言"理"，性与天道皆在其中，而为"天命之谓性"一语作一抽象名词以代表之也。既连贯天人于一义之中矣，则道德之本基当立于是，故程朱以为本性善。此一本性虽与孟子所言性不尽为一物，其为道德立本则一，其自别于释道者亦在此也（参看程朱辟佛诸说）。

然而性善之说，如孟子之兼括才质而言者，究竟不易说通。孟子之性善说恰似卢梭之生民自由论，事实上绝不如此，惟一经有大才气者说之，遂为思想史上绝大之动荡力，教育之基础观点受其影响，后人虽以为不安者，有时亦不能不迁就之也。韩文公即不安于性善说者最有力之一人，其三品说实等于说性不同耳。此所谓性，绝无天道论在其中，而是专以才质为讨论对象者也。扬雄之"善恶混"说，亦自有其道理，盖善恶多不易断言，而人之一生发展恒不定也。程朱综合诸说，作为气质之性，于是孟子性善说之不易说圆处，扬韩诸子说之错综处，皆得其条理。朱子以为张程此说出则"诸子之说泯"，此之谓也。

戴震以为气质之性说与孟子不合，是固然矣，然孟子固已与孔子大相违异，而张程此说，转与孔子为近。孔子之词短，张程之论详，故张程之论果皆合于孔子相近不移之用心否，今无从考知，然张程之立此说，固欲综合诸子，求其全通，调合孔孟，求无少违，移孟子之性说，于天道上，而努力为孔子之"性相近习相远"说、"上智下愚不移"说寻其详解，斯固集儒家诸子之大成，而为儒家天人论造其最高峰矣。过此以往，逃禅纂道则有之矣，再有所发明则未有也。故戴氏以程朱与孟子不合，诚为事实，设若比为罪过，则戴氏与程朱惟均，若其以此说归之儒家思想直接发展之系统外，则全抹杀汉代儒家之著作，且不知程朱之说乃努力就孔子说作引申者也。（按：程朱与孟子之关系甚微妙。所有孟子道统之论，利义之辨，及其"儒者气象"，皆程朱不能不奉为正宗者。然孟子宗教气少，程朱宗教气较多，故其性论因而不同。此处程朱说根本与孟子不同，然程朱犹力作迁就之姿势，故朱子注《孟子》，遇性善论时，便多所发挥，似推阐而实修正，内违异而外迁就，或问亦然。两者治学之方亦大不同，若程朱之格物说，决非孟子所能许，或为荀子所乐闻，此非本书所能详论，姑志大意于此。）

兹列图以明程朱性说在儒家系统中之地位。

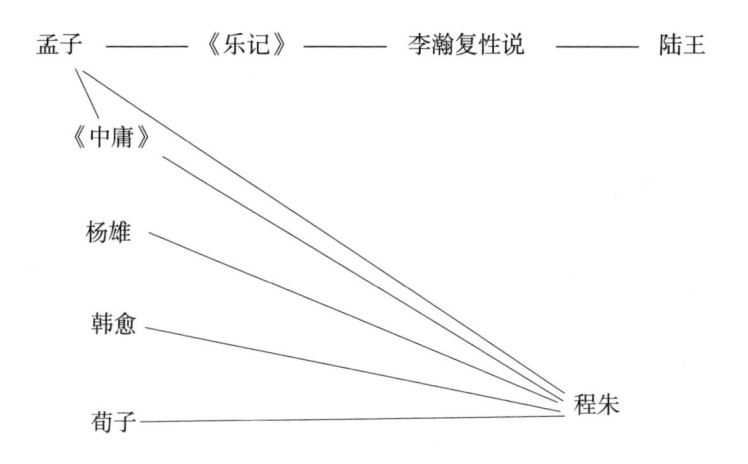

```
孟子 ——— 《乐记》 ——— 李瀚复性说 ——— 陆王
  \
《中庸》
     \
杨雄
        \
韩愈
           \
荀子 ——————————————————————— 程朱
```

附：论李习之在儒家性论发展中之地位

李习之者，儒学史上一奇杰也。其学出于昌黎，而比昌黎更近于理学，其人乃昌黎之弟子，足为其后世者也（韩云，"从吾游者李翱、张籍，其尤也"，李则于谏韩文中称之曰兄。盖唐人讳以人为师〔见昌黎《进学解》〕，实则在文章及思想上李习之皆传韩氏者也）。北宋新儒学发轫之前，儒家惟李氏有巍然独立之性论，上承《乐记》《中庸》，下开北宋诸儒，其地位之重要可知。自晋以降，道释皆有动人之言，儒家独无自固之论。安史之乱，人伦道尽，佛道风行，乱唐庶政，于是新儒学在此刺激下发轫（新儒学起于中唐，此说吾特别为一文论之）。退之既为圣统说（即后世道统说所自来），又为君权绝对论，又以"有为"之义辟佛老，自此儒家乃能自固其藩篱，向释道反攻。习之继之，试为儒教之性论，彼盖以为吾道之缺，在此精微，不立此真文，则二氏必以彼之所有入于我之所无。李氏

· 325 ·

亦辟佛者，而为此等性说，则其动机当在此。遍览古籍，儒家书中，谈此虚高者，仅有《孟子》《易·系》及戴记之《乐记》《中庸》《大学》三篇，于是将此数书提出，合同其说，以与二氏相角，此《复性书》之所由作也。戴记此三篇，在李氏前皆不为人注意，自李氏提出，宋儒遂奉之为宝书。即此一端论之，李氏在儒学史上之重要已可概见。清儒多讥其为禅学玄宗者，正缘其历史的地位之重要。夫受影响为一事，受感化为又一事，变其所宗、援甲入乙为又一事，谓《复性书》受时代之影响则可，谓其变换儒家思想而为禅学，则言不可以若是其亟也。

《复性书》三篇中，下篇论人之一生甚促，非朝夕警惕不足以进于道。此仅为自强不息之言，与性论无涉，可不论。至其上中两篇，立义所在，宜申详焉。

《复性书》上篇之要义可以下列诸点括之：

其一为性情二本，性明情昏说。此说乃汉代之习言，许、郑所宗述，而宋儒及清代朴学家皆似忘之，若以为来自外国，亦怪事也。此论渊源，本书下篇第一章已详叙之，今知其实本汉儒，则知其非借禅学也。禅学中并无此二元说，若天台宗性恶之论，则释家受儒家影响也。果必谓李习之受外国影响，则与其谓为逃禅，毋宁谓为受祆教、景教、摩尼之影响，此皆行于唐代之善恶二元论者。然假设须从其至易者，汉儒既有二元论，则今日不必作此远飏之假设矣。

其二为复性之本义。此义乃以《乐记》"人而生静至灭天理而穷人欲者也"一节为基本，连缀《易·系》《中庸》《大学》之词句而成其说也。所谓"寂然不动，感而遂通"者，《易·系》之词也。所谓"尽性"者，《孟子》之词、《中庸》之论也。所有张皇之词虚高之论，不出《易·系》则出《中庸》。铺张反复，其大本则归于制人之情以尽天命之性，犹《乐记》之旨也。今既已明辩古儒家有惟心一派之思想，则在李氏性说固未离于古儒家。李氏沾沾自喜，以为独得尼父之心传，实则但将《中庸》《大学》等书自戴记中检出而高举之，其贡献在于认出此一古代心学之所在，不在发明也。

《复性书》中篇则颇杂禅学，此可一望而知者。此篇设为问答之词，仍是以《易·系》《中庸》为口号，然其中央思想则受禅学感化矣。此篇列问答十二，末一事问鬼神，以不答答之，自与性论无干，其前十一问则或杂禅学，或为《复性书》上之引申。其杂禅者，第一问"弗思弗念"，第二问"以情止情"，皆离于儒说，窃取佛说以入者。第三问"不睹不闻"，第四问格物，第五问"天命之谓性"，第六问"事解心解"，皆推阐古心学之词。如认清古之心学一派，知其非借禅学以立义矣。第七问凡人之性与圣人之性，第八问"尧舜岂有不情"，皆《复性书》上之引申义，第九问嗜欲之心所由生，乃是禅说。第十问性未灭，似禅而实是《孟子》义。第十一问亦近禅。意者《复性》三书非一时所作，即此十一问恐亦非一时所作，故不齐一耶？

约言之，《复性》上下两书皆不杂禅学者，中篇诸问则或杂或不杂。李氏于古儒学中认出心学一派，是其特识，此事影响宋儒甚大。若其杂禅则时代为之，其杂禅之程度亦未如阮元等所说之甚也。戴、阮诸氏皆未认明古有心学之宗，更忽略汉儒之性情二元说，故李氏说之与禅无关、于儒有本者，号称治汉学者反不相识矣。